亚洲艺术、宗教与历史研究丛书

语录的思想史
——解析中国禅

[日] 小川隆 著
何燕生 译

复旦大学出版社

亚洲艺术、宗教与历史研究丛书

编辑说明

一、本丛书收录有关亚洲艺术、宗教与历史研究各个领域的学术著作,尤其鼓励跨越艺术、宗教与历史多领域进行综合研究的年轻学者的学术著作。

二、本丛书收录有整体结构与完整内容的中文学术著作,同时接受国外以其他语言写成的专著的中文译本。但不接收论文集。

三、本丛书所收专著,应当符合现代学术规范,具有现代学术著作的形式。注释采取页下注,书后需附"参考文献目录",如有"人名索引"和"书名索引",则更为欢迎。

四、本丛书为复旦大学文史研究院编辑的学术丛书,复旦大学文史研究院负责邀请匿名审稿人,对收入本丛书的著作进行评审。

五、本丛书由复旦大学出版社编辑出版。

2013年9月

小　引

　　禅思想史的研究,在中国以及在日本,好像重心、取向和风格多少有些不一样。在中国,自从20世纪二三十年代胡适奠定现代禅史研究范型以来,有成就的学者和著述,大都在历史学与文献学领域,也都在大学或研究所任职(除了印顺之外)。他们与寺院禅僧或居士学者不同,一般来说,他们对于禅思想本身并没有太深兴趣,当然对于禅语录的参究也没有太多兴致,就连陈寅恪先生这样精通佛教史的学者,也曾表示他对禅宗的兴趣只是研究历史。可是,在日本却很不同,虽然他们同样对禅宗文献和历史有精深研究,但他们对于禅思想的体验和对禅语录的参究也很有兴趣。一方面,佛教本身有不少大学,很多禅研究者来自禅门,不仅对禅思想有深入体验与理解,而且弘扬禅思想的立场相当自觉;另一方面从明治时代起,他们就接触西洋哲学思想,常常有意识地在日本本土思想中寻找可以对抗、接纳和融汇西方哲学思想的资源。因此,禅思想常常就作为化解、接引、诠释、对抗西方的哲学,被他们使用。只要看看铃木大拙(1870—1966)、西田几多郎(1870—1945)、久松真一(1889—1980)以及阿部正雄的著作,就可以明白这一点。

　　中国与日本在禅研究领域上之不同,我个人的理解是,从历史上看或许有两方面原因:第一,是因为禅宗在中国和日本的历史发展不同。八九世纪,禅宗传入日本,经过奈良时代的发展,到镰仓时代发展出五山禅文化,兴盛一时,无论在政治领域还是文化领域,禅门一直相当有权势有影响,而中国在宋元之后禅宗渐渐衰落,即使到了近代,也没有回到政治世界的中心和学术世界的焦点上来。第二,进入近代之后,中日禅宗研究领域各自的理路和背景有差异。近代以来,日本学者对禅宗的研究,既受到西方印度学、佛教学的影响,还受到西方哲学的冲击与刺激,因此,才会出现所谓关于禅宗是否真的是佛教,禅宗思想与西方思想孰优孰劣的争论。特别是,他们中间很多还是禅宗的信仰者与实践者,因此,在西方思想冲击下,他们试图以禅思想来回应和抵抗的心情就格外迫切,那种对于禅宗超历史的解释、哲理化禅宗思想和实践性组织活动,就呈现了他们的努力方向。而这一种努力方向,是习惯于以历史和文献为中心的现代中国禅宗研究者所不具备的。这恐怕也是本书中所涉及到的,导致中国的胡适和日本的铃木大拙之间取向差异的背景。

中国学界对于禅思想的研究并非没有成就,但往往多偏向"哲学"研究一路,这可能是由于长期以来宗教思想研究被安置在哲学系的缘故。不过,通常这些在中国叫做"哲学"的研究,往往会把本非哲学的禅思想当做哲学,"抽取而叙述之",于是不免有方枘圆凿之嫌。何况禅思想一旦被"本体"、"认识",甚或"唯心"、"唯物"之类的概念工具切割,研究者对机锋公案的语言文献和对话情景,就没有那么深入的追究,也没有那么切近的感受。记得有人也曾经批评像我这样的研究者说,你没有进入禅体验之内部,怎么理解禅思想之真谛?作为一个历史研究者,我不必在意这种苛责,那种来自内部的同情体会,和来自外部的客观冷静,最好当然是可以结合。因此,我很愿意介绍日本学者那种兼顾内史(即禅思想和禅体验的变化)和外史(即禅宗在历史与文化中的变迁)的一些研究。这里介绍给各位读者的这部小川隆《语录的思想史》,就是一部兼顾内外的禅思想研究著作。正如他说的,他是"试图从学问上研究历史上的禅",因此,他"通过解读禅语录中所收集的大量问答,来考察禅在各个时代是如何被理解如何被表达",因为禅宗,特别是唐宋禅宗留给后世最可珍贵的资料,只有这些乍一看上去千奇百怪、难以理解的语录,因此他说,对于语录的研究"必将成为我们研究禅宗的一个基础"。

我从1990年代中期就认识小川隆先生,那时他不过三十岁出头,他对于禅宗史的熟悉,对于中日以及欧美禅研究的了解,尤其是他出色的中文表达,给我留下了极为深刻的印象。我自认为,我对日本的禅宗研究界有一定了解,但我从那时起就意识到,他是日本年轻一代禅研究的杰出代表。这个年青学者,一方面接续了入矢义高先生等对于禅语录的语言深入研究的传统,一方面接续了柳田圣山先生等对于禅文献的历史精细考证的传统,还能够把那些看起来古怪诡异的禅宗语录放在历史与文化背景中,进行沉潜的体验和客观的分析,因此他能写出这样一部精彩的著作。至今,我还记得1994年到京都花园大学参加过禅语录研究班,年迈的入矢义高和柳田圣山两位学者共同主持讨论的情景,如今这两位前辈学者已归道山,但这种精深细致的研究传统,却在小川隆先生这辈学者身上延续;我也曾记得2005年到东京大学参加过一次《祖堂集》研究班,听过小川隆和丘山新、衣川贤次等教授对五代禅僧的记载的精心解析,这些解析奠定了小川隆这部著作的文献基础,使得这部论著基础这样扎实。同样重要的是,在日本驹泽大学这样一个禅宗大学里任职的小川隆先生,他对西方禅宗研究和中国禅宗研究的熟悉,使得他可以超越国界的限制,把东方与西方的成果汇聚于一,把内史与外史的研究长处融为一炉。

　　我一直说,我对于禅宗(也包括道教)的研究本非当行,有一点儿像"花脸反串小旦",但是,小川隆先生来信,不顾"佛头着粪"之嫌,让我略缀数语于他的大作之前,于是,我斗胆对中国和日本的禅宗研究说了几句不知深浅的评论,按中国的说法是"抛砖引玉",算是他的大作的"小引"。

葛兆光

2014年3月5日于上海

目　次

凡例 …………………………………………………………… 1

前言 …………………………………………………………… 1

序论　庭前栢树子——今天我们如何解读禅语录 ………… 1
    一、指月之指 ……………………………………………… 1
    二、赵州"庭前栢树子" …………………………………… 3
    三、高境位的分节 ………………………………………… 4
    四、祖师西来意 …………………………………………… 7
    五、本分事 ………………………………………………… 11
    六、莫将境示人 …………………………………………… 15
    七、公案 …………………………………………………… 19

第一章　《祖堂集》与唐代禅 ……………………………… 27
  第一节　马祖系的禅 ………………………………………… 27
    一、解读《祖堂集》 ……………………………………… 27
    二、即心是佛 ……………………………………………… 32
    三、作用即性 ……………………………………………… 38
    四、平常无事 ……………………………………………… 47
    五、马祖系禅者对马祖禅的批判 ………………………… 51

第二节　石头系的禅 ··· 63
一、石头是真金铺——青原、石头的法统 ······················ 63
二、除却扬眉动目、一切之事外 ································ 66
三、渠不似我，我不似渠——本来的自我与现实的自我 ······ 72
四、离这岸未到彼岸时——未悟与不说破的禅 ················ 78
五、洞山好个佛，只是……——结语 ··························· 91

第二章　《碧岩录》与宋代禅 ···································· 96
第一节　禅者的后悔——围绕《碧岩录》第98则公案 ······ 96
一、解读《碧岩录》 ··· 96
二、《景德传灯录》所载的天平从漪 ··························· 100
三、《碧岩录》中的天平行脚 ··································· 106
四、痛哉！学者之心术坏矣 ···································· 116
第二节　"百丈野鸭子"话头与圆悟关于作用即性说的批判 ······ 118
一、何曾飞去？——野鸭子话头 ······························· 118
二、道！道！——颂古及其评唱 ······························· 121
三、若用作建立会——本则评唱 ······························· 124
四、"昭昭灵灵"与"驴前马后" ································ 129
第三节　"赵州七斤布衫"话头与圆悟对无事禅的批判 ········· 142
一、我在青州——本则公案 ····································· 142
二、一击便行处——本则评唱（一） ··························· 147
三、向极则头转不得处转得——本则评唱（二） ············· 151
四、大底大，小底小——本则评唱（三） ····················· 153
五、下载清风——雪峰的颂与颂古评唱（一） ··············· 154
六、悟了还同未悟时——颂古评唱（二） ····················· 157
第四节　圆悟对无事禅的批判与无事理念 ···················· 161
一、第九则"赵州四门"——圆环逻辑 ························ 161

二、三百六十度与一百八十度 ………………………… 171
　　三、真净克文的无事禅批判 …………………………… 174
　　四、圆悟的经历与"无事" ……………………………… 179
　第五节　《碧岩录》中的活句说 ………………………… 188
　　一、公案禅与看话禅 …………………………………… 188
　　二、参活句,莫参死句 …………………………………… 189
　　三、宋代禅中的"活句"说 ……………………………… 204
　　四、从活句到看话 ……………………………………… 212

第三章　胡适与大拙——20世纪的禅学 …………………… 226
　第一节　胡适的禅宗史研究 ……………………………… 226
　　前言 ……………………………………………………… 226
　　一、胡适禅宗史研究的特征 …………………………… 229
　　二、胡适与大拙 ………………………………………… 252
　第二节　铃木大拙的"禅思想" …………………………… 262
　　前言 ……………………………………………………… 262
　　一、大拙略传 …………………………………………… 266
　　二、大拙的著作及其评价 ……………………………… 275
　　三、大拙的"禅思想" …………………………………… 280
　　四、结尾——行为的矛盾即是悲剧 …………………… 306

后记 …………………………………………………………… 310

译后记 ………………………………………………………… 313

凡　例

1. 关于《祖堂集》的引用,本书同时注记了日本中文出版社禅学丛书本的页数和禅文化研究所基本典籍丛刊本的页数。底本(韩国海印寺版)虽然相同,但本书引用时依据了后者。这是因为该本的影印更加精良,而且备有详细而又周到的校勘记录的缘故。新文丰出版社、上海古籍出版社等各种影印本的页数,与前者相一致。

2. 关于《景德传灯录》的引用,本书依据了禅文化研究所基本典籍丛刊本(北宋·东禅寺版的影印本)。

3. 关于其他文献的引用,本书在引用原文之后,在各个引文处注记了所依据的书籍的名称和页码。注有两种页码时,前一个页码表示直接引用的书籍。后面补记的页码,表示二次性参照的书籍,或者一般普及而又能够简便地进行参考的书籍。

4. 原文引用之后的解释,虽然不少参照了所列举的校订本和译注本的内容,但最终是以笔者自己的努力而重新考察出来的。因此,有很多地方未必与所列举的训读和译文相一致。不过,如果是从既有的书籍中借用的译文,则在译文的后面注记该书的名称和页码。

5. 引用文中,( )表示是原文原来有的注记,〔 〕表示是由引用者补充的内容,〔＝〕表示是与原文中的误字、通假字相对应的本来的文字。

6. 关于字体,为方便起见,本书基本上依照电子文档上被视为正字的字体(与以前的活字正字有许多不同的地方)。但也有保留所引用的文献中富有特色的用字和禅籍一般惯用的字体的情况。相反,也有因受到技术上的制约而不能忠实地得到表示的字体。因此,在整体上,本书的字体并没有统一。

前　　言

　　禅,一般被认为是通过坐禅而获得开悟的宗教。然而,所谓坐禅、禅定这种修行实践,其实并非仅限于禅宗,甚至也更非佛教所独有。仅就以文献的形式保存下来的典籍来看,禅宗显而易见的特征,与其说在于坐禅,倒不如说就在于禅僧彼此之间的问答。

　　当然,我们毫无必要否定以问答为前提的、由坐禅与作务所构成的修行生活。如果是现阶段希望自己开悟,即便在今天,我们也理应采取坐禅这种途径。然而,如果是对历史上的禅思想进行考察,留给我们的途径,除了虚心地解读以文本的形式保留下来的禅籍之外,则别无其他选择了。而且,从文本的内容来看,禅僧的修行并非仅此坐禅就算了事,更多的场合则是以问答为契机,得到一种方法,从而开始有了最终目的的实现。因此,我们如果试图从学问上研究历史上的禅,那么,通过解读禅语录中所收集的大量问答来考察禅在各个时代是如何被理解、如何被表达这样的工作,必将成为我们研究禅宗的一个基础。

　　本书的研究,无疑正是这一基础性工作的一种尝试。禅,往往被说成是超越逻辑和时空的东西。然而,至少从由语录所记录下来的问答来看,我们可以承认,语言当然有其作为语言的意涵与脉络,每一个时代的思维与表达,相互之间当然有其差异。本书的研究,旨在透过禅宗最盛时期的、中国唐宋时代的代表性文献,解读各个时代禅宗的思维与表达,考察其在 20 世纪以何种形式被理解、被建构而形成为今天禅宗言说的问题。严格说来,这与其说是禅自身的历史,倒不如说是进行传承、编辑、解释禅者"语言"的人们的一种集体性思维的历史。本书的研究之所以不是"禅的思想史",而刻意题为"语录的思想史",其理由就在这里。本书由如下四章构成,但它们的宗旨都在于依据各个文献的语句和文脉,以探寻其思维与含义;其特色在于试图与基于形而上思辨的抽象性论述相区别。

(1) 序论 庭前柏树子——今天我们如何解读禅语录?

本章拟以"庭前柏树子"这个有名的禅问答作为题材,对禅语录的解读方法进行探讨。即便是相同的禅问答,唐代与宋代之间,在思维与表达上大相径庭。唐代的禅问答,是以禅宗内部共享的问题意识作为基础,问答与问答之间,互有关联;我们在还原其脉络的同时,对它们进行解读,便可发现看似意思不甚明了的问答,其实是意涵深邃的东西,可以被人们所理解。但是,到了宋代,同样的问答,则作为一个单独的问答,被片面地处理了;而且,以其不可解作为理由,最终被视为一种可以超越意涵和逻辑的东西了。这种观点,同时也构成了20世纪禅宗言说的原型。

(2)《祖堂集》与唐代禅

拟以被评价为最具中国禅宗原始氛围的五代禅宗史书《祖堂集》作为主要材料,对唐代禅宗的思想进行考察。

第一节"马祖系的禅",将对构成唐代禅宗主流的马祖道一及其门派的禅,进行讨论。马祖禅,一言以蔽之,即是"即心是佛",即认为当下自己的心就是佛。其观点常被表达为将平常的身心活动视为佛作佛行的"作用即性"说,以及放弃一切对外在神圣性的追求,以自我满足于现有状态为理想的"平常无事"说,等等。不过,对于这种情况,马祖的弟子之间也曾提出了怀疑和批判;在对自己现实状态的认识上,产生了后来禅宗思想史发展的两条相互对立的主轴,即所谓"对即自性的肯定"与"对超越性的克服"的对立架构。

第二节"石头系的禅",拟对由马祖禅分流出来,并形成唐代禅宗第二个主流的石头希迁一派的禅,进行考察。如果说马祖禅是以自己的"本来性"和"现实态"的无媒介性的等同作为宗旨,那么,石头一派的禅则是试图将其两者把握为一种玄妙的不即不离、不一不二的关系。"本来人"、"主人公"——指不与现实状态的自己相分离,但同时又与其层次相异的"本来性"的自己——石头一派对于这两者的探求,构成了他们自身的显著特色。

(3) 第二章《碧岩录》与宋代禅

禅的思想与风格,在北宋发生了大大地变化。一言以蔽之,它是从以对当下自己的肯定为基调的唐代禅,向寻求对超越性大悟体验的宋代禅的转换。当然,这并不是一朝一夕的变化,是贯通整个北宋时期种种演变的结果。这里试图通过对宋代最具代表性的禅籍之一的《碧岩录》进行解读。

首先,在第一节"禅者的后悔——围绕〈碧岩录〉第 98 则公案"中,将介绍唐代的禅问答在宋代禅籍中大量被篡改性解读的具体例子;接着在第二节"'百丈野鸭子'话头与圆悟关于作用即性说的批判"中,拟讨论《碧岩录》对马祖禅风的"作用即性"说的批判;在第三节"'赵州七斤布衫'话头与圆悟对无事禅的批判"以及第四节"圆悟对无事禅的批判与无事理念"中,将对该书在满足于"无事"予以激烈批判的同时,另一方面又要求对戏剧性大悟进行体验的情况进行探讨。不过,《碧岩录》本身最终也以对"无事"的归属作为最高理想,并展示出了一个"无事"(0 度)→"大悟"(180 度)→"无事"(360 度)这样圆环变化的逻辑。此逻辑,带有概括北宋时期禅门宏观动向的内容。即便在 20 世纪的禅宗言说中,此逻辑也常常被采纳和接受。

最后在第五节"《碧岩录》中的活句说"中,将对宋代禅的"活句"进行探讨。即便本来应该具有意思的唐代的禅问答,在宋代禅门中,同样地变成了没有意涵、超逻辑的"活句"被处理了。《碧岩录》将这些"活句"的参究视为打破"无事"、带来"大悟"体验的重要契机。这种主张逐渐形成了一种方法,发展成为大慧宗杲的"看话"禅,并制约着后来禅思想发展的性格。

(4) 第三章 胡适与大拙——20 世纪的禅学

禅超越宗门的界限,广泛地参与学术界、思想界所关注的问题,是在进入20世纪之后的事情；今天，我们对于中国禅宗文献的理解，大大地受到了20世纪重新建构的禅宗言说的制约。有鉴于此，本章将对给予20世纪禅宗言说的形成起到过极大影响的胡适与铃木大拙二人进行探讨。从结论而言，所谓20世纪的禅宗言说，其实就是试图将上述宋代禅与西方近代思维相结合的一种产物；这么说，并不言过其实。

今天，我们在试图从学术上考察禅的时候，通过严密的文献批判与史实的考据进行客观的、实证性的论述，已经成了一种常识。在第一节"胡适的禅宗史研究"中，将讨论胡适以清朝考据学的方法与实用主义的思想作为武器所确立的研究方法的情况。与此同时，还将指出，胡适关于禅的理解，含有忽视思想内容，只是将禅视为一种开悟的方法论来把握的一种偏向。其原因在于，并不是以内容的差异，而是试图以方法的不同来评价思想的所谓胡适实用主义的思维方法；与此同时，不自觉地将大慧一派的"看话"禅作为理解禅的一种前提，也是当时的一种共识，与此也不无关系。

1950年，胡适与大拙之间所交锋的论战，作为禅宗研究史上有名的话题，迄今被广泛地相传论述。其争论的焦点，一般往往被理解为一种以所谓胡适的合理主义、历史主义与大拙的主观主义、体验主义相对立的结构。其实，我们往往忽略了其背后存在的所谓如何回应西方近代的共同课题。因此，在第一节后半部分讨论该问题之后，接着在第二节"铃木大拙的'禅思想'"中，拟对铃木大拙的思想进行考察。铃木大拙经常指出西方近代的局限性，而为了超越这种局限性，他提出了"禅思想"的观点。不过，他驱使着"般若即非"、"无分别的分别"、"真空妙用"等这些多彩多姿的新造词语所书写的学说，其实运用的是宋代禅的逻辑。大拙企图将禅与近代文明之间发生一种连动。然而，其间同时也蕴藏着与战争这一被歪曲的近代彻底发生连动的危险。

以上是本书的梗概。正如一般所指出的那样，敦煌出土的初期禅宗文献与马祖禅以后的传世资料之间，有着决定性的质的断裂。

本书所讨论的,仅限于马祖以后的所谓禅宗之为禅宗而得到确立之后的时代的文献,对于需要使用不同的分析方法进行论述的以前的禅宗,本书并未处理。关于这方面的问题,因为已在《神会——敦煌文献与初期的禅宗史》(临川书店,《唐代的禅僧 2》,2007 年)中单独地进行了论述,所以若能一并参考该书,将是我所期盼的。该书讨论了从最初期的禅宗的出现到马祖禅的成立过程,在年代上,与本书构成了直接相关连的内容。

序论　庭前栢树子
——今天我们如何解读禅语录

一、指月之指

标榜"不立文字"的禅宗,并不是尽管如此——而是正因为如此,生产出了数量庞大的"语录",并代代将其传承下来。这是因为,既然拒绝特定的教条命题,那么真理常常应该是依照每人各自活生生的言行,因时因地,瞬息之间得到表述。我们在现实生活中的某个场面脱口而出的某一句话,既不可以被其他任何抽象的定义所回收,同时也不可以被其他任何一句话所替代。"如何是祖师西来意——达摩从西天来的意图是什么?"甚至对于这种定型化且耳熟能详的问话,历代禅者因人之不同,因场面之各异,每次都以迥然有别的言行予以回应。这些问话被相互讲述、传颂,最终以书籍的形式编纂起来的,当然就是今天我们所看到的大量的禅"语录"了。

若问禅在何处？如果是一位热心的禅僧,他或许会回答说:就在你的心中。然而,我们如果要想知道古人精神活动中确实存在过所谓历史上的"禅",那么我们只有向"语录"中寻找答案了。禅僧再三强调指出:不可向言句上作会解。然而,我们今天之所以能够了解到禅僧如此进行阐说的本身,如果不通过"语录"这一文字记录的话,应该是不可能的事情吧!

禅的语言,一般认为它不过是指月之指。既然如此,那么,通过对"语录"的精确解读,以能准确地看到指之所指的方向,这种努力应该是不可或缺的。有一种说法认为:不被文字所缚,以自身的参禅体验为依据，去自主性地熟读语录。然而，这只不过是沉睡在所谓"同文同种"幻想之中的言说罢了。因为，如果禅的语录是用汉字以外的，比如用阿拉伯文字、韩国文字编纂的话，那么，我想不会有任何人会说只是实参实究就能熟读禅的吧。如果这种说法迄今仍然流行不衰，那么，它不过是依赖于传统的训读并受其制约的，一种自我认识贫乏的表现而已；而且，对于自己的思维受到周围条件的制约而又不能主动地进行自我反省的人，我们认为他似乎难以摆脱所有既成观念的束缚，自由、自主地去理解禅。

尽管如此，但在这里，我绝对没有否认实参实究的意义，以试图主张读书一方略胜一筹的意图。所谓文献学的解读技巧，受制于历史上各种条件，这是毋庸置疑的事实，更何况读书这一活动，自不待言，它并不仅仅建立在读解的技巧上。然而，我们姑且将自己的立场放在一边，去追求一种立足于当时的语言和历史的客观性来进行解读——当然这种客观性也只不过是受制于周围环境的，是一种打引号的东西——我们会发现，只有通过这样的努力，才可以读懂的东西；这对于那些未曾尝试过的人来说，至少应该不具有持否定态度的资格吧。如果说参禅体验是一种"冷暖自知"，那么，对于古代异国的语言世界，我们只有切身地去理解了。与读书不能替代参禅一样，参禅同样也不能代替读书。如果不经历一次对古典文献进行严密解读这样的程序，仅仅只是以自身的体验作为依据，而说读懂到了什么，那么，其实，这种东西既不可能是自身体验以上的，同时也更不可能是自身体验以外的了。①

---

① 禅宗文献的语言学、文献学的解读，于20世纪后半叶，基本上由已故入矢义高教授所开拓。入矢义高有关禅籍的文章，被收录在《求道と悦乐——中国の禅と诗》(岩波书店，1983年)、《自己と超越——禅・人・ことば》(岩波书店，1986年)、《空华集——入矢义高短编集》(思文阁出版，1992年)中。至于其他成果，我们可以通过《入矢义高先生追悼文集》(汲古书院，2000年)得到了解。再者，关于禅籍解读的具体方法手段，请参照衣川贤次《古典の世界——〈禅の语录〉を读む》(一)—(三)(月刊《中国语》内山书店，1992年11月号至93年1月号)以及拙文《原典解读のための基础知识一，中国の原典解读》(《禅学研究入门》第二版，大东出版社，2006年)。然而，本书所述的赵州"柏树子"的解释，(转下页)

二、赵州"庭前柏树子"

禅,由一位名叫菩提达摩(达磨)的印度僧人传到中国。这是否合乎史实,并不是问题的关键,依照禅的语录,事情就是这样记载的。因此,禅问答中,无数次地发出了如下的问话:

——如何是祖师西来意?

所谓"祖师",即指达磨。"祖师西来意",又单称"祖师意"、"西来意"。总之,意思是说,初祖达磨由西天远道来华的意思如何? 而发出这样的问话,其实也就是提出了什么是禅的第一义的问题。

对该问话的回答,当然不胜枚举。而且,它们常常不是令人费解,就是几乎毫无意思,无从捉摸。唐代赵州从谂的"柏树子"故事便是其中耳熟能详的一个。最一般的情况,是我们今天可以通过《无门关》第三十七则公案,知道它内容如下:

赵州因僧问:"如何是祖师西来意?"
州云:"庭前柏树子。"

"栢"是"柏"的异体字,与日语中指落叶树的"槲"相异,在汉语中,它指常绿的乔木"桧"、"儿手柏"之类。"子"是名词的接尾字,不具有特别的实际含意,与"椅子"、"扇子"的情况相同。尽管如此,"祖师西来意如何?""庭前柏树子"——这一不可思议的一问一答,到底指的是什么呢? 难道是说,眼前的柏树当下就是"西来意"的显现或者

(接上页)很多地方有赖于衣川《古典の世界——禅の语录を读む(二)》一文;而且,本书的构想本身,所谓从思想史解读语录,其实就是受到衣川教授平日指导的启发而得的;所引用的文献的解读方法,也有不少地方受到过衣川教授的教诲。

象征吗？①

此问答，据最早的文献，五代的《祖堂集》，记载如下。我们可以认为，这是迄今可以知道的该问答最为原始的形态。

> 问："如何是祖师西来意？"师云："亭前栢树子。"僧云："和尚莫将境示人！"师云："我不将境示人。"僧云："如何是祖师西来意？"师云："亭前栢树子。"（卷18赵州章，第334页下，第661页）

"祖师西来意是何意思？"答曰："亭前"。"亭"是"庭"的同音字，二者通用。后世的各种本子都作"庭前"。提问僧不肯罢休，说："和尚不要以'境'示人！""境"，指构成认识客体的外在事物、事象。佛教一般告诫人们不要被"境"所束缚。"庭前栢树子"是"境"，应该与"祖师西来意"是毫不相干的东西吧！对此，赵州则说："我并未用'境'示人。""既然如此，那么祖师西来意到底如何呢？"赵州说："庭前栢树子！"

三、高境位的分节

井筒俊彦的论文《禅における言语の意味の问题》（1975年，现收入《意识と本质——精神の东洋を索めて》），以"栢树子"话题作为主要例证，分析了禅语言之为"无意味"的禅的意涵——"存在"本身（佛教用语为"真如""一法界"），"在根源性上是一个无限者，以其绝对存在，是难以把握的终极者"（第359页）；它又称为"根源性的非有限者"（第359页），是"绝对的无意味性"、"绝对的无限者"、"绝对的非分节"（第369页）（佛教用语可称之为"无相"、"一如"。当然，这些本来都是不能用语言表达的，为了说明的需要，勉强安的一个"假

---

① 也有这样的解释："达摩大师正好就像庭前的栢老树一样，似有意志其实又丝毫没有，似乎没有但又大大地有；如同一个无用的长物，而且表现着最为伟大的大机大用。赵州回答的是，因为此达摩栢槙，全世界为之而处于寂静的状体"（山田无文）《无门关讲话》春秋社，1976年，第293页。

名",因此,论文——也许是为了慎重起见——在不同的地方使用着不同的表达)。然而,人们用语言=符号("名字"、"言说")来分节("分别")它,其结果,"世界被分离成七零八落,作为一个个独立存在的事物的集合体而出现。黑暗的舞台被无数的灯光照射,浮现出无数的东西。用海德格尔式的说法,就是'存在'迷失而不可见,唯有'存在者'显现出来"(第361页)。也就是说,全一而无分节的"存在",被语言分节的各"物"="存在者"的世界,即有意涵的符号网("差别相")所覆盖,而人们误以为此覆盖的网就是一个真实存在,从而丧失了"存在",陷入了迷妄。

那么,人们要想克服这个迷妄,回归到本来的"存在",该怎么办呢?难道只有全面地停止对语言的使用吗?这种做法,确实也是存在的。比如维摩的一默,禅者的"良久(=沉默)"、"棒喝"等,就是这方面的例子。然而,禅者往往是倒行逆施的。"为了一举摘掉这个覆盖,禅者使用了语言;为了使语言的意思指向被分节的存在,并在刹那间还原到本来的非分节状态,禅者则倒行逆施地使用了被分节的语言"(第362页,旁点系引用者添加)。也就是说,禅并不是让语言体系这一电路停电,而是通过从相反的方向使高压电流得以流畅,使全部的电路在瞬间达到真空的状态。禅者问"祖师西来意",答曰"柏树子";或者问"佛",答曰"麻三斤";这种"答非所问","问与答之间并无任何关联"(第357—358页),看起来是在进行意思模糊不清的禅问答,其原因其实就在这里。

然而,禅并不是把有意义的分节语言进行解体,以回到"非分节"的"存在"就算万事大吉。

> 因为,所谓"山不是山",众所周知,它绝对不是表达了禅的终极立场。从禅本来的立场而言,人们必须从"山不是山"这一矛盾性命题所指示的绝对无意义的层面,翻过身来再一次返回到"山是山"这一有意义的层面上。不过,这时并不是将山这一结晶体(=被分节的"物")作为一种不能动弹的结晶体,仅仅观

望而已,而是透过根源性的非结晶体(=绝对非分节的"存在")转向结晶体这一形而上学的瞬间来见山。在此境位,"山"以分节的形式被指定为指称是山。但同时它又是超越山这一分节而指示绝对非分节的"存在"(第367页)。

如此这样,"无意义"的问答所具有的禅的意涵,终于才算完成。

井筒的论文站在这一观点,对赵州的"柏树子"的话头,如下进行解释。

在这种境位,本来以禅的形式被分节的东西,当然并不是处在外在的世界,仅仅与"主"相对立,构成一种认识对象的东西而已。尽管表面上未被表现出来,但人也就存在于此;全世界也原封不动地存在于此。《赵州录》中所见的柏树子公案的原话,其实就鲜明地表达了这个道理。曰:"时有僧问:'如何是祖师西来意?'(问所谓佛教所认为的绝对真理即我们所讲的禅的无分节的立场,是什么?)师曰:'庭前柏树子。'(僧不满足于此回答)'和尚莫将境示人'(即便拿出客观外界的事物等,也不能成其为答)。师曰:'我不将境示人'(我并非在拿外界的东西说事)。(这时,僧再次发问)'如何是祖师西来意?'师云:'庭前柏树子'。"在这个问答中,发问者所理解的柏树是一般被分节的东西,它是与我相对立、与其他一切相对立而独立存在的东西。赵州的柏树子,则是从禅的角度,通过高境位的分节而成立的东西;它是一种既把自己又把其他一切东西全部凝集在一处的柏树。临济把这种由高境位分节而成立的东西,称之为"夺境不夺人"(第371页,旁点为原文)。

如果借用前面引用的文字来说,那就是柏树一方面分节地被指定、被指称为"东西"了,同时又超越柏树这一分节,作为一个既指称绝对非分节的"存在"本身,同时又以其"高境位的分节"的词语来解

释"柏树子"。对此,井筒的论文接着又用带有哲理诗式的一种暗示性的词语表达,如下进行了描述:

> 在这里,一旦被无化了的柏树,依然作为柏树而当下存在,而绝对无限者则是一刻一刻地以柏树的形式重新进行自我界定,这种情况,历历可见。"山是山,水是水。"无数的东西,都探出和蔼可亲的慈颜,春风骀荡。禅称其为人境具不夺的境地(第367页)。①

四、祖师西来意

井筒如上的逻辑,后来在他的《意识と本质Ⅶ》一文中,以"分节(Ⅰ)→无分节→分节(Ⅱ)"的形式,得到了定型化(前引《意识と本质》第143页);在《意识の形而上学——〈大乘起信论〉の哲学》(1993年,现收入中公文库,2001年)一书中,他借用《大乘起信论》所谓理论重构的形式,得以更加严密的提炼。可以说,此逻辑把古代禅僧们似乎直观地作为其前提的存在与认识的结构,进行了合乎实际且明晰的逻辑化,而我们依照这一逻辑,的确能够发现不少问答其实是可以给予合理解释的②。然而,赵州是否当时就是依照这样的逻辑进

---

① 柴田全庆《无门关讲话》中有如下的解释:"如果全宇宙是柏树子,那么一切都被柏树子所吸收而没有柏树子;如果全宇宙是自己,那么一切又被自己所吸收而无自己。何处有自他、人境之类东西呢?还有何可附加什么名相的呢?此时——真实的自己,即转生为无我的时候——真的柏树子,活生生的赵州禅师,便会含笑点头的吧"(工藤智光编,创文社,1977年,第397页)。看起来似乎是一种关于超逻辑的"悟"的境地的表白,但如果我们把"全宇宙"置换成无分节的"存在","把"之类""名相"置换成"分节的语言",还有,把"真的……含笑点头"置换成"高次的分节",那么便可发现它与井筒论文所论述的,是相同的旨趣。

② 比如《景德传灯录》卷14所收药山章载:"有僧问:'兀兀地(如枯木茫然而坐)思量个什么?'师曰:'思量个不思量底。'(不思量的东西)曰:'不思量底如何思量?'师曰:'非思量。'"(第273页下)我们可以解释它是通过拒绝个别的分节作用("不思量")来同化于"存在"本身,阐说了无分节而为全意识("非思量")的逻辑。

行"栢树子"问答的呢,这当然又是另外一个问题了。因为,对唐代禅者来说,他们拥有更加迫切的,更加直接的问题关切;而上述这种逻辑,对于该问题的探讨,当然具有意义。

依照井筒论文的解释,如下两点被当作已知的条件了。

(1)"祖师西来意"的提问,意思是问"佛教认为的绝对真理",也就是指"禅的无分节场面"的意思。

(2)因此,对该提问而答"栢树子"的这个问答,在问与答之间,并不具有一种有意义的对应关系,而作为一种对话,是无聊的。

然而,这是因为最初引述的以《无门关》这样的文本作为对象,才被设定的前提。我们可以承认,井筒的论文其实是将这里的文本作为前提的,因为该论文开始便以一问一答的形式介绍该话题(第357页),其后则把《赵州录》称为"原话"等,从这些例子,我们可以得到确认。可是,上述两点,尽管看起来类似于《无门关》那样单纯的一问一答,但是,我们不能原封不动地把它——如论文所做的那样——追溯于"原话"的形式而予以套用。因为,我们如果将"原话"还原到唐代禅的文脉中去考察,便可发现"祖师西来意"的提问,绝不是以这种形而上的问题作为问题的;而且在其问与答之间,我们可以解读出唐代禅固有的有意含的逻辑。"祖师西来意"的提问,的确是以禅的第一义作为问题的,但在唐代禅问答之中,由此问话所要问的第一义,其实是更为具体、切身的内容。据了解,确立了唐代禅的主流及其基调的马祖道一,向修行僧们常常发出这样的问话——

> 每谓众曰:"汝今各信自心是佛,此心即是佛。是故达摩大师从南天竺国来,传上乘一心之法,令汝开悟。……"(见《祖堂集》卷14马祖章,第260页上,第514页;入矢义高编《马祖の语录》,禅文化研究所,1984年,第17页)。

马祖说,"大众!你们应该相信各自的心就是佛,此心当下不外是佛。达摩大师从南天竺国来到中国的目的,就是传此心法,为了让众人悟此道理。"

这可以说是唐代禅对于达摩来到中国的目的,即"祖师西来意"的最为基本的定义。临济义玄之师,是相当于马祖的再传弟子的黄檗希运,他也是这样阐述的:

> 汝但除却凡情圣境,心外更无别佛。祖师西来,直指一切人全体是佛。汝今不识,执凡执圣;向外驰骋,还自迷心。所以,向汝道:"即心是佛。"(入矢义高《传心法要·宛陵录》,筑摩书房,《禅の语录》8,1969年,第67页)

"即心是佛——心就是佛。"如此阐说的"心",到底是哪个"心"呢?是"凡"心,还是"圣"心?针对这一质问,黄檗回答说,只要是除去了凡、圣这样的意识,此心以外,不会存在什么佛。祖师达摩西来,直指一切人全体是佛。可是你却不明白这个道理,执著于凡、圣的分别,向外到处求索,反而迷失了自己的心。因此,便向你说"即心是佛"。

黄檗此外还有"祖师西来,唯传心佛,直指汝等心本来是佛"(《宛陵录》第117页)这样的言说。总之,在唐代禅中,所谓"祖师西来意",不外就是指"即心是佛"——自己的心当下就是佛——这一事实。为何如此?没有论证。因为对禅者而言,这是一个不宣自明的前提。既然不宣自明,那么,为何要反复地发问呢?因为提问者总是不能把这个不言自明的事实切身地当做自己的事情。提问者所要求的,并不是对"祖师西来意"这一设问的一个正确理解;他们为了体悟"即心是佛"这个事实,一直继续着行脚之旅,以求得切身激发的契机。

据记载,被视为"祖师西来意"问答的最早例子,是老安国师(嵩山慧安)如下一段。

> 坦然禅师问:"如何是祖师西来意旨?"

师曰:"何不问自家意旨？问他意旨作什么？"(《祖堂集》卷3
老安章,第108页,参见《宗镜录》卷97,《大正藏》第48册,第
940页下)

"所谓祖师西来意,是什么意思呢?""你为什么不问自己意('自家意旨')呢？问他意干什么？"问答更加继续,其中包含着重要的问题,但这里予以省略。这里我们要关注的是,老安被问到"西来意"时,当即反问道你为何不问自己意这一点。是老安偏离了问话,没有回答"西来意"吗？……不,并非如此。所谓问"西来意",其实应该就是问"自己意"。而且,能够回答"自己意"的,除自己外,别无他人。老安就是这样将"西来意"的质问退还给提问者的。

马祖也有如下的问答:

　　僧问:"如何是西来意?"
　　师云:"即今是什么意?"(见《景德传灯录》卷6马祖章,第89页下,《马祖の语录》第93页)。

所谓"西来意",并不是问往昔达摩来到中国时的事情。它应该是"即今",即当下"自己的意义"的事情。马祖在这里还是试图让修行僧自省这个问题。

所以,在马祖的语录中,我们还可以看到如下一段对话。

　　僧问:"如何是西来意?"
　　师便打,乃云:"我若不打汝,诸方笑我也"(同前,第89页下,《马祖の语录》第96页)。

当僧问"西来意"时,马祖便打他。"我如果不打你,诸方的禅师们一定会笑话我的。"(这里的"也",不是文言文中的"也",而是相当于现代汉语文末的"了",是一种口语的用法,表示事物的变化、完

成)。所谓"西来意",并非指他人,而应该是问当下的自己。这只有通过痛打一顿,才能促使你去发觉,否则你会到处去盘问这个问题,如果这样的话,那可耻的,便是我自己。

以下引用的天桂山崇慧的问答,是禅问答中属于少见的例子,但对以上的道理,非常恳切地给予了解释。

问:"达磨未来此土时,还有佛法也无?"师曰:"未来时且置,即今事作么生?"曰:"某甲不会,乞师指示"。师曰:"万古长空,一朝风月"。良久又曰:"阇梨会么?自己分上作么生?干他达磨来与未来么?他家来大似卖卜汉相似,见汝不会,为汝锥破卦文,才生吉凶。在汝分上一切自看"(《景德传灯录》卷4崇慧章,第51页上)。

僧问:"达摩尚未到来时,中国是否就已经有了佛法?"崇慧说:"达摩尚未到中国时暂且不管,即今的事情如何?""我不知道,请和尚指示。""在永恒不变的遥远长空上,每天都有滋润的风光。"

经过一旦时间的沉默之后("良久"),崇慧接着说:"你明白吗?你自己本人的事如何呢?那位叫达摩的人,来也罢,不来也罢,与他有何相干?他(达摩)有似于占卦人,看到你不明白,就给你立卦,因此才知道是凶是吉。但关键不是由别人为你来断定,而是一切应该从你本人出发,通过本人去自我发现。"①

五、本分事

"如何是祖师西来意"的问话,其实就是问你自己之为何的问题,而对它的回答,一言以蔽之,归根结底即是"即心是佛"这一件事情。这既不是指自己成为"佛",也不是重新给予自己以"佛"这

---

① 关于以上所论述的"祖师西来意"的基本含义,请参考拙著《语录のことば——唐代の禅》(禅文化研究所,2007年),第2—4页。

一神圣性。它只不过是将即今自己之为自己的事实称之为"佛"罢了。为了让修行僧本人觉察到这一点，就是这类问答的目的之所在，而且它还只得是当事者本人去心领神会了。崇慧把它称之为"自己分上"、"汝分上"等。同样的情况，在问答中也往往被称做是"本分事"。

沩山灵佑有一次如此逼问弟子香岩智闲：

> 汝从前所有学解，以眼耳于他人见闻及经卷册子上记得来者，吾不问汝。汝初从父母胞胎中出未识东西时本分事，汝试道一句来。吾要记汝（《祖堂集》卷19香严章，第700页）。

"迄今你学到的所有东西，你从他人耳闻到的，从书本、经卷记得的东西，这些我都不打算问你。请你道来，你从父母肚子里落地降生尚不分辨是左是右时那一刻的'本分事'！如能道来，我将与你证明。"

沩山在这里要求弟子道来那个在受制于后天附加的一切意义、价值等东西之前的"本分事"，连所谓"佛"这样的名称也不需使用的当下本来之自己。

关于此"本分事"，比如灵岩慧崇也有如下一段问答。

> 僧问："如何是学人自己本分事？"
> 师云："抛却真金拾得瓦砾作什么？"

"所谓我本人的'自己本分事'到底是什么？""你抛却自己，却去捡别人的东西，有何用处？"意思是说，当下即今的自己才是真金，而别人给予的"自己"这样的观念，毕竟不过是一片瓦砾罢了。

另外，"柏树子"的赵州，也同样有如下的问答。

> 问："如何是本人事？"师指学人云："是你本人事。"僧云："如何是和尚本分事？"师云："是我本分事。"（《祖堂集》卷18赵州

章,第 333 页下,第 659 页)

"所谓本分事,是什么意思?"赵州一针见血地指着学僧本人说:"那就是你本人的本分事!""既然如此,那么和尚本人的'本分事'又是什么呢?""那是我自己的本分事!"

这些问答的意旨,与前述"祖师西来意",并无多大不同。所谓"自己本分事",既不可以与他人相互借代,也不可能相互交换,是自己之为自己的事实。不管你如何向他人发问,都得不到结论。赵州还有这样的话语:"尿是小事,须是老僧自去始得——小便是小事,但必须是自己去才行。"(《赵州录》卷中,261 页)。

井筒论文把《赵州录》当做"柏树子"公案的"原话"予以引用。然而,应该称为"原话"的,是前面我们引用的《祖堂集》的本文。其实,《赵州录》卷上的本文,是如下的形式,加上了一段很长的段落。

> 师上堂谓众曰:"此事的的,没量大人出这里不得。老僧到沩山,僧问:'如何是祖师西来意?'沩山云:'与我将床子来'。若是宗师,须以本分事接人始得。"时有僧问:"如何是祖师西来意?"师云:"庭前柏树子。"学云:"和尚莫将境示人"。师云:"我不将境示人"。云:"如何是祖师西来意?"师云:"庭前柏树子"(秋月龙珉《赵州录》,筑摩书房,《禅の语录》11,1972 年,第 35 页)。

赵州上堂说:"此事明明白白。即便是超乎一切既成范畴的大人,也不能超出这里的范围。我往昔去沩山禅师那里时,有位僧人问:'祖师西来意如何'? 沩山的回答是这样:'请拿椅子来!'若是正统的禅师,必定以本分事教导学人。"

这里所说的"此事"、"这里",都是"本分事"的另一种说法。不过,赵州的口气,似乎是在说,沩山的回答完全没有依照"本分事"来接化学人。

听到赵州这番话后,有一僧上前问:"如何是祖师意?"也就是说,既然赵州如此吩咐,那就请赵州依照"本分事"来好好地接化这个自己。这时,赵州回答说:"庭前柏树子。"可是,该僧不能接受。"和尚莫以'境'示人!"意思是说,"柏树子"这样外在的客观对象物,难道不是与自己本分事正好相对立的吗?赵州说:"我并没有以'境'示人。"意思是说,"柏树子"一语所指的,并不是外境,正是你的"本分事",难道这一点你还不明白吗?"既然如此,祖师西来意如何?"赵州回答说:"庭前柏树子。"

即便没有如上所述的开场白——也就是说,即便是《祖堂集》原文那样——依照唐代禅的问题兴趣来解释"祖师西来意",我们从问答解读"本分事",其实也并不困难。然而,《赵州录》通过施以如上所述的扩大、添加,使得问答的主题毫不含糊地得到了明示。尽管该僧有损赵州的意图,以答非所问而告终,但整个问答,绝不是一个无聊没趣的问答。我们理应把它当做一个围绕"本分事"主题的、拥有意味脉络的对话来理解。

那么,回答"柏树子",为何就是直指提问者的"本分事"呢?在主客的对立被消解的时候,你就是那棵柏树子了,那棵柏树子也就是你了。这种解释,当然也是存在的。不过,赵州的意图,恐怕并非如此。我们可以通过《赵州录》卷上所记录的如下的问答,理解其意图之所在。

> 问:"如何是学人自己?"
> 师云:"还见庭前柏树子么?"(第61页)

问:"学人自己是什么?"赵州说:"看见庭前的柏树子了吗?"
在这里,提问直率地以"自己"作为问题。对此,赵州并未说"柏树子"就是你"自己",而是回答说:"看见庭前柏树子了吗?"离开当下看见"柏树子"的你,哪里还有"自己"呢?赵州就是以这样的意图反问该僧本人的。①

"庭前柏树子"这则公案，我们可以用与它相同的意思进行理解。所谓"庭前柏树子"，其实就是直指当下看见"庭前柏树子"的即今你本人的本分事的一句禅语。

六、莫将境示人

以上笔者本人的拙见与井筒的论文之间在字句的理解上呈现出鲜明对立的，是所谓"莫将境示人"这一句。井筒的论文理解它是"我并未说什么外界的东西之类"，意思似乎是说，我所说的"柏树子"，并不是指被语言所分节出来的一个一个的"物"＝作为"存在"的柏树子，而是同时指表示非分节的"存在"＝作为"绝对无局限"的"高境位的分节"。然而，如果是以"自己本分事"作为主题的一个对话，那么，我认为这一句应该是这样理解才行——我并不是指"柏树子"这类外在物，而是指看见那棵"柏树子"的当事本人。

---

① 这种应酬，并非偶然一回，其他还有一些相似的例子。比如敦煌出土的《历代法宝记》中就有如下的记载："相公（杜鸿渐）闻说，白和上（保唐寺无住）：'见庭前树否？'和上答：'见。'……"（柳田圣山《初期の禅史Ⅱ》，筑摩书房，《禅の语录》3，1976年，200页）。这也许是最古的例子。不过，在这里，关于见闻觉知作用的形而上学式的讨论，构成了它的主题（见拙著《神会——敦煌文献と初期の禅宗史》，临川书店，《唐代の禅僧》2，2007年，第200页）。后来，《景德传灯录》中，我们可以看到如下类似的例子："僧问：'如何是祖师西来意？'师云：'还见庭前花药栏否？'"（卷11所收潞州水和尚章，第192页上）；"问：'如何是西来意？'师曰：'还见庭前杉樧树否？'"（卷17所收白水本仁和尚章，第339页上）。意思都与赵州的"还见庭前柏树么？"的问答相同。从这些问与答，我们不难解读到这样的等式："西来意"＝"学人之自己"＝"见庭前…的汝自身"。如下梦窗疏石的言说，极其恰如其分的把握了唐代这种"祖师西来意"问答的原意。"此种人，是不忘本分题之学者也。若见古人悟道之机缘，或因上代故，未直下大悟之人亦信本分之题，是故，非因是可合本分之工夫用心，而向人询问。但直下问曰：'如何是佛，如何是禅，如何是佛法之大意，如何是祖师西来意，如何是诸佛出世处'云云。学者之问，亦如此之直问也；知识之答，亦以直答，或答即心是佛，或示庭前柏树子，或云东山水上行。宗师如此回答者，皆是本分之直示也。非已此语作修行之资粮"（川濑一马校注·现代语译《梦中问答集》，讲坛社学术文库，2000年，第153页，旁点系引用者）。另外，以上所述的关于"柏树子"的解释要点，曾参照前引衣川论文，在拙文《语录のことば（五）》（《伞松》2003年8月号）中讨论过。论点虽同，但引证的资料有出入，所以希望能结合该稿一起阅读。前揭拙著《语录のことば——唐代の禅》再录。

关于"莫将境示人"这句修行僧的答话,我们在沩山的弟子仰山慧寂的问答中可以看到如下类似的例句。

> 师见僧来竖起拂子。其僧便喝。师曰:"喝即不无,且道老僧过在什么处?"僧曰:"和尚不合将境示人"。师乃打之(《景德传灯录》卷 11 仰山章,第 174 页)。

所谓"拂子",即禅僧手持物品中的一种。将兽毛结成嘟噜形状,带有手把。在印度曾被当作防虫的一种实用品,但在中国则变成了禅僧在进行问答和举行法会时手持的一种象征性法器。与六朝时代的名士在清谈时手持的"麈尾"是相同类型的东西。我们在禅语录中,常常可以看到禅师突然竖起拂子,向修行僧求一句问答的记载。在上述问答的稍前处,同样可以看到记载说,每当行脚僧来时,仰山便竖起拂子,以试探其修行的境界。

总之,在这里,当仰山看到一位僧人前来,他同样一言不发,而是竖起手中持有的拂子给僧人看。那么,这时应该如何突破这个关门,获得禅师摄受的许可呢?这位僧人好像是已经行脚到过诸方,学到了应酬的禅机。当他看到眼前直挺挺地竖立的拂子,既不为之动摇,也不为之畏缩,反而是不失良机地向仰山发出了猛烈的一喝。

这时,仰山问:"嗯,一喝没错,但是否是看到我有什么错处的一喝呢?"对此,僧人说:"和尚不要以境示人!"

使用"拂子"这样的外在物,是绝对不能表达真实的;僧人的一喝,即道破了这一道理。

仰山听到此话,一言不发地打僧。

这一问答,我们依照前述井筒论文的逻辑,便容易得到一个合理的解释,即仰山所竖起示众的拂子,其实就是作为一个"高境位的分节"(分节Ⅱ)的意思。然而,僧人仅仅把它视为一种单纯的"物"(分节Ⅰ)去把握,因此遭到了仰山的痛打。

不过,与上述"栢树子"的情况相同,我们同时可以作如下的解释:即仰山并不是出示拂子,而是试图直指凝视着拂子的僧人自己;但僧人的心却已被作为对象物的拂子夺走了,失去了自己。所以,仰山把僧人痛打了一顿。这并不是对于误解的一种体罚,就像前述马祖关于"西来意"的问答一样,这一打,是希望促使你记起你之为你的事实。

之所以进行这样的理解,是因为我们另外还可以看到如下百丈怀海的问答。百丈是马祖的弟子,同时也是相当于沩山的师父的人物。

> 问:"如何是佛?"师云:"汝是阿谁?"僧云:"某甲"。师云:"汝识某甲否?"僧云:"分明个"。师乃举起拂子云:"汝还见么?"僧云:"见"。师乃不语(《景德传灯录》卷6百丈章,第98页下)。

"什么是佛?""你是谁呀?""我是某某"(实际是以自己的名字回答的,但在记录上却表示着"某甲")。"既然如此,那你知道某某其人吗?"("识",不是指作为一种知识、信息的了解,而是指当下认知、熟悉的意思)。"是的,识知"("~个",属副词结尾语)。

什么是佛?就是现在当下提问的自己,除此之外,是没有"佛"的。然而,你对此置之不理,却试图向外求"佛",有何之用?禅僧之所以向修行者问你是谁、你叫什么名字,往往包含着这样的意图。而且,当下通过这样的问答,瞬息之间得到开悟的人,也为数不少。

> 谷乃问:"阿谁?"师云:"良遂"。才称名,忽尔契悟。(《宗门统要集》卷4寿州良遂章,《禅学典籍丛刊》1,第82页下)

禅僧再一次确认对方的名字,这并非调查身份,而是为了让提问者想起自己之为自己这一关键的事实。但是,参访百丈的修行僧,并没有理解到这个意思。他从字面上理解百丈的提问,并且从字面上予以回答。"是,我就是某某。"作为百丈来说,很可能希望该僧如同上述良遂、慧超那样,瞬息顿然领悟。然而,这一关键的瞬间,却白白地流逝了。为此,百丈更加尽到自己的老婆心切:"那你知道某某吗?"你就是你,对于这一点你能否睁开双眼好好看一下呢?可是,该僧还是不能明白:"是,当然看见。"因为是自己的事情,不可能不知不识。

意思虽已弄清,但意图并未明白。问与答,似乎相吻合,而实际上完全是隔靴抓痒,未着边际。

百丈无奈地变换方式,立即竖起拂子,重新发问。如果这一次还是不能发觉,那就毫无办法了。

"那你还见吗?"

然而,僧人的回答依然相同:"是,看得见。"既然这样,那么当下如此看见的是谁呢?回到原初,从零开始再一次地进行发问的气力,已经荡然无存了。到了这个地步,即便是修行到家的百丈,也只能是默然不语了(禅语录中,表示无分节的本来性的沉默,大多记载为"良久";无言以答时,记载为"无语"、"无对"。"不语",是后者的意思)。

从结果看,虽是无果而终,但正因为如此,为了让人体悟到自己之本分事,百丈不断地改换提问方式,所以,我们可以依据其前后的脉络,追寻他们所要讨论的要旨。在此脉络中,非常明显,提起拂子所谓"看得见否"的提问,其实就是最初的所谓"你是谁"——应该觉悟你自己本人!——这一问话的置换。而且,正如此例子所看到的,所谓"看得见否"的问话,比之出乎意料地提起拂子,对向初心者阐说相同的意思来说,似乎显得更为恳切近人。由此而推测,无论是仰山竖起拂子的意图,还是当问到"自己"之为何的赵州以"看见柏树子否"应对的意图,我们都可以用相同的意思去理解它们。

无论是向赵州问西来意而被开示道"庭前柏树子"的那位禅僧,还是被仰山竖起拂子的那位禅僧,两人都说"莫将境示人。"然而,无论哪种情况,他们的言语中暴露了一种语套,即如此发问的禅僧本身忘掉了能"看"的自己,把柏树子、拂子仅仅视为一种所看的"境"了。之所以赵州说"我不将境示人",仰山严厉痛打禅僧一顿,无外乎就是为了让问话的禅僧自己觉悟自己的"本分事"——毫无疑问即是即今正在看的自己本人,一种为人对治的处方。

针对相同的"祖师西来意"的问话,赵州有时如下进行对应:

> 问:"如何是祖师西来意?"师云:"如你不唤作祖师意犹未在。"师云:"四目相观,更无第二主宰。"

僧问:"什么是祖师西来意?"赵州答:"即便不唤作'祖师意',也还不行。"所谓"即便不唤作也还(犹)不行",意思是说,何况称作"祖师意",也已是不行的了;这正是要求对方以即今的自己当作问题来看待,是一句颠倒式的说法。这里所问的,应该不是所谓唤作"祖师意"之类关乎他人的问题。因此,禅僧再一次地发问说:"既然如此,那么'本来'如何呢?""本来底",与前述自己本分事同义。并不是问所谓祖师达摩之类的他人之意,而是问自己本来之意为如何。赵州回答说:"我与你即今双面相见,除此之外,更无第二人之存在。"

七、公案

这里,我们拟根据唐代禅僧们的问题意识与语言表达方法,将唐代的禅问答作为一种具有意涵的活生生的对话进行解读。关于这种解读,我们将以赵州的"柏树子"为例子来尝试[①]。到底应该选择哪种问答来与之相对照,而且,应该如何一个一个地来分别解释这些问答,都具有可变性的因素,是与问答相关联的一种推论,因此,我丝毫没有说这是一种唯一的、正解的做法的意思。何况,以上仅仅是讨论

---

① 关于这样的读法,早在入矢义高《麻三斤》(1983 年)、入矢义高《干屎橛》(1985 年)中已有先例(皆收入《自己と超越》中)。

了唐代禅者问题意识的一个侧面而已,我们从禅语录中,还可以发现更多的问题以及关于它们的种种立场①。而且,一经脱口而出的语言,愈是精彩,愈能立即得到传颂,最后成为束缚修行僧的一种陈旧俗套而走向僵化②。因此,为了回避这样的事态,同一禅僧有时或者说出完全相反的话,有时或者满不在乎地对自己的语言出尔反尔,这种情况屡见不鲜③。禅者的语言,常常不是为了问题的解决,有时既是为了一种新的问题的开端,有时又是为了作为一种解消发问的前提,为了使提问者退回到问题以前的一种反问。越是细心地阅读禅录,越发叹息于概括禅之为何物的困难④。

关于"西来意",赵州有如下的问答。

> 僧问:"如何是西来意?"师下禅床立。僧云:"莫即这个便是否?"师云:"老僧未有语在"(《景德传灯录》卷10赵州章,第155

---

① 这里讨论的是唐代禅的主流马祖系统的禅。然而,实际上在马祖系统的禅中,存在着很大程度的多样性;而且,在与此相对抗而后来兴起的,可称之为第二主流的石头系统的禅——先前的注释中提到的药山也是这一系统——中,我们还可以看到与马祖系统在方向上相异的一种独特性的关于"自己"的探讨。关于这一点,请参照拙文《唐代禅宗の思想——石头系の禅》(东京大学东洋文化研究所《东洋文化》第83号《特集·中国禅》2000年,本书第一章第二节,改写后重录)。

② 因此,赵州的弟子觉铁觜不得不断言说:"先师无此语(栢树子)!莫谤先师好。"请参照后注以及《语录のことば——唐代の禅》五。

③ 一般认为是由马祖本人从"即心是佛"转向"非心非佛"。此问题将在第一章第一节再进行讨论。

④ 《祖堂集》卷18所收仰山章中,载有沩山与仰山围绕"树子"——不是"栢树子"——的问答。在这里,沩山主张"见色即见心",对此,仰山提出树子是树子、我是我的立场,与此相对立。再者,《景德传灯录》卷10苏州西山和尚章中也载有西山举拂子,一僧斥之为不过是"境"而已的故事。雪峰依此而开示的是,并非将自己置于活生生的身体的一个客体,而是作为一个宇宙大的意识进行把握——所谓"本分事"的法身化——是一种新的拓展。不过,这一立场也遭到弟子云门、玄沙的批判性的继承。这在入矢义高《雪峰と玄沙》(1983年)、《云门の禅·其の所谓"向上"事》(1984年)中有详细讨论(皆收在《自己と超越》)。另外,赵州本人有阐述这样的问答:"虚空"落地时"栢树子"成佛,"栢树子"落地时"虚空"成佛(《祖堂集·赵州章》,《赵州录》卷中)。这到底意味着什么,与"庭前栢树子"的问答又有何关联,目前不甚明了;《景德传灯录·赵州章》中关于"栢树子"的问答,甚至一则也不见收录。这些将留待以后考察。

页下)。

僧问:"什么是西来意?"赵州下禅座,默然直立。僧——似乎是擦亮了眼睛——说:"莫非这就是西来意吧!"

这时,赵州立刻说:"我还有什么未说的呢!"

井筒论文的说法,不仅极具说服力,而且颇富魅力。然而,说这种逻辑作为禅问答的前提潜在于问答之中,与说将一个问答作为该逻辑的平面图式来进行解释,恐怕是另外一码事吧。禅问答,本来是根据现实客观事物的场面,作为活生生的人的、活泼泼的语言对话而进行的,而且,始终不离"自己本分事"这一主题①。

而且,还不应忘记的是,井筒论文的说法,是建立在"把整个东方哲学与其中的各种传统相关联的复杂的历史性关联分离开来,把它放在共时性的思考层面,以此进行重塑"(《意识と本质》,第 7 页)这一独特意图的基础上而建构的。加之,如论文以不太醒目的形式所注解的那样,作为其考察对象而被挑选出来的禅,其实不外是"中国宋代以后历史中所形成的禅的形态",是"在临济禅中所确立的一种公案机制"(第 363 页),也就是说,它就是宋代由大慧宗杲所创立的"看话禅"。论文在解释"柏树子"时,之所以将《无门关》的本文作为对象,其理由也在于这一点。从南宋《无门关》对于第一则"赵州无字"公案的处理中所表现出来的情况可知,《无门关》明显的是一部以

---

① 《景德传灯录》卷 10 赵州章载:"师敲火问僧云:'老僧唤作火,汝唤作什么?'僧无语。师傅云:'不识玄旨,投劳念静'"(第 155 页上)。问答的意思是:不唤作火,请用一个新名相。对于赵州这一要求,僧无言以对。最为直截了当的读法,解释其旨意是"火即是火,你尽管叫火就行,不必要陷于什么闲葛藤。"不过,我们依照井筒论文的逻辑,也可以这样解释它。也就是既离"火"这一"分节性语言"("分节Ⅰ"),同时又试图给它以"高境位的分节"("分节Ⅱ")。然而,即便可以如此解释,但最终被视为问题的是,毕竟还是作为其命名主体的"一切存在主宰者"的"自己"。请参照入矢义高《禅问答ということ》(1974 年,《求道と悦乐——中国の禅と诗》97 页)。

参究大慧系统的"看话禅"作为目的的一种特殊化了的作品①。

大慧举"柏树子"公案,曾如下写道:

> 若卒讨巴鼻不着,但只看个古人入道底话头。僧问赵州:"如何是祖师西来意?"州云:"庭前柏树子"。僧云:"和尚莫将境示人"。州云:"我不将境示人"。僧云:"既不将境示人,却如何是祖师西来意?"州只云:"庭前柏树子"。其僧于言下忽然大悟。伯寿但日用行住坐卧处,奉侍至尊处,念念不间断,时时提撕,时时举觉,蓦然向柏树子上心意识绝气息,便是彻头处也。(《大慧语录》卷23,法语"示太虚居士",《禅宗全书》第42卷,第405页上)。②

如果不能立刻找到线索,那么就只管看古人的入道话头了!——"僧问赵州:'如何是祖师西来意?'赵州云:'庭前柏树子。'僧云:'和尚莫将境示人。'赵州云:'我不将境示人。'僧云:'既不将境示人,那么如何是祖师西来意?'赵州只是说:'庭前柏树子。'其僧于言下忽然大悟。"

伯寿啊!您即便在日常起居动作的地方,在您侍奉天子的时候,应该一念一念地毫不间断,常常地参究,时时地警觉,如是蓦然之间,于此"柏树子"一点而意识断绝,此就是所谓彻底的大悟了。

关于"柏树子"的问答,乍一看,似乎与前面讨论的情况几乎相

---

① 关于"看话禅"的特质及其历史性地位,请参看石井修道《禅语录》的解说四《看话禅的性格》(《大乘佛典》,中国·日本篇第12卷,中央公论社,1992年)。另外,《无门关》的特色,我们应该把它置于随着"看话禅"蓬勃兴起,宋代禅宗文献从历史书籍变迁为公案集这一历史过程中进行宏观的定位。关于这一点,石井的《〈无门关〉的成立·传播·性格》(《爱知学院大学人间文化研究所纪要〈人间文化〉》第16号,2001年)、《南宋禅をどう捉えるか》(铃木哲雄编《宋代禅宗的社会的影响》,山喜房佛书林,2002年)、《宋代禅宗史的特色——宋代的灯史的系谱を手がかりとして》(前揭《东洋文化》"特集·中国の禅")等论文中有详细讨论。关于看话禅的形成,之后将在本书第二章再进行考察。

② 参照前注石井《禅语录》第207页的翻译和注解。

同,但它明确记载僧因"栢树子"一语而"忽然大悟",这是一个关键性的改动。而且,这一改动,是与要求你只管通过集中精神,使感情、思考完全断灭——"使意识""绝气"——达到"彻头处"相呼应的。至此,我们可以看到,关于"栢树子"所谓"将境"云云之类的中间的那段对话完全改变得无影无踪了,而是作为一个拒绝概念性思考的"栢树子"一语,"只是"说了而已。《无门关》以及其他宋代禅籍,之所以常常把这个公案干脆地省去了中间部分的一问一答,就是因为对于这样的目的来说,可谓是一种最切实可行的措施了①。

大慧一系的"看话禅",相当于中国禅史演变的最后阶段,而且其后发展成了中国、朝鲜、日本禅的主流,这是众所周知的事实。特别是日本,江户时期的白隐慧鹤,成功地实现了看话禅的阶梯式的体系化,其影响力波及到了今天(井筒论文中有"临济禅中所确立的公案机制"的言说,而这个言说正与白隐禅相应)。近代日本的思想家所接触的禅,乃至20世纪传播到欧美社会的"ZEN",也都主要是这一系统的禅;而正因为如此,无论在中国还是在朝鲜,几乎不曾看到被阅读过的痕迹。仅仅只有在日本,对《无门关》的阅读,不知不觉地变成了与《碧岩录》相提并论,而且被称为禅宗书籍的一种代表,乃至成为现代日本以及欧美翻译最多的禅宗书籍。因此,井筒论文在论述禅的时候,把看话禅和《无门关》放在其心目之中,应该是很自然地事情;而且可以想象,很可能井筒氏本人并没有从中国的禅史中选择特

---

① 将"栢树子"的公案压缩成这种没有起色的一问一答的形式的用例,在圆悟、大慧那里已经不是什么新鲜的事情。如《圜悟心要》卷上,"示曾侍制"载:僧问赵州:"如何是祖师西来意?"州云:"庭前栢树子。"天下参问,以为模范,作异解者极多。唯直透不依倚不作知见,便能痛领。才有毫发觅刺,则黑漫漫地。岂不见法眼举问觉铁觜:"赵州有个庭前栢树子话,是不?"觉云:"和尚莫谤先师。先师无此语!"但怎么体究,便是古人直截处也。(《禅宗全书》第4册,第552页,新文丰出版公司影印本,82丁左)。

《大慧普觉禅师语录》卷16"悦禅人请普说"载:所以五祖师翁有言:"如何是祖师西来意? 庭前栢树子。"恁么会,便不是了也。"如何是祖师西来意?""庭前栢树子。"恁么会方始是。你诸人还会么? 这般说话,莫道你诸人理会不得,妙喜也自理会不得。我此门中无理会得理会不得。蚊子上铁牛,无你下嘴处(《禅宗全书》第42册,第355页下;《大正藏》第47册,第881页中)。

定的某个时期作为其论述观点的情况。

将某个特定时代的历史性产物的禅,原封不动地,跳跃性地进行一般化,这样的飞跃,如果依照井筒氏的意图,未必不算妥当。铃木大拙和京都学派哲学家们的思维,曾经也同样地是把对于此"看话禅"——尤其是白隐禅——的参究体验与现代思维进行"共时性"的相互连接而发展起来的。虽然井筒论文的逻辑在语言表达上明晰而新鲜,但其基本论旨,与铃木大拙的"般若即非逻辑"相比,并无二致。我们从这些现代性思维中所能学得到的东西,当然多得不可胜记,然而,如果我们改换一下立场,始终遵循"历史的关联性","通时性"地把握禅的话,那么,我们不能忽视唐代禅与宋代禅之间的断裂这一事实,而且,这样的飞跃所遗漏掉的唐代禅的精彩部分,也的确让人觉得不忍抛弃。

将禅问答的问与答解释为一种不具意涵对应关系的"去意味的东西"——即所谓的"活句"、"无义语"、"无理会话"等,是宋代禅盛行的一种倾向。其后,这种观点,甚至到今天,仍然成为我们理解禅问答的一种主流[①]。然而,唐代的禅问答,本来并非就是如此。唐代,在禅门的共同体中,共享着某些问题意识以及关于这些问题的先行问答的记忆,在这个过程中,新的问答便得到了发展。就像一盘围棋中的棋子,并非每个棋子本身,而是棋子与棋子之间具有逻辑性关联一样,唐代禅门之中,每个问答看起来似乎意义不甚明了,但问答与问答之间,存在着密切的脉络;正因如此,每个问答其实都拥有一定的意涵。到了宋代,问答被从相互关联之中切割开来,变成为独立、孤立的一种参究的题材,而与此相应,问与答被毫无关联地当做一种非概念性的片断了。从棋盘上被挪到白纸上的一颗棋子,已经变成了一个脱离意涵的客体,于是问答就变成了

[①] 总之,可参考周裕锴《习禅:见月忘指——中国佛教解释学研究》(土屋太祐译,前揭《东洋文化》"特集·中国の禅")。关于此问题,本书第 2 章将进行详细讨论。

"公案"①。

对于并不是活生生的对话,而是已经变成了毫无气色表征的"公案",井筒所说的逻辑是直接可以适用的,而且也是极其有效的(论文第四节分"公案"以前的"活生生形象的禅的言表"进行论述,但最后还是以前者的理解套用在后者而告终)。与此相比,这里我们所尝试的读法,很可能会给人一种迂回曲折之感,这是毋庸置疑的。不过,如果说禅在某种意义上具有一种"当代性"的话,那么我们应该认为,唐代就是唐代,宋代就是宋代,必须把禅放在各个时代的脉络之中,才能解读到它的"当代性";如果与历史的脉络毫不相干地依照现代思想的兴趣,随意地将禅籍切割开来,那么,我们所得到的结果,只不过是以禅籍为镜子的现代思想的自我画像罢了。何况那些又不认真细读禅籍、借用井筒论文的词语和思路大谈禅之为何物的当今的一部分论著,对于禅的理解不仅毫无益处,恐怕对于现代思想来说,也无任何裨益的吧!这种情况,与本文开头所说的参禅与读书的关系是相同的。

---

① 梦窗疏石说:"是故,古时(['本分之直示'曾实行的唐代]),不曾由知识[善知识、老师]以自语为公案,劝人提撕者,亦无叫人疑我语者,亦不言莫疑者。今时[宋代以后]之人,宿习不厚,道心不深,是故,闻知识一言之时,或以识情推度,作得悟之想,便乃放弃。或以最钝而不得推量者而退屈[挫折],以怜是故,圆悟、大慧以来,便设公案提撕之方便(前揭《梦中问答集》157页,[ ]内系引用者补笔)。这是认为发展到了宋代禅,拒绝基于知识思考的推量,作为让"疑团"生起的一种手段,"公案"禅得到了创造的主张;历史地追寻这样的观点,一定会成为禅宗史研究的极其有趣的课题。其次,从《碧岩录》的评唱中,我们还可以看到圆悟克勤(大慧之师)在掩盖马祖禅的思想的同时,将唐代的问答解读成宋代禅的逻辑的情况。以下的拙著已讨论了该问题,结合这些讨论,本书第2章将进行详细论述。《禅の语录》を译すということ》、《同(三)》(月刊《东方》第252期、第256期,东方书店,2002年2月、6月号)、《禅者の后悔——〈碧岩录〉第九十八则をめぐって》(《田中良昭博士古稀纪念论集·禅学研究の诸相》,大东出版社,2003年)、《〈碧岩录〉杂考(1)—(24)》(《季刊〈禅文化〉》第185—208期,禅文化研究所,2002年7月—2008年4月)。然而,《〈碧岩录〉杂考》,后来被再次编入拙著《续·语录のことば——〈碧岩录〉と宋代の禅》(禅文化研究所,2010年)中。

第一章 《祖堂集》与唐代禅

第一节 马祖系的禅

一、解读《祖堂集》

属于传说时代的情况,我们暂且不管,禅宗作为一个拥有实体的势力登上中国历史舞台,是在初唐至盛唐之间。它发轫于自称"东山法门"的大通神秀及其门下的普寂、义福等人,而这些人受到了自则天武后以来中宗、睿宗以及玄宗的皈依,君临于长安、洛阳的宗教界。他们一方面把嵩山作为自己的圣地,另一方面通过如下的传法系谱,成功地得到了王朝的支持以及广大民众的普遍信仰。

(1)菩提达摩——(2)惠可——(3)僧璨——(4)道信——(5)弘忍——(6)神秀

然而,正当普寂、义福等人的权势处于顶巅的玄宗开元末期,突然一位无名僧人脱颖而出,展开了对普寂的批判运动。僧人名叫神会,后来因住洛阳菏泽寺,被称为菏泽神会。神会经常举办公开法会,并常常进行这样的诉说:神秀并非五祖弘忍的嫡系,韶州的慧能才是达摩禅真正的第六祖;神秀、普寂一门所阐说的"渐悟"不过是"北宗"的法门,而阐说"顿悟"的惠能的法门才是正统的"南宗"。

神会本人后来虽怀才不遇地去世了,但以神会晚年发生的安史之乱为契机,禅宗在全国各地逐渐出现了新的各派竞相兴起的局面。在中原,依然是继承普寂之后的"北宗"法系延绵维系,另一方面,在四川,净众寺无相的"净众宗",保唐寺无住的"保唐宗",以及由四川进驻洛阳、自称神会法系的"菏泽宗",相继登场出现。此外,在江南,还出现了称牛头法融为开祖的"牛头宗"。由于叛乱,政治、文化的中心随之分散到各地;由于神会的运动,达摩禅的系谱意识被相对化,而这些内外两面的多元化的趋势——反过来说,由于中心权威的丧失——构成了其主要的背景。各地兴起的这些宗派,为了主张渊源流长、新的系谱,宣说独自的思想和修行方法,竞相称霸,呈现出了宛如百家争鸣般的景观态势。然而,在这当中,于中唐时期,最终旗开得胜的是"洪州宗",即江西马祖道一的一派①。

以上所述的最初期的禅史,在传世资料中,有些文本仅保存了一部分,一直以来,其全貌不为世人所知晓。直到20世纪初叶由于敦煌文献的出土,其中发现了大量未知的禅宗文献,才使得世人了解它的详细面貌。而且,令人不可思议的是,敦煌禅宗文献中只流传着初期禅宗的文本,却寻觅不到马祖以后的禅的轨迹;与此相对照,在传世资料中,则相反地唯独记录着由马祖以后的禅宗所重构的传承,而初期禅宗的影子,尽管不能说完全没有,但的确是微乎其微。也就是说,除去仅有的少量的例子外,在禅宗文献中,存在着敦煌文献=初期禅宗,传世资料=马祖以后的禅这样鲜明的断裂。其理由和来龙去脉虽不甚明了,但有一点可以说,那就是流传至今的禅宗的传统,其实际上的起点,是始于马祖禅——换言之,被视为禅宗传统的,其实是一种切割了初期禅宗的传统,通过马祖以后的学说得到重新改编的系谱——这样的事实。

在其后的禅宗传统中,唐代禅的历史,是以六祖的"南宗"分为南岳怀让系和青原系两大系谱发展下来的。六祖慧能下出南岳怀让与青原行思两大弟子,南岳下出马祖道一,青原下出石头希迁,而且他们的下面又代代涌现出许多优秀的禅者,不久便形成了诸如"沩仰宗"、"临济宗"、"曹洞宗"、"云门宗"、"法眼宗"这样五个宗派,即所谓

---

① 关于以上所述的禅宗历史以及相关的研究史,拙著《神会——敦煌文献と初期の禅宗史》(临川书店,《唐代の禅僧》2,2007年)进行了详细论述。

"五家",这就是人们所熟知的传灯录式的禅宗史观。这种史观,以如下的形式,传承至今。

> 大师释尊于灵山会上付法迦叶,祖祖正传,至菩提达摩尊者。尊者亲赴神丹国,付法慧可大师。此是东地佛法传来之始也。
> 如是单传,自至六祖大鉴禅师。是时,真实之佛法当流演东汉,现不关节目之旨。时六祖有二位神足,为南岳怀让与青原行思。皆传持佛印,同是人天之导师也。其二派流通,善开五门。谓法眼宗、沩仰宗、曹洞宗、云门宗、临济宗也。现在大宋国,唯临济宗遍天下。五家虽异,但是一佛心印也(道元《办道话》,水野弥穗子校注《正法眼藏》第一册,第14页,岩波文库,1990年)。①

当然,这与其说是客观的史实记录,倒不如说是基于后代的认识,追根溯源,被重新建构的作为一种理念的历史更为恰当;这是20世纪的禅宗史研究所竞相阐明的事实。不过,并不因此就可以说失去了我们解读灯史、语录的意义。今天,我们虽然困惑于它们的难解,但我们之所以要试图解读禅文献,是因为当中存在着让我们可以解读得到的东西,而并不是因为解读它,我们就能了解禅的史实。没有比为了寻求重构史实的直接性资料去试图解读禅籍更为错误的解读了。对于我们来说,禅语录的价值并非在于当中所记载的内容是否合乎史实,而是在于它到底记载着什么,又如何传述这一点。对于今天的我们来说,正因为具有某种意义,却同时又时而实感、时而预感地从现代的我们自身难以发现的思维与言说,就丰富地蕴藏

---

① 宋代,临济宗又分成黄龙派与杨岐派,出现了"五家七宗"的称谓。北宋圆悟克勤《圆悟心要》示法济禅师(住泗洲普照胜长老)曰:"自此(达摩至二祖慧可的传法)便宣传西来旨意,世间随流将错就错,流行遍地,分五家七宗,递立门户提唱。"(《禅宗全书》第41卷,第421页;《圆悟语录》则收入16卷法语《示胜首座》,《禅宗全书》第41卷,第330页下)。译者按:译文参见何燕生译注《正法眼藏》第2—3页,宗教文化出版社,2004年。

在禅籍之中，因此，我们不能迟缓步伐，应该努力地从事禅籍的解读工作。

当然，在这里，我绝对没有试图排斥对禅的历史性理解的意思。毋庸讳言，经过无数人的手与口所传承的禅籍中的每个记载，我们不能单纯地视其为史实。然而，经过不特定的大多数的人所传承、所共享而来的众多问答、逸闻的"全部"，无疑是历史的产物——由历史创造出来的、没有作者的作品，而且是中国史上被视为最大转折点的所谓"唐宋变革"时期的产物。关于时代与作品之间的关联的探讨，不仅对于禅宗史的理解必不可少，而且对于中国历史的整体理解，也应该是具有意义的。

然而，遗憾的是，当下我们不得不把它作为今后长期的一个课题。当下需要做的是——因为疑古学的批判性研究优先的缘故，迄今虽然感到需要却仍未得到充分的展开——首先将禅籍中所书写的事迹，按照所书写的那种样态，进行精确且虚心地解读这项工作。

这里，作为其开端，我们以《祖堂集》（952年）为主要对象，并以其他的文献——特别是年代相近的《宗镜录》（961年）和《景德传灯录》卷28——作为辅助性资料进行参照对比，试着对唐代禅的基本思想进行解读①。严格地说，《祖堂集》是作为唐代禅的思想所书写的，而沿着《祖堂集》所书写的情况，如实地进行解读，即是本章的目的之所在。五代时期，由属于雪峰义存法系的人所编辑的禅宗史书《祖堂集》，是现存的禅籍中最早提出前述南岳系、青原系框架的文本，也可以说是马祖以后唐代禅思想建构的集大成者。而且，本书是20世纪

---

① 《景德传灯录》整篇成立于北宋初（1004年），但卷28《诸方广语》所收的各篇与《祖堂集》、《宗镜录》在文字上有很多一致的地方，可以认为它是五代之前单行本语录（广语）的集成。特别是临济有名的"无位真人"的一段记载，在《景德传灯录》卷28 的镇州临济义玄和尚语与卷12 的临济章之间，在文字上存在着显著的差异，分别拥有着前者与《祖堂集》，后者与《天圣广录》以后的宋代禅籍非常相一致的鲜明对比。详见柳田圣山《语录の历史》五《语录の时代》（1985年，《禅文献の研究》上，后收录于《柳田圣山集》第二卷，法藏馆，2001年）。再者，关于《景德传灯录》的时代背景，石井修道《宋代禅宗の研究》第一章《〈景德传灯录〉の历史的性格——序论にかえて》中有详细的论述（大东出版社，1987年）。

初叶从朝鲜海印寺等处所藏的高丽大藏经的木板中,唯一未曾得到确认的一册传本禅籍,书中充满着异体字和通假字,文中的称呼也不相一致,同一问答的重复出现与分歧,还有由于编修不够彻底而造成的难解,等等,问题斑斑可见。但正因如此,同时反而却保存着未经后世修整的最初的原始材料的形态。在形成现在的形态之前,虽然经历过几个阶段的内容扩充,但大致说来,无论在用字上,还是在用词上,它是一部记载着宋代禅在实施合理化之前的古老形态与古拙风格的禅籍,这是毋庸置疑的事实。《景德传灯录》等宋代禅籍所记录的问答,多半省略了问答时的状况,是一种没有生机的句与句的应酬。与这种形态相比,《祖堂集》则大多具体地记录了每个问答所进行的场面和经过。因此,若以宋代禅籍观之,一定会不可思议地感到,对于这样的质问,为何出现这样的回答的疑惑。但若以《祖堂集》观之,则让人惊讶地发现,原来就是在这样的一种场面下的提问!这种情况并不少见。总之,《祖堂集》是现在能够看到的文献当中,最接近唐五代禅宗原貌的一部禅籍。

  当然,毋庸讳言,这里所说的原貌,是指唐五代禅僧们所共享的记忆,可以称之为原生态的东西,绝不是指所谓客观的史实。年代虽久,但它是经过无数人的口传而书写出来的所谓由共同体来传承的一种集成,因此,在这一点上,《祖堂集》与后世其他文献并无二致。不过,就传承悠久和内容丰富这点来说,《祖堂集》无疑具有其他禅籍所不能替代的价值。因此,我们在这里试图要解读的,就是作为一部历史作品,且具有独到精彩特色的《祖堂集》这部禅宗史书的文本世界①。

---

  ① 关于《祖堂集》的成立过程以及其作为文献的特质,可参照衣川贤次《祖堂集札记》(《禅文化研究所纪要》第 2 号《柳田圣山教授喜寿纪念论集》,1998 年)、同氏《祖堂集の校理》(东京大学东洋文化研究所《东洋文化》第 83 号"特集・中国の禅",2003 年)、同氏《柳田先生の〈祖堂集〉研究》(《禅文化研究所纪要》第 30 号"特集・柳田禅学",2009 年)、同氏《泉州千佛新著诸祖师颂と祖堂集——附・省僜(文僜)をめぐる泉州の地理》(《禅学研究》第 88 号,2010 年)。

二、即心是佛

《祖堂集》卷 14 马祖章,是以本书序论中已经引用过的如下一段文字开始的。

> 每谓众曰:"汝今各信自心是佛,此心即是佛心。是故,达摩大师从南天竺国来,传上乘一心之法,令汝开悟。……"(《祖堂集》卷 14 马祖章,第 260 页上,第 514 页。请参见入矢义高编《马祖の语录》,禅文化研究所,1984 年,第 17 页)

这段文字也被《宗镜录》卷一所引用(《大正藏》第 48 册,第 418 页中),在《景德传灯录》卷 6 马祖章、《四家语录》之首的《马祖语录》等记录马祖语录的这些后世的文献中,都被置于卷首,因此,作为马祖立教开宗的所谓第一声,广为人们所知晓①。自己的心就是佛,此心即是佛心——这就是马祖禅的起点。同样的情况,相当于马祖再传弟子的黄檗希运也曾这样叙述说:

> 黄檗和尚云:"诸佛与一切众生,唯是一心,更无别法,觉心即是。唯此一心即是佛,见此心即是见佛。佛即是心,心即是众生,众生即是佛,佛即是心。为众生时,此心亦不减。为佛时,此心亦不添。但悟一心,更无少法可得。此即真佛。……"(《宗镜录》卷 24,《大正藏》第 48 册,第 550 页中,请参见入矢义高《传心法要·宛陵录》,筑摩书房,《禅の语录》8,1969 年,第 6 页)

诸佛与众生,都只是此一心,此外无佛法,若悟此心,即是佛。此一心才是佛,见此心,即见佛。也就是说,佛是心,心是众生,众生是

---

① 见柳田圣山《语录の历史》三九《语本と语录 その》一文中有关于各文献的详细对照。

佛,佛是心。当是众生时,此心不减;当是佛时,此心也不增。只要悟此一心,此外更无少法可得。这就是真佛。

简明扼要地概括这段话语大意的成语,就是人们所熟知的"即心是佛"以及"即心即佛"①。比如,据《祖堂集》卷 15 汾州无业章载,汾州无业来参访时,马祖给予了如下的回应:

> 后闻洪州马大师禅门上首,特往瞻礼。师身逾六尺,屹若立山。马大师一见,异之曰:"魏魏佛堂,其中无佛。"师礼而问曰:"三乘至教,粗亦研穷。常闻禅门即心是佛,实未能了。伏愿指示。"马大师曰:"即汝所不了心即是,更无别物。不了时即迷,了时即是悟。迷即是众生,悟即是佛。道不离众生,别更有佛也? 亦如手作拳,拳作手也。"师言下豁然大悟,涕泪悲泣,白马大师言……
> (第 239 页上,第 579 页,请参照《马祖の语录》第 142 页)

无业后来听说洪州马祖是禅门的代表,便特地前往拜谒。马祖一眼看到无业丈六的身材,巍然屹立如山的身姿,认为是不凡之人,(敢于挑战式地)说:"虽是巍巍堂堂的佛殿,可惜殿里无佛。"

无业礼拜,说:"三乘圣教,我大都穷究,但禅门所说的'即心是佛'之旨,其实我还不明白,伏希指教。"

马祖说:"不外乎你那个不解之心,当是佛。此外更无其他。不明白即是迷,明白即是悟;迷则众生,悟则佛。道不离众生,众生之外更有佛吗? 也好比手作拳,拳作手。"

无业于此言下大悟,流泪向马祖申述……

这里,我们所看到的马祖的言语,带有相当的说教性,而且,接下来还增加了无业与马祖关于教理的冗长解说。然而,这里只要我们

---

① "即……"是有限度地强烈提示主题的文型。意思指"正是……""无非就是……"详见入矢义高《禅语つれづれ——即》(《求道と悦乐——中国の禅と诗》岩波书店,1983 年)。

确认到"即心是佛"被改读成"即汝所不了心即是",就足够了。虽言"即心是佛",并不是指可以与"佛"等价相当的,一种特殊的"心"存在于何处。若不明白,此不明白之"心"当下就是"佛",此外并无"佛"之存在。因此,马祖的另一位法嗣大珠慧海也曾有如下一段问答。

　　有行者问:"即心是佛,那个是佛?"师云:"汝疑那个不是?指出看。"行者无对(《祖堂集》卷14大珠慧海章,第267页上,第528页)。

　　行者问:"您所说的'即心是佛',哪个心是'佛'?"大珠答:"你怀疑哪个心不是'佛'? 请指出看看。"行者无言以答,陷入沉默之中。大珠说:"若悟,一切都是佛;若不悟,永远疏远于佛。"
　　可以与"佛"相配的另外的"心",并不存在于何处。同时,不是"佛"的"心",也同样不存在于任何地方。所谓"即心是佛",不外乎当下说话的此时的"心"。大珠试图让行者觉悟的,就是这一点。大珠在其说法的开头,也明确指出:"汝心是佛,不用将佛求佛。汝心是法,不用将法求法"(第265页下段,第525页)。
　　同样的意思,在大梅法常参访马祖时的问答中,曾有过详细的陈述。《祖堂集》卷15大梅章的记载是最早、最详细的,所以,我们姑且把它分成三段来解读一下。

　　〔1〕因一日问:"如何是佛?"马师云:"即汝心是。"师进云:"如何保任?"〔马〕师云:"汝善护持。"又问:"如何是法?"〔马〕师云:"亦汝心是。"又问:"如何是祖意?"马师云:"即汝心是。"师进云:"祖无意耶?"马师云:"汝但识取汝心无法不备。"师于言下顿领玄旨,遂杖锡而望云山。因至大梅山下,便有栖心之意,乃求小许种粮,一入深幽,更不再出(第286页上,第565页,请参见《马祖の语录》第146页)。

有一天，法常问马祖："所谓佛，到底是什么？"马祖答："不外乎就是你的心。"法常再问："那如何把它当做自己的东西呢？"马祖答："当下好好护持就是（现今的心即是，所以，应该好好保持这个心才对）。"

又问："所谓'法'到底是什么？"马祖答："也不外乎就是你的心。"又问："所谓'祖师西来意'是什么意思？"答："不外乎就是你的心。"继续问："那么祖师没有任何意思吗？"（如果说自己的心就是'祖师意'，那不是说祖师所传的东西什么都没有了吗？）马祖答："你自己的心已经具备一切法，因此应该首先好好观察它。"

法常于此言下，当即顿悟了玄妙之理，于是，拴着锡杖，踏上了行脚的旅途，寻访俗尘以外之地方去了。恰好来到大梅山麓，便生隐栖之念，因此，弄得少量的谷物粮食，进入深山幽谷，自那以来，未曾出山。

什么是"佛"？什么是"法"？什么是"祖师西来意？"法常一连串地发问。马祖对此的回答，也都是说：不外乎就是你的心。一切法原来在自己的心上业已具备，不是再次获得，再次完成。只是"识取"、"护持"当下现有的心就行。法常悟到这一点之后，便一人进入了大梅山的幽谷隐居，再没有来过乡里人间。而且，自其以来，大约度过了三十年的蹉跎岁月。

〔2〕后因盐官和尚出世，有僧寻柱杖〔＝拄杖〕迷山，见其一人草衣结发，居小皮舍，见僧先言不审，而言语謇涩。僧穷其由，师云："见马大师。"僧问："居此多少年也？"师云："亦不知多少年。只见四山青了又黄，青了又黄，如是可计三十余度。"僧问："师于马祖处，得何意旨？"师云："即心是佛。"其僧问出山路，师指随流而去。

后来，同是马祖法嗣的盐官齐安成为住持而出世，有一僧为了给盐官寻找做拄杖的木头，迷路来到了大梅山。于是，在山中遇到一人，看到该人草叶缠身，盘着长发，住在一间树皮盖的小屋。该人认出僧人,便说:"不审"。"不审"是僧人之间的寒暄语。但其语言吞吐不清,结结巴巴。僧人问其缘由,该人说:"曾见过马祖大师。"僧人问:"你在这里住了多久?"答曰:"自己也不知住了多久……不过,只是看到四面的山麓青了又黄,青了又再黄。只是看到了这些而已。自那以来,大约已有三十余年的岁月了吧!"问:"您在马祖那里悟到了什么宗旨?"他回答说:"只有一句——即心是佛。"

接着,僧人请教出山之路。该人指着说,随流而去。

"随流而去",无疑是指沿着河流走去,就能走到乡里的意思。实际上,僧人后来就是依据这句话而回到盐官那里的。然而,与此同时,这句话又使我们想起了人们所熟知的第二十二祖摩孥罗尊者如下的一偈。

> 心随万境转,转处实能幽。
> 随流认得性,无喜复无忧(《祖堂集》卷2,第29页上段,第56页)。

这里,"流"指因受到外界的反应,心意识在表面上呈现出转变不停的流变样子,即第二句的"转处"。"性"指深层次的本性、佛性。这首偈的意思是说,"性"并不排除"流",而是依据"流"才能开悟。这与前面提到的马祖向汾州无业说的"即汝所不了之心即是,更无别物"的意思非常相通。僧人似乎没有注意到这一点,叫他"随流而去"这一句话,其实与马祖的"即心是佛"一语是遥相共鸣的。

〔3〕其僧归到盐官处,具陈上事。盐官云:"吾忆在江西时,曾见一僧问马大师佛法祖意,马大师皆言'即汝心是。自三十余年,更不知其僧所在。莫是此人不?"遂令数人教依旧路斫山寻觅。如见,云:"马师近日道'非心非佛'。"其数人依盐官教问。师云:"任你非心非佛,我只管即心即佛。"盐官闻而叹曰:"西山

梅子熟也。汝曹可往彼随意采摘去。"如是,不足二三年间,众上数百。凡应机接物,对答如流。

该僧回到盐官,依次详细汇报了事情的原委。盐官说:"是的,我记起在江西马大师门下修行时,曾有一僧问大师,如何是'佛'？如何是'法'？如何是'祖意'？马大师的回答都是一句'不外乎就是你的心。'自那以后,已经三十余年,未曾听说该人的去向,莫非就是此人？"

于是,命门下数人,沿着原道,劈开山路,寻找该人。并说,如果见到他,就对他说:"马大师最近说'非心非佛',这样试问他一下。"弟子们奉命找到了法常,便依照盐官的原话问法常,法常回答说:"不管师说'非心非佛',我只管'即心是佛'。"

盐官听到弟子们的汇报后,叹息地说:"西山梅子确实成熟了,你们不妨随便出去采摘。"

于此以来,不到两三年,前来参访的僧众达数百人之多。三十年住在深山幽谷的法常尽管忘记了语言,当时应修行者的根基与因缘,说法接物,对答如流。

关于"非心非佛",将在后面再叙述。简单说来,最根本的意思是指既不是"心"也不是"佛",其实就是把"即心是佛"、"即心即佛"一语颠倒过来的措辞。然而,尽管听说马祖的教义被改换成了相反的内容,但对于法常,则未曾发生任何的动摇与不安。这是因为,"即心是佛"并不是马祖授予的正解,而是法常本人切身"识取"的明明白白的事实。

《祖堂集》大梅章在文后收录了如下的问答。

　　有人问盐官:"如何是西来意？"官云:"西来无意。"僧举似师,师云:"不可一个棺裏着两个死尸。"

有僧问盐官:"如何是西来意？"盐官答:"西来无意。"僧把此事向大梅说了,大梅说:"一个棺材不能装两个尸体。"

"西来意"一语中,事先就包含着"即心是佛"的意思,对此在前面我们已经进行了确认。盐官很可能是从"非心非佛"的观点来否定"即心即佛",以试探大梅。然而,这对于对"即心是佛"的信念没有丝毫动摇的大梅来说,当然不能容许。从大梅来看,无论是将自心置之不顾而问他人"西来意"的那位僧人,还是将自心看做是若无其事的盐官,不外乎都是迷失了"即心是佛"的两具活尸——"西来意"这一棺材中的两具尸体①。

三、作用即性

从以上的例子可知,"即心是佛"其实就是马祖禅的出发点和核心。然而,如果就主张自心就是佛来说,这未必就是马祖的独创。这样的主张,早在马祖以前就已经有了很多的先例②。马祖禅的独创性,并不在于把"即心即佛"作为一种理论思考的归结来提出,而是在于把它作为自身的活生生的事实,让学人以切身的感悟去心领神会这一点上。

上面所引用的马祖与汾州无业的因缘,在《祖堂集》卷14马祖章中,记载如下:

> 汾州和尚为座主时,讲四十二本经论。来问师:"三乘十二

---

① 《景德传灯录》以后,在宋代禅籍中,此问答都被转换成了正好相反的含义,承认"非心非佛"。详见拙著《语录のことば——唐代の禅》(禅文化研究所,2007年)第Ⅰ部第3、4节。

② 比如在"北宗禅"的代表性文献之一的《楞伽师资记》中,早已作为四祖道信的说法,记载有如下的语句:"《无量寿经》云:'诸佛法身人一切众生心想,是心是佛,是心作佛。'当知即是心,心外更无别佛也。……"(柳田圣山《初期の禅史Ⅰ》26,筑摩书房,《禅の语录》2,1971年,第225页)。详见拙著《神会——敦煌文献と初期の禅宗史》第85页。另外,据《祖堂集》,在六祖惠能及其法嗣南阳慧忠、司空本寂的开示中,也使用了"即心是佛"一语。

分教,某甲粗知,未审宗门中意旨如何?"师乃顾示云:"左右人多,且去。"汾州出门,脚才跨门阃,师召座主。汾州回头应诺。师云:"是什摩?"汾州当时便省,遂礼拜,起来云:"某甲讲四十二本经论,将谓无人过得。今日若不遇和尚,洎合空过一生。"(第264页下,第523页,请参见《马祖の语录》第71页)

分州无业还是座主的时候,完成了四十二种经论的讲读。他来到马祖处参访,问马祖:"三乘十二分教,一切经典,我都粗略掌握,对此,不知禅宗的宗旨如何?"

马祖回顾四周,说:"周围人多,今且回去。"经这么一说,无业低头就走了。然而,当无业的脚刚迈出门槛一步的时候,马祖突然叫:"座主!"无业顿然回首,予以回应。马祖不失良机地说:"是什么?"

此刻,无业猛然有省。于是向马祖礼拜,站起来说:"本人讲经论四十二种,一直认为无人过我者。如果不是今天遇到禅师,差一点就要虚度一生了。"

禅门第一义,既不是语言所能说所能听的,也不是与他人所能共享的。所以,马祖考虑到不便于被周围人听见,姑且秘密地让无业退下了。但实际上并不是拒绝这种场面的开示。当无业刚要迈出大门一步的那一刹那,马祖从背后突然叫道:"座主!"无业不假思索的回头,予以回应。这时,马祖抓住时机,问道:"是什么?"现在回头回应的当下这个人到底是谁?你要问的禅门第一义,不就在这里吗?

无业出色地悟到了这一点,但到底悟到什么,这里未做说明。因此,我们需要结合前述汾州无业章的记载进行考察。其实,《宗镜录》对两种传承情况,是如下记述的。《景德传灯录》以后宋代的典籍,也基本上采用了这种形式。

汾州无业和尚,初问马祖:"三乘至理,粗亦研穷。常闻禅师即心是佛。实未能了,伏愿指示。"马祖曰:"即汝不了底心即是。更无别物。不了时是迷,了时是悟。亦犹手作拳,拳作手也。"师又问:"如何是祖师西来密传心印?"祖曰:"大德正闹在。且去,别时来。"一足始跨门限,祖云:"大德!"便却回头。祖云:"是什么?"遂豁然大悟(卷98,《大正藏》第48册,第942页下)。

汾州第一次参访马祖时,问:"三乘之圣教,我大都掌握。然而,常听到禅师说'即心是佛',其实我还不明白它的意思,恳请禅师指教。"马祖说:"不是别的,你那个不明白的心,其实就是佛。此外更无他物。不解是迷,解就是悟。这就像手是拳,拳是手一样。"

可是,无业不解其意,便继续发问:"祖师西来所密传的心印是什么?"马祖答道:"大德!你太多话,暂且回去,以后再来。"经这么一说,无业正要往外迈出一步时,马祖喊道:"大德!"无业立刻回头。马祖说:"是什么?"无业于此大悟。

因此,我们如果将这两个说法结合起来去理解,那么被视为马祖的意思,便可一目了然了。并不是说在所谓不解的"心"之外,还有什么能解之"心";也不是放弃迷惑之"心",以获得开悟之"心"。被叫住的那一刻,连思考的闲暇也没有,只能当即回首("回头"、"廻头"),回答"是"("应诺")了。表现在这种自然性反应之中的活生生的"心",当下就是"佛"。这就是马祖所谓的"即心是佛"的意思。它既不是通过指教而得到的一种正解,也不是通过理解而得到的一种理念,而是通过自身去切身感悟到的一种活生生的事实。不是指出"即心是佛"的道理,而是让学人本人自己去体悟,自己去体认,这就是马祖禅的特色之所在。

这种接引、教化弟子的例子,在马祖及其门下的语录中颇多。是否都是成功的例子,当然因人而异,并不一定常常奏效。马祖章中还记录了如下的例子。同样是座主前来参访,是有关教义方面的几段问答,但以话不投机而终。

……师云:"不出不入是什摩法?"座主无对,遂辞出门,师召云:"座主!"座主应诺。师云:"是什么?"座主无对。师呵云:"这钝根阿师!"后百丈代云:"见么?"(第264页下,第523页)

马祖问:"若是不出不入,那是什么法?"座主未作回答。于是告辞而出门离开,这时马祖喊道:"座主!"座主回答:"是"。马祖抓住时机,问:"是什么?"然而,座主还是不能回答。马祖呵斥道:"这个愚蠢和尚!"

后来,百丈听到此话后,代座主说:"还见吗?"

《景德传灯录》卷6马祖章(第90页上段)、《马祖语录》(《马祖の语录》第103页)等,将上述引文中的"应诺"作"迴首",但意思相同。此座主与汾州无业不同,被叫住而"应诺"、"迴首"的他,并没有省悟。

马祖的弟子百丈的代语,虽然不问"是什么",但所谓亲自"应诺",是说:"瞧,你看吧"就是指的这个意思。呼之即答的活生生的"作用",是不需要再作任何说明的,就如你现在所见到的情况。

从背后喊话,当即问"是什么",这样的教化方法,也同样被百丈所继承。在《祖堂集》中,这件事情并不是记录在百丈章,而是记录在卷四的药山章中。作为史实,当然是让人怀疑的。不过,《祖堂集》把道吾圆智与云岩昙晟看做是有血缘关系的兄弟,记载了后来出家成为药山弟子的道吾——本来是云岩的胞兄,但在禅门则相当于师弟——用尽手法,拼命地让先前出家成为百丈怀海侍者的云岩转向药山门下这样长长的一段故事。以下所引用的,是其中的一部分;场面是百丈亲自出面给云岩捎信,派弟子去药山。

云岩奉师处分,持书到药山。道吾相接,引去和尚处达书。一切了后,药山问:"海师兄寻常说什摩法?"对曰:"三句外省去。"亦曰:"六句外会取。"师曰:"三千里外!且喜得勿交涉。"又问:"更有什摩言句?"对曰:"有时说法了,大众下堂次,师召大众。大众回首。师曰:'是什摩?'"药山曰:"何不早道?海兄犹在,因汝识得百丈矣"(第89页上,第174页)!

云岩奉百丈师之命,持信来到药山。道吾出来迎接,引到药山师处。行相见礼后,药山问:"怀海师兄近来说什么法?"云岩答道:"'在超越三句处省悟。'或者教人'在超越六句处会得'。他是这样教导我们的。"药山听后感到灰心,感到愤慨,说:"那不是三千里外,令人可喜的错误的主意吗?"

接着,调整心情再问:"师兄此外还有什么言句?"云岩再回答说:"有时说法完后,大众正要从法堂下来时,百丈师喊道:'大众!'大众不禁回头,于是,师说:'是什么?'"

药山听此话后,拍手称快,说:"为何不早说?怀海师兄仍还健在。托你的福,我终于认识了百丈其人!"①

关于"三句外"云云,《祖堂集》卷14百丈章载,百丈本人"只如今俱离一切有无诸法,若于三句外透过,自然与佛无差"(第276页上段,第546页);关于"六句",卷17徽章中解说道:"语底、嘿底、不嘿底、不语底,总是、总不是"(第317页上段,第627页)。总之,意思与所谓"离四句绝百非"等相同,要求领悟超越一切形式上的语言和逻辑层次。不过,药山说,这种说法是百丈玩弄的无用的闲葛藤,予以否定了。接着,当听说百丈从背后突然大喊,大众猛然"回头",百丈抓住时机问"是什么"的做法之后,药山一转而对百丈拍手称快。正如在后面第二节将要叙述的那样,药山嗣法于石头希迁,宣扬与马祖系不同风格的禅法,但他对马祖一系的禅的方法,仍然给予了高度的评价,自己有时还把它当做掌中之物,活学活用。例如《祖堂集》卷14收录了马祖弟子紫玉道通的如下一段问答,对方是襄州刺史"于迪相公"。

---

① 《祖堂集》药山章中,此外还录有如下一段文字。似乎是同一话题的一种异传,但无"是什么"的问话。师问僧:"近离什么处?"对曰:"近离百丈。"师曰:"海师兄一日十二时中,为师僧说什么法?"对曰:"或曰三句外省去,或曰六句外会取,或曰未得玄监者,且依了义教,尤有相亲分。"师曰:"三千里外,且喜得勿交涉"(86页上段,第168页)。

又问:"如何是佛?"师唤于迪,相公应诺。师云:"更莫别求"。相公言下大悟,便礼为师(第270页下,第535页)。

于迪接着问:"佛是什么?"紫玉招呼于迪的名字。于迪回答:"是"。于是,紫玉说:"此外不需更向外求了。"于迪言下大悟,拜紫玉为师。

这一段比较易懂。意思是说,当被招呼后,立刻回答"是",而离开如此活泼泼的身体活动,此外是没有佛可以求得的。"佛"="应诺"这一马祖禅的公式,被表达得淋漓尽致了。

然而,在这段话之后,还附有一段收尾的话。

有人举似药山,药山云:"缚杀者个汉!"僧便问:"和尚如何?"药山云:"是什摩?"

有一僧将此番对话传给了药山。于是药山发怒道:"把这个家伙捆起来杀了他!"对此,僧问:"如果是和尚,这时该怎么办?"药山说:"是什么?"——如果是我,我会抓住机会说:"什么?"①

依照上述来理解,紫玉的说法,还只是由后来解说"应诺"="佛"这样的道理,而活泼泼的"应诺"作用,则早已离他而去。药山批判的是,如果是马祖的弟子,一定会抢住那一刹那,应该将活泼泼的一种作用,让当事人本人得到省悟。通过以上两则关于药山的记载,我们

---

① 药山章是以如下的形式记载的,该处也无"是什么"的问话。因此结合前注来考量,让药山说"是什么"的问话,很可能是基于某种意图,后来改写而成的。"因于迪相公问紫玉:'佛法致理如何?'玉招相公名,相公应诺。玉曰:'更莫求别。'师闻举曰:'搏杀这个汉!'"(《祖堂集》卷4,87页上段,170页)。

此外,药山本人在教化世俗人士时,有时使用此"应诺"的方法。如下与李翱的问答,就是其例。但由此可以推测,药山的禅很可能是在承接马祖禅的基础上别开一面的东西。"李翱相公来见和尚,和尚看经次,殊不采顾。相公不肯礼拜,乃发轻言:'见面不如千里闻名。'师召相公,相公应诺。师曰:'何得贵耳而贱目乎?'相公便礼拜。(卷4,第85页上,第166页)。

至少可以了解到,在"回首"、"应诺"的瞬间,抓住时机,立马发问"是什么"的方法,作为马祖禅的特色,已经广泛地得到承认了。而使这样的方法得以成立的,是马祖如下的思想。

> 马祖大师云:"汝若欲识心,只今语言,即是汝心。唤此心作佛,亦是实相法身佛,亦名为道。……今见闻觉知,元是汝本性,亦名本心。更不离此心别有佛。此心本有今有,不假造作。本净今净,不待莹拭。自性涅盘,自性清净,自性解脱,自性离故。是汝心性,本自是佛,不用别求佛。……"(《宗镜录》卷14,《大正藏》第48册,第492页上;《马祖の语录》第198页)。

若要认识"心",现在正在说话的,就是你的"心"。称此"心"为"佛",也称做"实相法身佛",又称做"道"。……

当下见闻觉知的,其实就是你的"本性",是你的"本心"。离开此"心",别无"佛"之存在。此"心"本来就有,现在也确确实实地存在着,不是人为能塑造的。而且,本来就清净,所以现在也清净,不需拂拭。自性本是涅槃,自性本来清净,自性本自解脱,因为自性本身就是远离污染的。不外乎你的这个"本心"、"本性",就是本来的"佛",此外,不要更向外求"佛"了。

马祖的语录中,此外还载有:"一切众生,无量劫以来,不出法性三昧,长在法性三昧中,着衣吃饭,言谈只对,六根运用,一切施为,尽是法性"(《马祖の语录》第24页)。措辞虽然不一,但大致是说,现今所呈现出来的眼下的作用("语言"、"见闻觉知"、"着衣吃饭"、"言谈只对"、"六根运用"、"一切施为"),不外乎就是一种本来性("佛"、"本性"、"法性")。这种将身心的生理作用,无媒介地与佛性相等的思想,一般称为"作用即性"说等。① 而"回首"、"应诺"的问答,则是试

---

① 入矢义高《马祖の语录序》说道:"我们从马祖这里的语言和他教化弟子们时的记录,以及弟子们谈及他的一些语言归纳起来,一言以蔽之,即是所谓'作用即性'或(转下页)

图让学人不是当做一种理论,而是当做活生生的一种实际的感悟去把握这样的思想。相同的情况,《宛陵录》中也有如下的解释。

> 即心是佛。上至诸佛,下至蠢动含灵,皆有佛性,同一心体。所以达摩从西天来,唯传一心法,直指一切众生本来是佛,不假修行。但如今识取自心,见自本性,更莫别求。云何识自心?即如

(接上页)者'日用即妙用'。在相传是达摩著的《血脉论》中,恰好有一段甚至让人推测是解说这一定理的文字。曰:'佛是印度语,我国指觉性。觉是灵觉,应机对物,扬眉瞬目,举手动足这些(日常行为),都不外乎是自己的灵觉性。性即是心,心即是佛,佛即是道,道即是禅。'即所谓剥去教义上的佛的圣性,将佛进行自我摄取和主体化。马祖所说的'你现今见闻知觉认识的这些作用,本是你的本性或是你的本心,离开此心,别无有佛'(《宗镜录》卷14)的旨意,与此完全相同;构成了他的禅的代名词标语的"即心是佛",可以说是上述旨意的一种概括。"[《马祖的语录》,( )内也随原文,序以《马祖禅的核心》为题,被再次收录在《自己と超越——禅·人·ことば》,岩波书店,1983年]。

另外,柳田圣山《佛教と朱子の周边》中也有这样的论述:"不过,对于与大慧走着完全相反道路的朱子来说,最不能坐视不管的是'作用即性'说。大慧认为,现实言行的一切,当即就是自性的作用。这是顿悟禅理所当然的归结。……其实,'作用即性'说,发端于唐《宝林传》。它把始于马祖的崭新的禅的主张用一句话进行了表达。此说法本来也源于《楞严经》。……马祖门下对其更加予以积极拓展,主张六个作用都是本性的作用。临济的说法是:'心法无形,贯通十方。在眼曰见,在耳曰闻。在鼻嗅香,在口而谈论'云云。《宝林传》的说法,不久被《传灯录》所继承。'作用即性'说,作为唐代禅的代表,再一次被宋代继承了。大慧不可能不对这一学说寄予关注。"(《禅文化研究所纪要》第8号,1976年,第24页。' '引号属引用者,意在强调)。不过,"作用即性"一语不见禅籍,很可能是朱熹等人称这种说法为"作用是性"而予以批判,所以,作为禅研究的词语被采用了(前述柳田论文25页引用《朱子语类》卷57,将原文的"作用是性"译成"作用即性")。正如常被人们所引用的那样,对于此说法,宗密从批判的观点如下进行概括,可以参考:"洪州意者,起心动念,弹指动目,所作所为,皆是佛性全体之用,更无别用。全体贪嗔痴,造善造恶,受苦受乐,皆是佛性。如面作种种饮食,一一皆面。意以推求,此身四大骨肉·喉舌牙齿·眼耳手足,并不能自语言见闻动作。假如一念命终,全身都未变坏,即便口不能语,眼不能见,耳不能闻,脚不能行,手不能作。故知能语言动作者,必是佛性。且四大骨肉,一一细推,都不解贪嗔。故贪嗔烦恼,并是佛性。"(石井修道《真福寺文库所藏の〈裴休拾遗问〉の翻刻》,《禅学研究》第60期,1981年,第84页)。

接下来,朱熹对禅的批判,也是针对这种思想:"佛家所谓'作用是性',便是如此。他都不理会是和非,只认得那衣食作息,视听举履,便是道。说我这个会说话底,会作用底,叫着便应底,便是神通妙用,更不问道理如何…"(《朱子语类》卷62,中华书局点校本,第1497页)。关于朱熹的禅批判的重点,早在常盤大定《中国に於ける佛教と儒教·道教》(东洋文库,1930年,东洋书林,1982年影印)第357页以下有详细的论述。

今言语者,正是汝心。若不言语,又不作用。心体如虚空相似,无有相貌,亦无方所,亦不一向是无,有而不可见。……若不应缘之时,不可言其有无,正应之时,亦无踪迹(入矢义高《传心法要·宛陵录》第134页)。

"即心是佛"——"心",原原本本就说"佛"。上自诸佛,下至虫类,都具有"佛性",即具有同一之"心"的本体。所以,达摩西来传"一心"之法,直指一切众生本来是"佛",不需更加修行。因此,归根结底,应该此时此地看取自己的"本性",停止向其他外处求索。

那么,如何才能看取自己的"心"呢? 它不是别的,现今说话的当人,就是你的"心"。既不说话,更不发生任何作用时,其"心"本体,恰如虚空,既无形状,也不具有方位。然而,也不是完全什么都没有,虽有,却不可眼视。……在还没有对应外境的时候,既不言有,也不言无;正当对应外境的时候,却不留任何痕迹①。

马祖的一段话,是始于"只今语言"="心"这一论点,最后达到"心性"="佛"这一结论的,而另一方面,黄檗则始于"即心是佛"的论点,最后把它总结为"如今言语,正是汝心"的说法。虽顺序颠倒,但意图相同。从这些言说,我们可以知道,"作用即性"与"即心是佛"是一种表里如一的立场;在逻辑上,"即心是佛"被演绎到日常生活中的

---

① 关于这一段说法,如下《寒山诗》中的两首诗句,是最恰当的注脚。以下,关于《寒山诗》的引用,皆依据项楚《寒山诗注》(中华书局,2000年),同时也参照了入矢义高《寒山》(岩波书店,中国诗人选集五,1958年)以及入谷仙介、松村昂《寒山诗》(筑摩书房,《禅の语录》13,1970年)。《寒山诗》中包含着不少表达与马祖系禅具有相近特征的作品,对于这一点,早在入矢义高《寒山》16页中有所指出;对于其中的具体例子,小川隆、胡晓明、陈蕾《寒山诗里的马祖与石头》[《华东师范大学学报(哲学社会科学版)》第34卷第4期,2007年7月》]中有所论述]。

"可贵天然物,独一无伴侣。觅他不可见,出入无门户。促之在方寸,延之一切处。你若不信受,相逢不相遇。"(项楚《寒山诗注》第161首)

"报汝修道者,进求虚劳神。无字复无文,呼时历历应。隐处不居存,叮咛善保护,勿令有点痕。"(项楚《寒山诗注》第179首)

一举一动上,最后形成"作用即性"说;在实际教化中,则形成了通过应诺、回首等个别的"作用",让学人觉悟"即心是佛"一事这样的手法。本书序论中考察的"柏树子"的问答,就是以这样的观点作为前提而展开的。

四、平常无事

前述黄檗《宛陵录》的一节记载中有如下一段话语。

> 所以达摩从西天来,唯传一心法,直指一切众生本来是佛,不假修行。但如今识取自心,见自本性,更莫别求。

正如我们已经讨论过的,祖师西来的目的,在于直指"即心是佛"一事。这里需要引起我们注意的是,在这里,"即心是佛"被总结为"一切众生本来是佛,不假修行"了。既然本来是佛,那么,为了成佛而进行的修行是毫无意义的。这种思想也构成了马祖禅的一个重要基调。马祖说:

> 道不用修,但莫污染。何为污染?但有生死心,造作趣向,皆是污染。若欲直会其道,平常心是道。谓平常心,无造作,无是非,无取舍,无断常,无凡无圣。经云:"非凡夫行,非贤圣行,是菩萨行。"只如今行住坐卧,应机接物,尽是道。道即是法界。至河沙妙用,不出法界。若不然者,云何言心地法门?云何言无尽灯?(《景德传灯录》卷28,第576页上,《马祖の语录》第32页)。

"道"不用修,污染则不成,只是这个而已。那么,什么是"污染"呢?执著于生死的心,试图把握"道"的行为,或者志向于"道"的意识,这些都是"污染"的范畴。如果想当下会得"道",那么"平常心"——理所当然的心——就是"道"。

那么,什么是"平常心"呢?它就是无作为,无是与非,无取与舍,无断与常,无凡与圣的对立。因此,《维摩经》不思议品也曾说:"非凡夫之行,非圣贤之行(常行中间)的菩萨行。"正确地对待当下的一举一动、一切事物,一切都是"道",此"道"即是法性。进一步说,无数无限的一切非凡的作用,都不出此法界。否则,何言"心地法门",何言"无尽灯"哉!

"平常心是道",作为马祖的语言,极其有名。所谓平常理所当然的"心"就是"道"这句话的意思,与主张现有的"心"当即就是"佛",所谓"即心是佛",是同义。"道"即是"佛",并不由修行而获得而完成。它本来就存在,但不要被多余的行为所损害。因此与黄檗一样,同属南泉普愿的法嗣,即相当于马祖的再传弟子的长沙景岑,有时被问到"平常心"时,他是这样回答的。

> 问:"如何是平常心?"师云:"要眠则眠,要坐则坐。"僧云:"学人不会。"师云:"热则取凉,寒则向火。"(《祖堂集》卷17岑和尚章,第325页上,第463页)

接下来,还收录了如下一则。

> 问:"有人问和尚,和尚则随问答话。惣无人问时,和尚如何?"师云:"困则睡,健则起。"僧云:"教学人向什摩处领会?"师云:"夏天赤骨身,冬天须得被。"

热来乘凉,寒来烤火;困来睡眠,健来起床;夏天赤身,冬天盖被。只是自然而然、理所当然而已,这就是"平常心",在这里,不需修行,不用开悟,不增不减。

马祖的弟子们常常用"无事"一语解释此"平常"的意思(马祖本人并不见有"无事"的用例)。例如在马祖法嗣之一的大珠慧海的说法中,有如下一段。

> 诸人幸自好个无事人,苦死造作,要担枷落狱作么?每日至夜奔波,道我参禅学道,解会佛法。如此转无交涉也。只是逐声色走,有何歇时?贫道闻江西和尚道"汝自家宝藏,一切具足,使用自在,不假外求。"我从此一时休去,自己财宝,随身受用。可谓快活!无一法可取,无一法可舍,不见一法生灭相,不见一法去来相,遍十方界,无一微尘许不是自家财宝。但自子细观察自心,一体三宝常自现前,无可疑虑。莫寻思,莫求觅。心性本来清净。……若不随声色动念,不逐相貌生解,自然无事去。莫久立,珍重(《景德传灯录》卷28越州大珠慧海和尚语,第578页下)。

各位有幸都是无可挑剔的无事之人物,然而,却自讨没趣地去做这做那,给自己拷上枷锁,试图置身于牢狱,这是干什么呀?每天从早到晚四处奔波,最后说我已参"禅",已学"道",已理解"佛法"了。这样下去,只有离题越来越远了。其实,这仅仅是在追逐自己以外的虚假现象罢了。这样下去,何时才得安息?

我听江西马大师说:"你自己的宝藏已具备了一切,可以自由使用。不须向外求索。"自那以来,我完全休歇了,常享受着我有生具来的宝藏,不胜痛快!无有一法可取舍,无有一法之生灭相,也不存在一法之去来相。大千世界,无一尘埃不属自己之宝藏。若自己仔细观察自心,则一体之三宝,常出现在眼前,无丝毫可疑惑。不得思虑,不得求索。因为自心的本性,本来就清净。

如果不追逐自己之外的现象,不乱动念头,不被眼前的事项所迷惑而生观念,那么自然就会无事。不要老是站在这里。到此为止。

意思是说,自己的本性,本来清净,已经具足一切了。因此,只要停止向自己之外求"道",索"佛",四处奔波这样的愚蠢行为,得到"休歇",那么自己本来就是一"好个无事人"了。

"无事"是唐代禅的关键词之一,其基本意思充分地反映在六祖惠能的弟子司空本净的如下一语中。这是司空本净针对被称做法空禅师的人进行反驳的一段话中的一部分。

> 然十二部教,皆合于道。禅师错会,背道逐教。道本无修,禅师强修。道本无作,禅师强作。道本无事,琼森多事。道本无为,于中强为。道本无知,于中强知。如此见解,自是不会,须自思之(《祖堂集》卷3司空山本净和尚章,第68页下,第134页)。

本净说:"道本物事,强生多事。""多事",不是多数之事,而是指多余之事,也说"多子"。① 马祖所说的"造作"、"趣向",大珠所说的"奔波"、"寻思"、"求觅"等,乃至那些试图想去修"道"、求"道"之类的行为,都在其中。所谓"无事",即指没有这些事情,也说"无多子"。意思是指没有什么啰里啰唆的多余的事情,只是本来自然而然的"平常"状态而已。对此,黄檗《传心法要》简明扼要地予以归纳说:

> 上堂云:"百种多知不如无求最第一也。道人是无事人。实无许多般心,亦无道理可说。无事!散去。"(入矢义高《传心法要·宛陵录》第76页)

所有一切博学多闻,都不及一个无所求更为上等。所谓道人,即指"无事人"。既没有这样那样的心,也没有可说的道理,此外更没有其他事。解散!

---

① 请参照入矢义高《禅语つれづれ——多子无し》,《求道と悦乐——中国の禅と诗》第155页。

五、马祖系禅者对马祖禅的批判

如上所述,从"即心是佛",自然而然地将衍生出"作用即性"、"平常无事"的情况。自己的心当下就是佛,所以,自身所做的一切行为,都是佛作、佛行,应该停止一切多余的向外求"佛"、求"道"这些勉强性的努力,保持"平常"、"无事"的状态即可。在年代以及实际作者尚不能确定的《寒山诗》中的一首诗,似乎很能反映马祖禅的思想与情趣。

> 一生慵懒作,憎重只便轻。
> 他家学事业,余持一卷经。
> 无心装褾轴,来去省人擎。
> 应病则说药,方便度众生。
> 但自心无事,何处不惺惺。(项楚《寒山诗注》第 246 首,中华书局,2000 年)

这里所说的"一卷经",与前述大珠所说的"自家宝藏"相同,是自己本分事的比喻。该诗所咏唱的,所谓既无轴装的必要,也无搬运的麻烦,也是与"自己财宝,随身受用"同义。因此,结尾指出说,只要能"无事",就能保持常不迷惑,清晰自在①。

这种思想,对于把那些从"无绳自缚"中执著于意义追逐的人解

---

① 《寒山诗》如下的一首,批判了那些不悟自己的"本真性",认为他们广学"诸知识"是"多事",予以驳斥。可以说是从相反的方面表达了"无事"的思想。
世有多事人,广学诸知见。不识本真性,与道转悬远。若能明实相,岂用陈虚愿。一念了自心,开佛之知见。(项楚《寒山诗注》第 168 首)
然而,在懒瓒《乐道歌》(《祖堂集》卷 3)中,赞叹着中唐期典型性的"无事"思想。《祖堂集》把懒瓒视为盛唐期的"北宗"人,但歌的内容则明显反映了中唐期马祖禅的思想。详细请参考土屋昌明、衣川贤次、小川隆《懒瓒和尚〈乐道歌〉攷——《祖堂集》研究会报告之三》(《东洋文化研究所纪要》第 141 册,2001 年)。

放出来,将是新鲜而有效的。不过,这种思想,如果其本身一旦作为一种既成的正解被当作了前提,那么人们很容易发展为自我满足于安稳的凡庸,最终不免陷入夸耀怠惰与愚钝这样相反的傲慢心态。《寒山诗》似乎告白了这样的情况,从该诗中,我们还可以找到如下一首。

> 世有一等流,悠悠似木头。
> 出语无知解,云我百不忧。
> 问道道不会,问佛佛不求。
> 茫然一场愁。(项楚《寒山诗注》第 136 首)

有一伙人认同无知解、无忧虑的状态。向他们问"道",回答:"不会'道'";向他们问'佛',回答:"不求'佛'。"因此,要想向他们仔细追问、检查,结果反而是自己陷入了茫然失望之中。可以看出,这是一首如实地描写并讽刺了所谓自我满足于"无事",而且得意洋洋地炫耀其境界的诗[1]。

也许是因为这种不良风气的缘故,便出现了对"即心是佛"、"作用即性"、"平常无事"这些表达马祖禅的基本理念——严格说来,即是将这些理念试图予以绝对化、教条化的立场——提出了批判和试图予以匡正的观点。一般认为,这种批判,始于马祖本人将自己的说法颠倒过来,反转地提出"非心非佛","不是心,不是心,不是佛,不是物"的这种说法。《景德传灯录》卷 6 马祖章中所见的如下一段问答,便是其例。

---

[1] 中唐的宗密《禅源诸诠集都序》[八]对同时代的禅问答的情况,如下举例进行叙述,也是关于这种情况的一个证据:"故有问修道、即答以无修。有求解脱、即反质有谁缚汝。有问成佛之路、即云本无凡夫。有问临终安心、即云本来无事。或云、此是妄、此是真?如是用心、如是息业。举要而言、但是随当时事,应当时机。何有定法名阿耨菩提?岂有定行名摩诃般若? ……"[石井修道・小川隆《〈禅源诸诠集都序〉的译注研究(二)》,《驹泽大学佛教学部研究纪要》第 53 期,1995 年,第 73 页]。

> 僧问:"和尚为什么说即心即佛?"师云:"为止小儿啼。"僧云:"啼止时如何?"师云:"非心非佛。"僧云:"除此二种人来,如何指示?"师云:"向伊道不是物。"僧云:"忽遇其中人来时如何?"师云:"且教伊体会大道。"(第 89 页上,参见《马祖の语录》第 92 页)

> 僧问:"和尚为什么说即心即佛?"马祖答:"为了不让小孩哭。"僧说:"那不哭时怎么办?"马祖说:"说非心非佛。"僧问:"如果是这两种以外的人来了,该怎么办?"马祖说:"对他说'什么都不是'。"僧问:"如果在关键的时候碰到了一人,该怎么办呢?"马祖说:"让他体会大道去。"

这里的论述方式,表明"即心是佛"、"非心非佛"、"不是物"被作为初级、中级、高级三个阶段的方便而排列,而马祖禅的真正的"大道"则处在超越这三个阶段的位置了。但这一记载,据现存的资料,是见于《景德传灯录》马祖章以后的文献,而作为唐末五代比较古老的文献《祖堂集》以及《宗镜录》、《景德传灯录》卷 28 中,我们并不能看到被当作马祖自己的言说所记录的"非心非佛"、"不是心,不是佛,不是物"的用词。正如前述大梅与盐官的一段因缘一样,这些言说都只是见于马祖的弟子的语言中,以引用马祖观点的形式,间接地被记载下来的。比如在《祖堂集》卷 3 慧忠国师(南阳慧忠)章中,我们可以看到慧忠与马祖弟子伏牛自在的一段问答。

> 伏牛和尚与马大师送书到师处。师问:"马师说何法示人?"对曰:"即心即佛。"师曰:"是什摩语话?"又问:"更有什摩言说?"对曰:"非心非佛。"亦曰:"不是心,不是佛,不是物。"师笑曰:"犹较些子。"伏牛却问:"未审此间如何?"师曰:"三点如流水,曲似刈禾镰。"后有人举似仰山,仰山云:"水中半月现。"又曰:"三点长流水,身似鱼龙衣"(第 64 页下,第 126 页,参见《马祖の语录》第 179 页)。

伏牛和尚送马祖的信到慧忠国师那里。国师问:"马祖大师说什么法啊?"伏牛:"说即心是佛。"国师:"这叫什么话,瞎说什么呀!"

国师调整心情,再问:"还有什么教诲?"伏牛:"是的,还说'非心非佛',"也说"不是心,不是佛,不是物。"国师听后大笑说:"还差一点。"

接下来是伏牛反问了。"不知您这里教导什么法?"国师说:"三点像水流,曲似割稻镰。"

后世有人将这段因缘告诉仰山慧寂,仰山说:"水面映半月。"又说:"三点长流水,身似鱼龙衣。"

慧忠很可能是通过马祖的"即心是佛",察觉到了视"心"为实体是一种危险。虽然改说成"非心非佛"、"不是心,不是佛,不是物"了,但仍然不免有一种后来慌忙地否定业已实体化了的"心"的感觉,所以不得不断定说他是:"尤较些子——还差一点。"慧忠本人对此的评语,假借"心"这一文字形式,以其流动性而提出了一种具备截断一切的,锐利锋芒的,崭新的"心"的形象。而且,我们可以认为,后世仰山的言说,虽然踏袭了慧忠的语言,但赋予了"心"以两种形象:第一,虽是虚妄的现象,但清澄而鲜明;第二,虽为流动性,但是一种活泼而跃动的主体。

这里,马祖的语言仍然以"即心是佛"、"非心非佛"、"不是心,不是佛,不是物"的顺序被引用了。我们不妨这样认为:马祖死后,在马祖弟子们之间,"心"的实体化成为了问题,而作为对"即心是佛"的一种反制措施,出现了"非心非佛"的语句,进而发展到了"不是心,不是佛,不是物",而且这些语句最终又被假托于马祖的身上了。"非心非佛"与"不是心,不是佛,不是物"几乎同义;依此推测,"非心非佛"赋予了既不是心又不是佛的"什么物"的一种新的期待,因此,进而补加什么都不是之意的"不是物"这样的否定含义才算彻底了吧。①

---

① "不是心,不是佛,不是物"一句,以前是被这样解释的。"《华严经》夜摩天宫菩萨说偈品十六中有'心即众生三无差别'一句,因此,这里所说的'物',指众生(一切(转下页)

《祖堂集》卷15东寺如会章更有如下的记载。

> 每日:"自大寂禅师去世,常病好事者录其语本,不能遗筌领意,认即心即佛,外无别说。曾不师于先匠,只徇影迹。且佛于何住而曰'即心',心如画师,贬佛甚矣!"遂唱于言:"心不是佛,智不是道。剑去远矣,尔方刻舟。"时号东寺为禅窟(第288页上,第569页,《景德传灯录》卷7东寺章,参见禅文化研究所训注本31,第75页)。

东寺如会逢事便说:"马大师去世后,我常为之痛心。一些好事之辈,编师的'语本',不能得意忘言,却记住'即心是佛'一句,不以先师其人为师,但依先师所遗留的言语踪迹。到底以为'佛'在何处而言即心呢?把那些如绘画(产生幻影之根源)的'心'看做是'佛',岂不是对'佛'的一个极大的亵渎!"

所以,导致禅师最后这样宣示说:"心不是佛,智不是道。(即心是佛)是一个很坏的主意。"世人称其道场为"禅窟"。

(接上页)迷惑者)。"(西村惠信译注《无门关》第27则注,岩波文库,1994年,第113页)。

然而,若从如下的例子推测,"不是物"的"物",可知并不是指众生,应该是如文字所表示的"东西"之意。

《景德传灯录》卷二十八《南泉和尚语》。

曰:"既'不是心,不是佛,不是物',和尚今却云'心不是佛,智不是道'未审若何?"师曰:"你不认心是佛,智不是道。老僧今得心来,复何处着?"曰:"总既不得,何异太虚?"师曰:"既不是物,比什么太虚?又教谁异不异?"(第89页下,参见唐代语录研究会第二班《〈南泉语要〉第一则上堂译注》,《禅文化研究所纪要》第19期,1993年,第9页)。

《景德传灯录》卷7兴善惟宽章。问:"狗子还有佛性否?"师云:"有。"僧云:"和尚还有否?"师云:"我无。"僧云:"一切众生皆有佛性,和尚因何独无?"师云:"我非一切众生。"僧云:"既非众生,是佛否?"师云:"不是佛。"僧云:"究竟是何物?"师云:"亦不是物。"僧云:"可见可思否?"师云:"思之不及,议之不得,故云不可思议。"(第111页下,参见禅文化研究所训注本3,第71页)

此外,《赵州录》卷上也有:"师云:'向你道不是祖佛,不是众生,不是物,得么?'"(秋月龙珉《赵州录》,筑摩书房,《禅の语录》十一,1972年,143页)。还有例子,如"问:'不是佛,不是物,不是众生,这个是断语。如何是不断语?'"(第151页)。从以上这些例子可知,该句话就是既不是"佛",也不是"众生",更不是"物"这样的脉络了。

这里,被视为问题的,也是所谓"即心是佛"的教条化,以及伴随而来的视自己的"心"为一种实体;东寺如会认为,这是马祖去世之后出现的情况。作为对这一风潮的反制措施,东寺如会提出的,是"心不是佛,智不是道"这种说法。但是,如在后面将要引用的那样,在《祖堂集》卷16南泉章、《景德传灯录》卷28《南泉和尚语》中,这句话则被当作是南泉的语言了,而且前述"不是心,不是佛,不是物",在《祖堂集》中也被当作是南泉的语言了;而在《南泉和尚语》中,则是以引用马祖的言说出现在南泉的说法中。这一传承上的变动不一,可以认为它反映了这些言说都是在比较晚期出现的——作为马祖、南泉的言说而固定下来,是有着相当大的时间差的——这一情况。因此,若是结合这些情况考察,那么,"非心非佛"和"不是心,不是佛,不是物"的言说,很可能是为了匡正马祖的思想中所蕴藏的一种副作用,是后来假托在马祖身上的言论;前述这样的推测,未必算是一种牵强附会吧。

《祖堂集》东寺如会章中,还能见到如下一段记载。这是南泉造访马祖门下的同门东寺时的一段问答(略去问答后面所记录的长庆慧棱与保福从展的批评语)。

> 师问南泉:"近离什摩处?"对曰:"近离江西。"师云:"还将得马大师真来不?"对云:"将得来。"师云:"将来则呈似老僧看。"对云:"只这个是。"师云:"背后底?"南泉登时休。(第288页下,第570页,卷11,《景德传灯录》卷7东寺章,参见禅文化研究所训注本3,第78页)

东寺问南泉:"最近住何处僧堂?"南泉说:"从江西来。"东寺问:"那你拿来马祖的肖像了吗?"南泉:"拿来了。"东寺:"既然拿来了,那你给我看看。"南泉:"就是这个。"接着,东寺说:"怎么不见背后呢?"南泉未能作任何回答。①

---

① 这一段,在《祖堂集》卷11保福章,未举南泉的名字,是以东寺与一僧的(转下页)

"近离什么处",是禅师们初次见面时常见的一种定型化了的发问,意指来此之前住在哪位禅师处,这时常常带有质问在那里修的什么行,掌握了什么而来,检点对方的含义。对此,南泉回答说:"从江西来。"在唐代禅门中,说到"江西",就是指马祖。因此,东寺问:"那你拿来马祖的肖像了吗?"意思指是否已经消化了师父的真面目,能否当场把师父的真面目展示出来看看。南泉不假思索地回答道:

"只是这个"——这个正是!

意思是指,就是这样,某甲当下如此的本人,就是马祖教诲的一种分明的体现。① 然而,东寺并不予以肯定,进一步反问:"那背后的像如何呢?"《景德传灯录》东寺章作"背后底你?""你"同"聻",相当于现代汉语中"呢"的承前疑问词。是这样就完了呢? 还是不是再能表达出与此相反的东西呢? 南泉这时苦于了回答。这暴露了南泉的回答不具备超越马祖禅所说的那种肯定原汁原味的自己这一自我认知的基本思想。

是否属于史实,暂不管他,但它构成了这样的一个旨意:南泉因为这段话,被当做了草率地将"即心是佛"进行教条化立场的代表了,而站在"心不是佛,智不是道"立场的东寺,则对南泉立场的片面性进行了批判。实际上,东寺(744—823)与南泉(748—834)的年龄相差不很大,但这一段却是以一方作为一代禅师,自成一家的东寺,而另一方则尚是离开马祖不久,作为一个行脚僧的南泉这样的设定来记载的。如果是依照这个记载的话,也许是出于当时东寺的影响的缘故,在《祖堂集》卷16南泉章中,南泉已身为住持而被当做自成一家的人物了。他是这样进行解释的:

师每上堂云:近日禅师太多生,觅一个痴钝底不可得。阿

(接上页)问答的形式而引用的(第212页上段,第418页);在《景德传灯录》卷7东寺章,除了与《祖堂集》东寺章相同的形式收录外(第112页下段),卷5光宅寺慧忠(慧忠国师)章中,这一段相同内容的对话则被当做慧忠与南泉的问答而收录了。

① 关于"只是这个"、"只是",请参见拙著《语录のことば——唐代の禅》十八"只这个汉"。

你诸人,莫错用心。欲体此事,直须向佛未出世已前,都无一切名字,密用潜通,无人觉知,与摩时体得,方有小分相应。所以道:"祖佛不知有,狸奴白牯却知有。"何以如此?他却无如许多般情量,所以,唤作如如,早是变也。直须向异类中行。只如五祖大师下,有五百九十九人尽会佛法,唯有卢行者一人不会佛法,他只会道。直至诸佛出世来,只教人会道,不为别事。江西和尚说即心是佛,且是一时间语,是止向外驰求病,空拳黄叶止啼之词。所以言"不是心、不是佛、不是物。"如今多有人唤心作佛,认智为道,见闻觉知皆云是佛。若如是者,演若达多将头觅头,设使认得,亦不是汝本来佛。若言即心即佛,如兔马有角。若言非心非佛,如牛羊无角。你心若是佛,不用即他。你心若不是佛,亦不用非他。有无相形,如何是道?所以若认心,决定不是佛。若认智,决定不是道。大道无影,真理无对;等空不动,非生死流。三世不摄,非去来今。故明暗自去来,虚空不动摇。万像自去来,明镜何曾鉴?阿你今时尽说我修行作佛,且作摩生修行?但识取无量劫来不变异性是真修行(《祖堂集》卷16,第297页上,第587页,《景德传灯录》卷28《南泉普贤禅师语》第589页上。参见唐代语录研究会第二班《〈南泉语要〉第一则上堂译注》,《禅文化研究所纪要》第19期,1993年,第3页)。

近来,禅师太多,就是找不到一个"痴钝"者。你们不要错误修行。要想体得到终极一事,必须在佛未出生前(即所谓"佛法"尚未出现的时候),没有任何名词、概念,向大道秘密潜行而不被任何人所觉察到的地方去体得,才有少量的收获。因此,"祖师不知有('道'),狸奴白牯(山猫以及被阉割了的农耕用公牛)反而知道有。"这是因为,狸奴白牯没有这样那样的知识和说教。这时,当唤作"如如"时,它早已(不是"道")变成别物了,所以,不得不在异类(畜生)之路中行走。五祖弘忍大师门下,有五百九十九人都已会得"佛法",只有卢行者(后来的六祖)一人未会得"佛法"。他只会得了"道"而已。诸佛出现于世间时，所做的事情只有一个，即让人得"道"。

我江西马大师所说的"即心是佛"，是临场发挥的一句词语，不过是为了对治那些向自己之外求佛而奔走的人们的弊病，所谓止小儿啼的一种方便而已。所以，（与此相对置）说"不是心，不是佛，不是物。"现在很多人视"心"为"佛"，认"智"为"道"，异口同声地宣称"见闻觉知"都是"佛"，等等。然而，如果是这样，就如同演若达多寻找自己脑袋的故事了（《首楞严经》卷4，《大正藏》第19册第121页中段）。即便找到，但那（"心"、"智"、"见闻觉知"）也不是自己本来的佛。

说到"即心是佛"，不应该有的东西却变成有了；说到"非心非佛"，应该有的却变得没有了。然而，你的心如果是佛，就没有必要说"即佛"了；如果不是佛，就不需特地说"非佛"了。如此有与无（"即心即佛"与"非心非佛"）相随而出现的东西，为何可以是"道"呢？

所以，如果已经认作是"心"，那"心"绝不是"佛"了；如果已认作是"智"，那"智"也绝不是"道"了。"大道"者，全一而无分节，无任何形象与对比。它如虚空之不动，不属生死之流，不受过去、未来、现在之制约。只有在明暗中自由往来，如同虚空之不动。又如同只有种种影像自由去来，明镜本无任何照映。如今你们都说："自修成佛"等等。那么，如何修行？诚如上述虚空、明镜、大道、真理本无变异的本性，能体得它们，才是真正的修行①。

这一段尽管也有不少难解的地方，但其大意可以归纳为如下——"道"被比作了全一而无分节；所谓修行，就是指仅仅保持此

---

① 《祖堂集》卷18赵州章载有如下与南泉的问答。南泉虽使用马祖的"平常心是道"一语，但把重点从"平常心"转移到"道"上了，在此基础上论述"道"不属"知不知"，如同"太虚"，是"不拟之道"（如同虚空一样，不可与任何东西相比拟的"道"），与这里的上堂语非常相通。《景德传灯录》将其作"不疑之道"，应属误传。

师问："如何是道？"南泉云："平常心是道。"师云："还可趣向否？"南泉云："拟则乖。"师云："不拟时如何知是道？"南泉云："道不属知不知。知是妄觉，不知无记。若也真达不拟之道，犹如太虚，廓然荡豁，岂可是非？"师于是顿领玄机，心如朗月。……（第332页上，第656页）

"道"的样态而已。"心"、"佛"、"智"、"见闻觉知"等等这些,全部是被分节了的名词、概念,通过它们所解释的"佛法",无疑是违背"道"的本意;"即心是佛"也罢,"非心非佛"也罢,也都不过是被分节了的名词而相互结合和分断罢了。甚至也称作是"如如",这对"道"本身而言,不得不说也是多余的了。因此,不具备知识、思量的"狸奴白牯"等等之类的"异类",或者如一文不知的"卢行者"那样的"痴钝底",他们这些人反而比那些谈论"佛法"的佛和禅师,更与"道"相符①。

这一段文字,一方面将"即心是佛"与"非心非佛"相并列,予以否定,另一方面,与此相反,又阐说"不是心,不是佛,不是物。"如果是依据《祖堂集》的记载,很明显它就是对前述东寺如会所说的"心不是佛,智不是道"的一种继承。再者,依据上面引述的一段文字看,"不是心,不是佛,不是物"这句话到底是马祖的语言,还是南泉的语言,其实并不太清楚。但在《祖堂集》南泉章中,则有这样的问答:"师(南泉)谓云:'江西马大师道即心是佛,老僧这里则不道与摩。不是心,不是佛,不是物。与摩道还有过也无?'赵州礼拜出去"(第301页上段,第595页)。依此可知,"不是心,不是佛,不是物"其实是南泉本人的言说。当然,这毕竟是《祖堂集》的记载,但如前所述,据《景德传灯录》卷28《南泉和尚语》记载,南泉说:"江西大师(马祖)云:'不是心,不是佛,不是物'"(第589页下段),而"心不是佛,智不是道"却是南泉本人的话(589页下段)。这种错综不一的记载,说明了这些言说经历一定程度的岁月之后,后来便与马祖和南泉发生了关联的情况。起初到底是谁的言说,我们暂不管他,不过,针对马祖的"即心是佛",马祖门下的弟子依据它,首先提出了"非心非佛",接着又提出了

---

① 众所周知,南泉临终时曾说:"向山下檀越家作一头水牯牛去。"(《祖堂集·南泉章》,第298页下段,第590页)。"水牯牛",似乎与这里所说的"狸奴白牯"同义。我们通过结合如下与赵州的问答来看,便可知道是这样一个关系:"狸奴白牯"="知有底"="水牯牛"(不过,赵州的谢词中带有讽刺的味道)。

赵州问:"知有底人向什摩处休歇去?"师云:"向山下作一头水牯牛去。"赵州云:"谢和尚指示。"(同上,第301页下,第596页)

"心不是佛,智不是道"以及"不是心,不是佛,不是物"这些反制的言说,这些言说后来被追根溯源,从而被投影到马祖的身上了。前述笔者的这种推测,我想并不是一种牵强附会吧①。

当然,这样的推测,只不过是建立在把现存的几个文献记录的关系,能够进行整合性说明的基础之上而已,但事实也许并不是这样。即便并非如此,也无关紧要。重要的是,马祖门下之间,针对"即心是佛",出现了信奉与反抗两种思潮,并且相互之间发生了对抗。这种情况象征性地表现在前述大梅与盐官的对话或者见于《祖堂集》卷14章敬章的如下问答中。

> 有僧持锡到,绕师三匝,振锡而立。师〔章敬〕云:"是,是。"其僧无对。……此僧又到南泉,绕师三匝,振锡而立。南泉云:"不是,不是。风力所转,终归败坏。"僧云:"章敬和尚向某甲道是,和尚因什摩道不是?"南泉云:"章敬则是,汝则不是。"……《景德传灯录》卷7章敬章,(第287页上,第550页,参见禅文化研究所训注本3,第23页)。

有一僧拿着锡杖过来了。绕章敬三次,摇晃锡杖,发出响声而站立。章敬说:"是,是。"僧无回答。

该僧接着参访南泉,同样绕南泉三次,摇晃锡杖,发出响声而站

---

① 如下所示,马祖法嗣之一的盘山宝积也把"即心是佛"与"非心非佛"相比列予以批判,强调超越双方,如同虚空一样的全一无分节的"道"。可以知道,南泉的立场,与其说是他个人的独创,倒不如说是代表了马祖门下的一种倾向。

师有时示众云:"心若无事,万法不生。境绝玄机,纤尘何立?道本无体,因道而得名。道本无名,因名而得号。若言即心即佛,今时未入于玄微。若言非心非佛,犹是指踪之极则。向上一路,千圣不传。学者劳形,如猿捉影。大道无中,复谁前后?长空绝际,何用量之?空既如斯,道岂言哉?心月孤圆,光吞万象。光非照境,境亦非存。光境俱亡,复是何物?禅德!譬如掷剑挥空,莫论及之不及,斯乃空轮无迹,剑刃非亏。若能如是,心心无知,全心即佛,全佛即人。人佛无异,始为道矣。……"《祖堂集》卷15《盘山章》,第282页上,第557页;《景德传灯录》卷7。参见禅文化研究所训注本3,第35页)。

立。南泉说:"不是,不是。这不过是一种四大的运动罢了,终归灭去。"僧不服问:"章敬和尚说是,您怎么说不是呢?"南泉说:"章敬可以,但你不行。"……

绕师三次,摇晃锡杖,发出响声而站立,这是永嘉玄觉有名的"一宿觉"故事的模仿;这位禅僧通过自己的行为,恰如其分地将原原本本的自己表现出来了。对此,章敬说"是",南泉则说"不是"。从最后南泉的语言看,似乎是在强调,并不是章敬的问题,而是该僧本人的问题,但很可能是为了回避对章敬的直接批判。这里的"是"与"不是"的对比,无疑反映了如是肯定现在的自己的肯定立场及其对此持反对态度的相反立场这一两者对立的立场——用前述东寺与南泉的问答来说,就是"只这个是"与"背后底"的对立①。

---

① 不过,南泉与前注盘山相同,也批判"即心是佛"说的死板,但并未对马祖的理念及其手法进行全盘否定。南泉在实际的教化中,还是进行了如下的问答:
有僧问:"古人道'摩尼珠,人不识,如来藏里亲收得'。如何是如来藏?"师云:"王老师共你与摩来去是藏。"进曰:"不来不去时如何?"师云:"亦是藏。""如何是珠?"师唤僧,僧应诺。师云:"去!你不会"。(第301页下,第596页,《景德传灯录》卷10终南山云际章。参见禅文化研究所训注本4,第49页)
而且,同时还存在着草率性地采取反制措施的普及这一相反的弊端。《景德传灯录》卷8南泉章中,我们还可以找到如下的问答:
一日有大德问师曰:"即心是佛又不得,非心非佛又不得,师意如何?"师云:"大德,且信即心是佛便了。更说什么得与不得?只如大德吃饭了,从东廊上西廊,不可总问人得与不得也。"(第119页下。参见禅文化研究所训注本3,第138页)
再者,因其否定性逻辑的华丽词语,出现了只有"非心非佛"一语单方面流行的风潮。对此风潮,宗密《禅源诸诠集都序》[三九]如下进行了批判。"表",是"表诠",即是从"即心是佛"这样正面地表示肯定的言说;"遮",是"遮诠",即指"非心非佛"等否定言说。
"空宗之言,但是遮诠。性宗之言,有遮有表。但遮者未了,兼表者乃的。今时人皆谓遮言为深,表言为浅,故唯重非心非佛,无为无相,乃至不可得之言。良由但以遮非之词为妙,不欲亲自证认法体,故如此也"。(石井修道·小川隆《〈禅源诸诠集都序〉的译注研究(六)》,《驹泽大学佛教学部研究论集》第28期1997年,第93页)
宗密的这一主张,如下所述,后来又被永明延寿所继承。
"即心即佛是其表诠,直表示其事,令亲证自心,了了见性。若非心非佛,是其遮诠,即护过遮非,去疑破执。……今时学者,既无智眼,又阙多闻,偏重遮非之词,不见圆常之理。奴郎莫辩,真伪何分?"(《宗镜录》卷25,《大正藏》第48册,第560页上)详细请参见入矢义高《禅语つれづれ》(《求道と悦乐——中国の禅と诗》第123页)以及《表诠と遮诠》(《自己と超越——禅·人·ことば》第13页)。

马祖禅的基调,我们可以概括为"即心是佛"、"作用即性"、"平等无事"三点。其核心是"即心是佛",其他两个是其核心的具体展开。一言以蔽之,自我现实状态的自我肯定,即所谓对如实自己的如实自我性的肯定,就是马祖禅的基本思想。

然而,这一主张,以其简洁明快且强有力的缘故,相反地也容易变成一个僵化性的口号,让人走向草率地对现实予以肯定的一面。因此,不论马祖,还是他的门下,为了保持本来的生命力,所谓马祖禅,需要不断地进行自我否定以及反复的更新。胸襟开阔的自我肯定与现实肯定,对它们不断地进行颠倒与彻底地解体——拥有这样的两面,马祖禅才得以成立;而以后的中国禅宗的思想历史,也将以形式多样的方法往复在这两极之间,得以持续的发展。"中国禅,实质上始于马祖"(入矢义高《马祖语录序》)。这句话不仅指出了马祖其人的教义构成了中国禅思维的起点,而且还包括了马祖门下对马祖教义的继承与反抗的对立局面,同时也决定了以后禅思想史的运动原理①。

第二节 石头系的禅

一、石头是真金铺——青原、石头的法统

如前所述,传统的禅宗史书,即所谓灯史类,都把惠能以下的众

---

① 《景德传灯录》收录了南泉的法嗣长沙景岑的如下的一段问答。认为不能把"应诺"原原本本地与自我的本性("本命"、"主人"、"本来身")相等同。这一主张,完全否定了马祖禅的原理,与本书下一节将要讨论的石头系的禅的问题意识倒是相接近:

有客来谒。师召曰:"尚书"。其人应诺。师曰:"不是尚书本命"。对曰:"不可离却即今只对别有第二主人。"师曰:"唤尚书作至尊,得么?"彼云:"恁么总不只对时,莫是弟子主人否?"师曰:"非但只对与不只对时,无始劫来是个生死根本。"有偈曰:"学道之人不识真,只为从来认识神。无始劫来生死本,痴人唤作本来身"。(《景德传灯录》卷10,训注本第4册,第12页)

关于此问答,拙著《语录のことば——唐代の禅》十四《无始劫来生死本》中进行了详细论述。另外,前述一偈,在宋代以后被用来作为批判"作用即性"说的重要依据。关于此问题,接下来将在第二章第二节进行讨论。

多禅者分成南岳系与青原系两大系统。这就是众所周知的那个架构:六祖下出南岳怀让与青原行思,接下来南岳下出马祖道一,青原下出石头希迁,而且在它们的门下,一代又一代地涌现出许多优秀的禅僧。

然而,这其实是由后世,即大约晚唐五代前后的人追溯整理出来的一种说法;可以说,这已经成为一种常识了。至少在中唐时期的史料——圭峰宗密的著作以及当时禅僧的碑文类——中,虽然特别地描写到马祖系极盛一时的情况,但关于石头的法系,我们则难以找到业已视其为独立一宗的记载。比如,尽管宗密的《圆觉经大疏证》卷3之下和《裴休拾遗问》(《中华传心地禅门师资承袭图》)对当时的禅宗各派进行了综合性的记述,但其中并没有包含着青原—石头这样的系统,仅仅在《禅源诸诠集会都序》中,被当作是与牛头禅相同的禅者而涉及"石头"之名而已。即便是在同一时期的其他史料——韦处厚《兴福寺内供奉大德大义禅师碑铭》、贾𮁭《扬州华林寺大悲禅师碑并序》、白居易《西京兴善寺传法碑并序》——中,也同样不见有关该系统的言说。当然,对于这些史料,我们应该考虑到存在着地区性或者宗派偏激性的可能。然而,即便排除这些因素,一个不可掩饰的事实,就是在各地的宗派被列举记载的情况下,唯独不见有关青原—石头系的言说。再者,在后世成立的灯史类中,被视为石头最具代表性法嗣的药山惟俨、天皇道悟、丹霞天然三人,他们都并非当初就被确定为石头门下的弟子,因此,我们可以认为,其实他们同时又是与马祖拥有密切的师徒关系的人物(相反,如后文所谈到的五灵默,虽在石头门下悟道,但在系谱上被列为马祖门下的人也存在)。结合这些情况,进行重新考察之后,感到葛兆光在《中国禅思想史——从六世纪到九世纪》(北京大学出版社,1995年)中所做的如下概括,是恰如其分的[1]。

---

[1] 关于上述研究情况,早在印顺著、伊吹敦译《中国禅宗史——禅思想の诞生》(山喜房佛书林,1997年,原著1971年)第八章第一节二《江南的洪州宗与石头宗》(第392页以下),以及第九章第三节《对立から统一へ》(第522页)中有所指出。以下所引的葛兆光《中国禅思想史》,则在此基础上,对该问题再一次地进行了详细论述。

中唐前期，石头一系的确"默默无闻"，但是，这并非因为它不兴盛，而是因为它根本没有开宗立派，当时石头一系根本不存在，或者说，在当时石头一系与马祖一系本来就是一回事，只是很快门户之风打开，后学禅师为了自立门户就逐渐把石头一系单独分开，造成"系不旁祧"的宗脉传说（第五章第一节"灯史马祖、石头两系分派之辨证"，第302页）。

历史脉络即便如此，接下来的问题是：那么建立青原——石头系这一法统的人们将自己与马祖系切割分开的思想根据到底何在呢？我们如果不从教团势力的分裂、抗衡这样的观点，而是作为思想史的问题来把握石头系分立于马祖系的历史，那么，他们两者的分歧点到底何在呢？如果系谱是后来的虚构，那么后来的人们通过其虚构，试图所要标榜的、针对前者的自我独自性，又是什么样的一个内容呢？对这些问题，本章拟以《祖堂集》为材料，具体针对后来成为曹洞宗源流的青原—石头—药山—云岩·道吾—洞山这一系谱进行考察。将禅宗史二分为南岳—马祖系与青原—石头系的架构，据现存灯史的史料范围，始于《祖堂集》，而且《祖堂集》又是由秉承后者之流派的人们所编纂而成的；对于这一系统，该书保留着许多在《景德传灯录》等书中所看不到的精彩的记载。因此，以下将依据《祖堂集》试作一考察。不过，这里想要探讨的，毕竟是限于《祖堂集》一书中所表达的这一系统的思想史的特征而已。至于其中记载的每个禅者的言行是否合乎史实，依照系谱所配置的这些记录先后是否实际上就与历史的时间经纬相一致，这些问题当然不是这里所要讨论的范围。这里仅仅依据《祖堂集》的如实记载，解读《祖堂集》本身的作品内容，以此来考察该系统的思想乃至精神最终作为一个什么样的内容被表述的问题。有句被广为知晓的"石头是真金铺，江西（马祖）是杂货铺"（见于卷4药山章的道吾语）的说法。本篇拟把这句说法的含义作为线索，根据《祖堂集》的记载，进行探讨。①

二、除却扬眉动目、一切之事外

《祖堂集》卷 3 靖居和尚章,即青原行思章,载有与菏泽神会的问答。

> 师问神会:"汝从何方而来?"对曰:"从曹溪来。"师曰:"将得何物来?"会遂震身而示。师曰:"犹持瓦砾在。"会曰:"和尚此间莫有金真与人不?"师曰:"设使有,与汝向什么处着?"(第 56 页上,第 109 页)

所谓从曹溪那里拿来什么,是问你是如何体会到六祖的宗旨的。神会因此而震身给青原看,但没有得到青原的认可,说:"你还在死死地抱着这些瓦砾吗?"这时,神会说:"莫非和尚这里有真金给人吧?"青原说:"即便有,给你又没有地方放。"

只是这一句,似乎让人感到它是一个在贬低神会,夸奖青原高超的问答。但是,我们如果把它与嗣法于青原的石头希迁的如下一段话语相对照,那么又该是怎样呢?这是一段石头的法嗣大颠回顾曾经在石头门下开悟时的一段因缘。

> 老僧往年见石头,石头问:"阿那个是汝心?"对曰:"即只对和尚言语者是。"石头便喝之。经旬日却问和尚:"前日岂不是?除此之外,何者是心?"石头云:"除却扬眉动目一切之事外,直将心来。"对曰:"无心可将来。"石头曰:"先来有心,何得言无心?有心无心,尽同谩我。"于此时,言下大悟此境。(《祖堂集》卷 5

---

① 关于以下本论的观点以及所引资料,不仅个别注释,即便全章,都参考了石井修道《宋代禅宗史的研究》(大东出版社,1987 年),特别是其中的第二章第一节《石头真金铺,江西杂货铺》、第二节《洞山良价的传记》。

大颠章,第 94 页上,第 184 页,参见《宗镜录》卷 98,《大正藏》第 48 册,第 944 页上)

大颠以前见到石头禅师,石头问:"你的心是哪一个?"大颠回答道:"当下如此开口向和尚回答的,便是和尚要问的那个'心'。"接着,石头对我一喝。

十天后,这次由大颠来问石头和尚:"日前的回答,为何是错?除此(只对言语)之外,什么是'心'呢?"然而,石头说:"除扬眉动目之外的一切事,请拿心过来!"大颠说:"没有可以拿来的'心'。"石头说:"刚才说有'心',现在为何又说没有'心'? 说'心'有也好,说'心'无也好,都是对我的亵渎。"于此,大颠言下大悟。

问答还继续进行下去,但这里省略。总之,通过这段问答,我们知道,由大颠提出的,而由石头所驳斥的,是针对认为现今"只对"、"言语"、"扬眉动目"的东西当即是自己的"心"的说法。《景德传灯录》卷 14 大颠章所收录的、后来的上堂语中,也载有如下的言说。

> 夫学道人须识自家本心,将心相示方可见道。多见时辈只认扬眉动目一语一默蓦头印可以为心要。此实未了(第 276 页上)。

大凡学道者,必须彻见自己本来的"心",以"心"相示,这样才算见道。然而,近来有些人,只是体验扬眉动目、语言沉默的动作而已,而且,不管三七二十一,统统地把它们当作"心"的本质。如果是这样,那他尚未领悟。

然而,不难发现,被石头以及后来的大颠所批判的这种观点,与如下被视为马祖系的言说,是十分一致的①。

---

① 关于以下所引各例,可参照人矢义高《传心法要·宛陵录》(筑摩书房,《禅の语录》8,1969 年)142 页所注"即今语言者,正是汝心"条。

马祖大师云:"汝若欲识心,秖今语言即是汝心,唤此心作佛,亦是实相法身佛,亦名为道。……"(《宗镜录》卷14,《大正藏》第48册,第492页上;入矢义高编《马祖の语录》,禅文化研究所1984年,第198页)

太原和尚云:"夫欲发心入道,先须识自本心。……善知识,直指心者即今语言是汝心。举动施为更是阿谁?除此之外,更无别心。……"(《宗镜录》卷98,《大正藏》第48册,第942页中)

佛是西国语,此土云觉性,觉者灵觉。应机接物,扬眉瞬目,运手动足,皆是自己灵觉之性。性即是心,心即是佛,佛即是道,道即是禅……(《血脉论》,《大正藏》第48册,第375页上)①

还有,马祖的法嗣大珠慧海如下的问答,同样也正是以这种观点作为前提的。

僧问:"未审托情势,指境势,语默势,乃至扬眉动目等势,如何得通会于一念间?"师曰:"无有性外事。用妙者,动寂俱妙。心真者,语默总真。会道者,行住坐卧是道。为迷自性,万惑兹生"。(《景德传灯录》卷28越州大珠慧海和尚语,第584页上,平野宗净《顿悟要门》,筑摩书房,《禅の语录》6,1970年,第189页)

此外,马祖本人也有"一切众生……常在法性三昧中,着衣吃饭,言语只对。六根运用,一切施为,尽是法性"(《马祖の语录》第24页)"只如今行住坐卧,应机接物,仅是道也"(同,第32页)等等言说。总之,可以说,马祖禅就是将所谓"道"、"佛"、"本性"等本来性的本质,

---

① 此段文字,酷似《传灯录》卷二十八《南洋慧忠国师语》中所批判的"南方宗旨"的言说(第571页上)。关于南方宗旨的一段批判,很可能是为了批判马祖的一种假托,对此,石井修道《南洋慧忠的南方宗旨的批判について》一文,进行了详细的论述。载《镰田茂雄博士还历纪念论集——中国の佛教と文化》(大藏出版社,1988年)

与"语言"、"只对"、"扬眉瞬目"、"行住坐卧"等当下性的现象这两者，以"心"的名字，毫无媒介地进行了等同的一种产物。① 在这里，日常身心的运作、举措动作，一切都在当下得到了肯定，此外没有任何需要追求的东西了。② 石头等人对这一观点进行批判，试图重新探讨与当下性的现象在本质上不同的一种本来性的本质，并且把它命名为"心"。当然，如此简单地把马祖禅进行定型归类，是有问题的。而且，石头在最后还说"心有，心无"——依据这种脉络，我们可以把它们进行这样的对应：本来性的本质与当下性的现象——但正如说"尽同我谩"那样，可知并不是所谓一味地否定当下性的现象而肯定本来性的本质这种二者选一的主张。关于这一点，后面将依次进行探讨。总之，由此回过头来看，前述青原与神会的问答，我们似乎可以把它理解为一种带有针对上述马祖禅批判的一种故事。在该问答中，青原指责神会的"震身"是"犹持瓦砾"。在这里，"瓦砾（震身）"，相对于当下性的现象；"真金"，相对于本来性的本质。但从

---

① 概念借用于荒木见悟《佛教と儒教》(平乐寺书店出版，1963年)中《序论——本来性与现实性》。然而，若将问题限于禅来看，所谓"现实性"，则以其活生生的肉体行为、作用，一般所谈论的，是一种极其就事论事的、形而下的情况。因此，为了接近其语感，这里将其概念改称为"现实态"。这样的改变，并不包含概念本身的含意，观点依然全面依照荒木的说法。另外，在《中国文化丛书》三《思想史》(大修馆书店，1967年)由荒木执笔的第三章第七节至第十节中，荒木对禅的特质是如此进行界定的。

"为何不需要所依赖的经典？这是因为对于将本来性与现实性进行一体化的实践主体，从佛的果位进行把握，不承认自'心'以外的任何权威，行住坐卧当下被当成了佛作佛行。"(第164页)

唐代禅宗的基本思想，以马祖禅为中心，极其准确地得到了定型化。然而，主张"诸教、诸派的多样性是作为'本来性——现实性'的相互关联而出现的"荒木的说法(据西顺藏的《书评·〈佛教と儒教〉》的要约)，实际上也适用于禅宗内部；因此，拙文可以说是在荒木说法的启示下，在荒木关于禅的界定的基础上，试图设立的又一分类的一种尝试。《书评》(1964年)今再录于《西顺藏著作集》第3(内山书店，1996年)，以上的引用，见于该卷第4页。

② 不过，这毕竟是马祖禅的基调。实际上，包括马祖本人将"即心即佛"颠倒为"非心非佛"在内，其基调以及对其所进行的一些反制措，其间所展开的全部往复运动，都应该视为整个马祖禅的特长。这，我们在前节中已进行了讨论；正如该处所论述的，代表反制措施一方的，是南泉。《祖堂集》认为，石头系的代表性存在的禅者云岩道吾，曾受到了南泉的决定性的影响。详后。

所谓"犹～在"这一表达方式看,说明它其实是比马祖系主张的盛行还要晚一些的文字。再者,"扬眉动目(瞬目)"一语,如下面所引述的那样,宗密在《裴休拾遗问》中,把它当作马祖禅(洪州宗)的理论依据,指出它来自《楞伽经》。因而,假托神会的"震身"行为,很可能是从该处的"动摇等,皆是佛事"一语中演绎过来的,我们似乎可以这样来理解。

洪州意者,起心动念,弹指动目,所作所为,皆是佛性全体之用,更无别用。……故知能语言动作者,必是佛性。……彼意准《楞伽经》云:……又云:"或有佛刹,扬眉动目,笑吹[＝欠]謦欬,或动摇等,皆是佛事。"(石井修道《真福寺文库所藏の〈裴休拾遗问〉の翻刻》,《禅学研究》第 60 期,1981 年,第 84 页,参见石井《禅语录》,中央公论社,《大乘佛典·中国日本篇》12,1992年,第 56 页)

石头系的人针对马祖系所谓将自身当下性的现象作用("震身"、"只对"、"扬眉瞬目"等)原原本本地与本来性本质相等同的观点,进行批判,并试图找出一个与其层次相异的本来性的本质("心")。青原向神会提出的所谓"真金"与"瓦砾"的语句,无非就是对这种本来性本质的一种比喻。相当于石头再传弟子的云岩昙成,有如下一段问答;我们只有通过把上述马祖系与石头系的对比作为前提,才能理解其中的含义。

师问尼众曰:"汝阿爷还在也无?"对曰:"在。"师曰:"年多少?"对曰:"年八十。"师云:"有个爷年非八十,汝还知也无?"对曰:"莫是与摩来底是不?"师曰:"这个犹是儿子。"洞山云:"直饶不来,也是儿子。"(《祖堂集》卷 5 云岩章,第 98 页下,第 193 页)

"阿爷",是口语,意指父亲。不过,一开始问健在否时,当然指的是生父,而接下来所说的另外一个非年迈体弱的八十的"爷",则指自己的主人公、本来人,即所谓本来性本质的自我比喻。因此,觉察到该问的意图后,尼僧不失良机地予以回答:"当下前来的我便是!"然而,云岩斥责说,这不过是"儿子"。也就是次位的自己而已。被问到"本来的"自己,对此,尼僧毫不犹豫地以"现在的"自己予以回应,她的见解代表着无条件地视它们两者为一体的马祖禅的立场。然而,云岩所要求的,毕竟是与"现在的"层次相异的"本来的"那个"阿爷",即与石头所说的"除却扬眉动目一切事之外,直将'心'来"的那个"心"同义。

针对上述问答,说:"不管来与不来,毕竟不过是儿子"——在来与不来的层面上,所能把握的东西,一切都不过是一种次位性的作用而已——进行如此评价的洞山,也就是云岩的弟子洞山良价。洞山良价自己也有这样一段问答;该问答进一步地阐明了与上述石头和云岩相同的观点。

> 师问僧:"名什么?"对曰:"专甲。"师曰:"阿那个是阇梨主人公?"对曰:"现只对和尚即是。"师曰:"苦哉!苦哉!今时学者例皆如此,只认得驴前马后将当自己眼目。佛法平沉,即此便是。客中主尚不辨得,作么生辨得主中主?"……(《祖堂集》卷 6 洞山良价章,第 120 页上,第 237 页)。

洞山问僧:"名叫什么?"这是初次相见时常见的问话,常常除了字面上的含义外,还包含着所谓请出示你真实的自己的意思。因此,僧答道:"专甲"("专甲"与"某甲"相同,这里并非"某某"的意思,实际上回答了自己的名字,而记录上则记载"某某")。

禅问答中确认本名,既有字面上的意思,也有希望提示如实的自己的意思。因此,洞山为了确认这一点,进一步发问:"你的那个'主人公'是谁啊?"僧答:"当下如是回答和尚的,就是。"

这无疑表达了将"言语只对,扬眉瞬目"等活生生的身心作用,原原本本地视为本来自己的一种见解。另一方面，洞山则予以批判，认为是错误地将次位的作用看做了"主人公"、"自己眼目"，叹惜对方的见解非但主之主，就连客与主的区别也未能得到把握，是"佛法平沉"之见①。曹山本寂初次参访洞山时的问答，也与此非常相似，但曹山却与这里的僧完全相反，通过暗示不同于如实自己层次的自己——不能名为某甲的东西——于是得到了洞山的认可。

> 初造洞山法筵。洞山问："阇黎名什么？"对曰："专甲。"洞山云："向上更道。"师云："不道。"洞山曰："为什摩不道？"师云："不名专甲。"洞山深器之。（《祖堂集》卷 8 曹山章，第 157 页上，第 308 页）

这是曹山初次参访洞山时发生的事情。洞山问："你叫什么名字？"曹山答："是，某甲。"洞山："向上更道！"曹山："不，不道。"洞山："为何不道？"曹山："不名某甲。"

听到这后，洞山深以器重。

所谓"专甲"，指不被命名的我，与上述洞山所言的"主人公"同义；云岩所说的非八十岁的"爷"，同时也是石头所言的"心"，青原所言的"真金"。与洞山相关的上述两个问答，恰好构成了石头系禅中的误答与正解的例子。我们把它与刚才石头、大颠的问答并在一起来看，便会发现，相同的结构与旨意，在这一系统之中，被一贯地继承下来了。云岩与同门的道吾所说的"石头是真金铺，江西（马祖）是杂货铺"，其实就是这一结构的一种表达。

三、渠不似我，我不似渠——本来的自我与现实的自我

石头门下，除前述大颠之外，还有药山惟俨、丹霞天然和天皇道

---

① 此问答，将在第二章第二节再讨论；"驴前马后"的语义，也将在该处进行考察。

吾等人。药山下更出云岩昙晟和道吾圆智,而且云岩下又出洞山良价。探索所谓不能等同于平常的"现实态"的自我本来性,是他们一贯的主题。然而,这绝非意味着一种单纯地对前者的否定和对后者的肯定。

《祖堂集》卷四药山章载有石头与药山如下的一段对话。

> 师因石头垂语曰:"言语动用亦勿交涉"师曰:"无言语动用,亦勿交涉。"(第 85 页下,第 167 页)。

"言语动用",与前述"言语"、"只对"、"扬眉动目"等相同,似乎意指"现实态"的一种作用。所谓"勿交涉",即指与真实毫不相干。关于石头的这一主张,如前有过讨论。然而,药山则将其倒过来,认为否定"言语动作"也是"勿交涉"。并不是"现实态"在其当下就毫无条件地得到肯定,但又不是简单地就可以被否定掉的东西。两者的关系,或许是离开一方而另一方就不可存在的一种东西。

药山章中还有如下一段文字。

> 从此后,从容得数日。后升座,便有人问:"未审和尚承嗣什摩人?"师曰:"古佛殿里拾得一行字。"进曰:"一行字道什摩?"师曰:"渠不似我,我不似渠,所以肯这个字。"(第 85 页上,第 166 页)

从此之后,药山从容地度过了一段时光。后来升座,有僧问:"请问和尚嗣法何人?"药山说:"在古佛殿里拾到一行文字。""上面写着什么?""'渠不似我,我不似渠',所以,我肯定了这道文字。"

其实,这就是药山的首次上堂,即开堂说法。当时,首先弟子问道:"师唱哪家曲?宗风嗣何人?"目的是确认师的禅法系谱,这并不奇怪。然而,这里却不是问"从谁",而是问"从什么人——何许人"。如此一问,并不单单是在问师承关系,而是在问包含着师之所以为一代祖师者到底是什么人这一深刻的含意。也许正因如此,药山的回答,也显得有些莫名其妙,说他在一座古老的佛殿里捡到了一张不知何时由谁写的一行文字,上面写着"渠不似我,我不似渠"。所谓"古佛殿",形象地指古老的佛法跨越时限,不为人所知的场所①。

这里所说的"渠"一语,是当时的口语,第三人称的代词。不过,在禅语录中,当它在没有先前所承接的对象,唐突地被使用的情况下,这一词语往往用于象征性地表达难以名状的自我之本来人、主人公,即这里所谓的本来性的自我。该词语在《祖堂集》中的使用例子,除仰山慧寂章所见的数例外,其他均偏偏见于石头系的禅者,其中,尤其是大颠、丹霞、药山等石头的弟子辈分的徒众所使用的例子,在系谱上是属于最早的了。其中,丹霞的偈语,虽是接续之前"世间采取人"的所谓一般人称代词的例子(第82页上,第160页),但在大颠章中,如下面所揭示的,该语句是这样被使用的:

> 僧问:"其中人相见时如何?"师曰:"早不其中。"进曰:"其中者如何?"师曰:"渠不作这个问。"(第94页下,第185页)

所谓"其中",并不是"其中",是"此处"的意思。不过,在禅语录中,常常指超越语言的"道"的当体。因此,所谓"其中人"、"其中者",我们可以理解它们是与"道"同在的"本来人"的意思。意思是说,一旦上述的问答通过语言予以客体化,那么早已偏离老远了。这里的"渠",在语法上是一个带有接续先前"其中者"的人称代词的意思,在内容上则意指包含着先前的词语所表达的本来人,表达了一种过渡性的情况。我们在这里将要讨论的药山的语言,也与其相似;在脉络上,

---

① "渠"以及后出的"伊""他",在语言学上的用法及其历史,请参照吕叔湘《三身代名词》,收录入《近代汉语指代词》,学林出版社,1985年。

一方面接续该僧所说的"什么人"一语,另一方面,作为语言的内涵,意味着此"什么人"所暗示的本来性的自我。

——渠不似我,我不似渠。

这就是所谓"本来性"的自我(渠)与"现实态"的自己(我),既不相同,也不偏离;对等但不发生交涉,而又彼此面对的一种姿态!

在药山章中,我们还可以看到药山与云岩之间进行的如下一段问答:

师问云岩:"作什么?"对曰:"担水。"师曰:"那个呢?"对曰:"在。"师曰:"你来去为阿谁?"对曰:"替渠东西。"师曰:"何不教伊并头行?"对曰:"和尚莫谤他。"师曰:"不合与么道。"师代曰:"还曾担担么?"(第86页下,第169页)

药山说:"你在干什么?"云岩答道:"在运水。"因为是"担",即把水桶放在天平秤似的棍棒两端,用肩膀担水,累得汗流浃背,所以是一桩很吃苦的活儿。这时,药山问:"阿谁?"——你的本来人怎么呢?云岩答道:"在——就在这里!"药山说:"既然如此,那你到底为谁来来去去?"云岩答道:"即为其人(渠)。"药山说:"那可否与他(伊)一起运?"云岩答道:"不要诽谤他。"

"渠",绝不是无用的蠢材!云岩似乎是这样进行反驳的。然而,药山对云岩的回答予以驳斥,说应该这样回答,替云岩代说一句:

——其人还试着担东西之类吗?

诚如云岩所言,"渠"与进行语言动作的"我",常常是同时同处而存在的。但是,据云岩最后的回答,"渠"也与"我"相互动,两者彻底地成为一个活动者。药山认为,只是这一点还不够,他重新提出了一种观点:所谓"渠"是一种作为既与"我"同在,但又绝对不是与"我"同处在一个层面,而进行言语活动的东西。

道吾在第一次参访药山时,也讨论了相同的问题。

> 药山示众云:"法身具四大,阿谁道得?若有人道得,与汝一腰裈。"师曰:"性地非风,风非性地,是名风大。地水火大,亦复如是。"药山肯之,不违前言,赠一腰裈。(卷五道吾章,第104页上,第204页)

药山示众说:"具备四大的法身,有谁能够道得出来?如果有,请给他一腰裈!"

所谓"法身",本来并不是由所谓四大五蕴这些个别元素所组成的东西,而是指一个全一的、普遍的本来性。然而,药山却出乎意料地把它颠倒过来,说把那个能够具备地水火风四大的"法身",试道来看看!若道得出,我赠给他一腰裈("腰"是"裈"的量词)。这里所说的请"道得",并不是单单要求从口头上给予一个合理性的说明,而是要求当下在此把它指示出来,并且又能漂亮地穿上这条"裈"给人看。也就是说,它要求你在此出示具备了四大,作为身着一条"裈"的一个肉体"法身"的自己。

当然,对于这样的要求,如果用前述马祖禅风格的思想予以回应,并不那么困难。当下如是站在这里的,这个活生生的肉体的自己,就是法身;只要说上这么一句,就算解决问题了。然而,对于当时的学人来说,谁都会立刻想到的这种回答,并不是药山所要求的。可以想见,药山就是在完全知道这类"正解"的基础上要求对方有所超越的。

因此,道吾的回答是:"性地非风,其谓四大。地大、水大、火大也同。"也就是说,"性地"并不是四大,四大并不是"性地"。

这里所说的"性地",与药山所说的"法身"同义。因此,这一句可以解释为"本来性"与"现实态"是不同层面的东西。然而,如果仅仅是从这个言句来看,虽然它确实偏离了马祖禅风格的"正解",但其结果,不过是又返回到了所谓"无为法"与"有为法"的区别这一朴素教义的常识上面罢了。那么,为何得到了药山的肯定呢?

剩下的情况,只有我们去想象当时的场面了。不过,道吾讲完这句话时,一方面明确阐述"本来性"与"现实态"之间的迥然差异,同时另一方面又不损坏两者,使两者在自己的身上得以同时成立,从而成功的展示出了既是两者又非两者这样一个自己。药山正是看到了道吾这种姿态,认可他有资格穿上"裈"这一"法身"。我们从"不违前言"这个记述,可以解读到,道吾业已回应了药山所谓的要求。药山在这时也许从道吾的身上再一次地看到了"渠不似我,我不似渠"那一行文字的再现。

药山阐说"渠"与"我"的不同。但这并非承认了以一个分裂的、破绽的二元自己作为理想的观点。"本来性"的自我与"现实态"的自我,两者之间的关系,只能说是二而为一,一而为二,或者说不一不异,不即不离。两者虽不相似,但"自我"毕竟以其"自我"而存在。如果"自我"是处于"本来性"与"现实态"的分裂状态,那么这个"自我"应该不能穿上"裈"了。

卷 5 云岩章载有云岩与道吾之间如下的一段问答:

> 师煎茶次,道吾问:"作什摩?"师曰:"煎茶。"吾曰:"与阿谁吃?"师曰:"有一人要。"道吾云:"何不教伊自煎?"师云:"幸有专甲在。"(第 99 页上,第 194 页)

云岩正在煎茶的时候,道吾走了过来,问:"在做什么?"云岩说:"煎茶。""煎给谁喝?""有一人想要。""为何他不自己煎?""幸有某人在。"

这里想喝茶的"一人"以及所说的"伊",不言自明,它就是煎茶的"我"和希望喝茶的"渠"。但这里并不是有两个云岩,而是自己煎,自己喝,仅此而已①。

四、离这岸未到彼岸时——未悟与不说破的禅

云岩下出洞山良价,其法系不久后便形成曹洞宗。但据《祖堂集》,自云岩至洞山的系谱,其实是一种从未悟者到未悟者的非连续性的师资相承。

据卷4药山章载,云岩与道吾是血缘兄弟,道吾是兄,云岩是弟。但云岩先出家,道吾称云岩为"师兄"。在修道进度上,道吾明显要快一些,相反云岩则表现得凡庸,总是得不到击发的契机。对于这样的云岩,道吾一方面以"师兄"予以抬举、关照,与此同时,又小心翼翼地予以指导。至少在《祖堂集》中,二人的形象是如此这般被描写的②。前面所引"石头是真金铺,江西(马祖)是杂货铺"的语句,其实,就是道吾试图把马祖下的云岩引导到药山下而书赠的一句。

据《祖堂集》卷16南泉普愿(嗣马祖)章载,他们二人一天一同造访南泉,从南泉那里得到了如下的指导(前后经过此处从略):

智不到处,切忌说着,说着则头角生。唤作如如,早是变。直须向异类中行。(第303页下,第600页)

正如我们在第一节中已经确认过的那样,南泉上堂曾经说过:"所以道,'祖佛不知有,狸奴白牯却知有'。以何如此?他(狸奴白牯)却无如许多般情量。所以唤作'如如',早是变,直须向异类中

---

① 南泉的法嗣赵州从谂的如下问答,则与前节末尾所引用的云岩道吾关于"煎茶"的问答相对应。在这里,它是对于沙弥所期待的"本来人",用当下如实的自己所进行的一种反制措施,可谓一种不以本来性作为根据,从"现实态"本身以还原自己(沙弥未接受,是因为尚未发现自己的"应诺",所以错误地把握了赵州的意思)的做法。

② 关于这种关系,不可能是一种史实,可参照石井修道《宋代禅宗史の研究》第135页。

行。"意思是说,断绝"情智",不受言语约束的"道",知道此"道"者,并不是"祖佛",而是无"如许多情量"的"狸奴白牯",即那些"异类"。所谓"异类中"行,不外是自己作为异类去生活。

道吾立刻悟到了这层意思。然而,云岩则全然不知道这是什么意思。"他(云岩)与药山有因缘矣!"体悟到这一点的道吾,带着云岩,再一次地回到了药山的门下。

> 药山问:"阇黎到何处来?"岩云:"此回去到南泉来。"药山云:"南泉近日有什么方便示诲学徒?"云岩举似前话。药山云:"汝还会他这个时节也无?"云岩云:"某甲虽在他彼中,只为是不会他这个时节,便特归来。"药山大笑。云岩便问:"作摩生是异类中行?"药山云:"我今日困。汝且去,别时来。"岩云:"某甲特为此事归来,乞和尚慈悲。"药山云:"阇黎且去,老僧今日身体痛,别时却来。"云岩礼拜了,便出去。道吾在方丈外立听,闻他不领览,不觉知咬舌得血。却后去问:"师兄去和尚处问因缘,和尚道个什么?"岩云:"和尚并不为某甲说。"道吾当时低头不作声。在后各在别处住。

面对回来的云岩,药山问:"你去哪里了?""我去南泉了。""南泉近来有无方便的言语教诲学人?"这时,云岩便把南泉刚才的语句告诉了药山。药山听后,便问:"那么,你理解南泉所说的话吗?""不,我虽住在那里,却不解他所说的话,所以便特意回来了。"

药山大笑。云岩继续发问:"异类(畜牲)中行是什么意思?"可是,药山的回答显得有气无力,说"我今天有点累,你先回去,以后再来。""不,我今天就是为此一事而来的,无论如何还请和尚大发慈悲!""总之,你先下去。我今天身体有点痛,改时再来吧。"云岩不得已,礼拜后退出了。

在方丈寮外,一直旁听的道吾,听到云岩不解药山之意而为他着急,不慎将舌头咬得流血了。接着便走到云岩跟前,装作不知情的样子问道:"师兄去和尚那里请问,有何指示?""没有,和尚什么也没说。"道吾听了他的话后,垂头沉思,无言以对。

自那以后,二人各自当了其他寺院的住持。

南泉试图想与一切神圣的观念断绝缘分,敢于成为一个异类,走在当下社会的最底层。与南泉那种严格而又壮绝的言辞相比,药山的言语则显得多么的谦卑而又无力。"今天有点累了,改日再来吧";"今天身体有点痛,下次再说吧。"药山是真的没有回答的力气吗?不,不是的。若从正面回答,将触犯"说着",损毁"本来性"。相反,如果是保持沉默,则自我满足于"本来性",从而丧失了"现实态"。因此,药山展现出了一个既使用语言而又回避"说着",既回避"说着"而又使用语言,在"本来性"与"现实性"之间相互飘荡的形象。

这样的应对,让我们想起药山与云岩之间的另一个问答。

> 师问云岩:"目前生死如何?"对曰:"目前无生死。"师曰:"二十年在百丈,俗气也未除。"岩却问:"某甲则如此,和尚如何?"师曰:"摩摩挲挲,羸羸垂垂,百丑千拙,且与么过时。"(第89页上,第174页)

这是云岩最初离开百丈来到药山时的一则问答,接在第一节所引用的"何不早道?海兄犹在"云云之后。药山因"是什么"的问话,高兴地得知百丈尚且健在的消息,而此次则问云岩本人的境况:"眼前当下的生死问题如何?"云岩:"眼前当下并无什么生死。"意思似乎是说,自己早已超越了生死之类的问题了。然而,药山并不认可这样的回答。"原来你在百丈那里住了二十年,却尚未脱俗啊!"云岩不服气,反问道:"本人虽然如此,然而,不知和尚又如何?"对此,药山非常难看地说:

——哆哆嗦嗦,摇摇晃晃,不成体统,如此这样的过着时日……

的确是一句令人同情的说辞。然而,生死问题根本就不存在,云岩这一直截了当的、毫无迷惑的超越,在药山看来,则是一种自我满足于神圣性威严之中,言行举止,俗不可耐的"俗套"罢了。药山通过暴露自己老朽的丑态,试图展示其相反的另一个极点。

在云岩离开南泉,回到药山时的那段看似软弱无力的应对中,我们可以感受到一种与此相同的意涵。即药山以回答所谓的不答,回应了云岩多达两次的乞教。然而,云岩则丝毫没有注意到这一点。旁听到二人的全部对话,并着急地将自己的舌头咬出鲜血的道吾,却装作不知一切似的问和尚如何回答,这是想说明:其实和尚已经圆满地回答了,希望云岩自己能够去觉悟。可是,云岩并没有觉悟到这一点。对此,道吾低头沉思,且一言不发。

其后,二人各自成为其他寺院的住持。不久,道吾临终的时候,洞山的"密师伯"来了。所谓"密师伯",即指云岩的弟子神山僧密。(《祖堂集》卷6,《传灯录》卷15)所谓师伯——法脉上的伯父,是来自洞山的弟子们的称呼。

> 至临迁化时,见洞山密师伯来。道吾向师伯说:"云岩不知有这一则事,我当初在药山时悔不向他说。"虽然如此,不违于药山之子。道吾却为师伯子细说此事(第304页上,第601页)。

道吾临命终时,洞山的密师伯赶来。道吾对密师伯说:"云岩不知道有这一件事。以前,同在药山时,后悔当时没有向他说这一件事。不过,虽然如此,他不愧为药山的后继者。"
道吾如此说完后,为密师伯仔细地说明了这一件事。

云岩终生未悟,尚未听到一则应该听到的句子便离开了人世;至少从上述一段文字看,我们可以做出这样的判断①。那么,他的弟子洞山又如何呢?我们将卷 5 云岩章所载的悟道因缘,分成三段来阅读一下。

〔1〕师临迁化时,洞山问:"和尚百年后,有人问还邈得师真也无,向他作摩生道?"师云:"但向他道'只这个汉是'。"洞山吟沈〔=沈吟〕底。师云:"此着一子〔=一着子〕,莽卤吞不过,千生万劫休。阇黎瞥起,草深一丈,况乃有言。"师见洞山沈吟底,欲得说破衷情。洞山云:"启师,不用说破。但不失人身,为此事相着。"(第 99 页下,第 195 页)

云岩在示寂前,洞山问:"师示寂后,若有人向我问是否可以画一幅先师的肖像,该如何回答?"这是一个绕道的说法,意思是说怎样才能画一幅师父的肖像。指如何才能在师父圆寂后,如实地自我体悟师父的真面目。对此,云岩说:

——只这个汉是。

——正是我自己才是。听到这句话后,洞山只是沉默不语。云岩则不吝赐教,更加说:"这一手不能就鲁莽地吞下,是直到千生万劫之后也得不到解决的问题。如果在这里稍起动念,则妄想之草将变成一丈的深渊,何况用语言!"最后的一句似乎踏袭了《肇论》答刘遗

---

① 关于密师伯,可参照石井修道《宋代禅宗史的研究》第 171 页以下。这里,道吾虽承认云岩"虽然如此,不违药山之子",然而,据之前卷 4 药山章中的"石头是真金铺,江西是杂货铺"语,则把云岩从百丈门下转移到了药山下;而且,据卷 5 华亭和尚(船子德诚)章,药山死后,华亭、云岩和道吾三人正准备商量遁世隐居时,说:"向来所议,于我三人虽甚适本志,然莫埋没石头也无?"表示了反对。(101 页下,199 页)据《祖堂集》的记载,确立与马祖禅宗风相异的石头——药山禅这一对外意识的,很可能是道吾。在卷 16 沩山章中,记载沩山一边暗示着云岩的存在,一边向洞山说:"有一人是石头孙,药山子"。(308 页上,609 页)可以想见,石头系的禅,曾主要被作为石头——药山的法系来看待的了。

民书中的"拟心已差,况乃有言"一句(《大正藏》第45册,第157页上段)。对于这样的指教,洞山依旧沉默不言。见此情形,云岩心想,应该明确指出真意才对。然而,洞山则以郑重而又决然的语调予以谢绝,说:"谨启者。师父千万不要说破。既是为人之身,将为此一事着想。"

师在生前时,未曾悟道,不曾闻"一则事"而结束一生,其形象与前述云岩自己的形象成为一个对照。而且,这里所说的未闻师之"说破",对日后的洞山来说,具有毕生难忘的、深长的意味。

接下来的话题,场面转向了云岩圆寂之后。

〔2〕师迁化后,过太相斋,共师伯欲往沩山。直到潭州,过大溪次,师伯先达。洞山离这岸未到彼岸时,临水睹影,大省前事,颜色变异,呵呵底笑。师伯问:"师弟有什摩事?"洞山曰:"启师伯,得个先师从容之力。"师伯云:"若与摩,须得有语。"洞山便造偈曰——

切忌随他觅,迢迢与我疎。
我今独自往,处处得逢渠。
渠今正是我,我今不是渠。
应须与摩会,方得契如如。

云岩圆寂后,经过三年的服丧之后,洞山与师兄密师伯一起去见沩山禅师。来到潭州,前面遇到一条大河,先是密师伯渡河,依次是洞山,当洞山才离开此岸,还未抵达彼岸时,发现水面上映照着自己的面孔,顿然悟到此前因缘的意思,颜色大变,哈哈大笑起来。

感到莫名其妙的密师伯便问:"师弟,什么事?""谨向师兄汇报,我于此得到了先师强大的助力了。""既然如此,这里应该有相应的句子。"于是,洞山谨作了如下一首偈子:

切莫随"他"四处寻觅,

因为与"我"遥疏远；
所以，"我"只一人独行。
于是，所到之处，都与"渠"相逢。
"渠"今是"我"，
然而，"我"未必是"渠"。
如此理解，
方能与"如如"相吻。

不用赘言，这里"我"，即指当下活生生的自己；"渠"，即指与"我"相异的"本来性"的自己。然而，如前所述，药山曾说过："渠不似我，我不似渠。"它以沉着的，鲜明的态度告诉说，"渠"与"我"是两个不同的存在。因此，可以认为，其中仍然强烈地带有一种对无条件地将"本来性"与"当下性"视为一体的马祖禅采取反制措施的意图。这种观点，经云岩、道吾，直到洞山之间，被深化为"渠今正是我，我今不是渠"的言论。至此，"渠"与"我"，一方面完全被视为一体性的东西，另一方面又被视为完全是两个不同的存在。药山之后，该法系的人们的主题，从"渠"与"我"的峻别，转移到开始探求两者之间的玄妙性的所谓不一不二的关系上了，而上述一段文字则鲜明地表达了这一点。

这个意思，我们还可以从被视为洞山所著的《无心合道颂》中，进一步得到佐证（卷20隐山章，第348页下段，第760页）。

道无心合人，人无心合道；
欲知此中意，一老一不老。

不难看到，这里，"道"与"一不老"相对应，与前述"渠"相同；"人"与"一老"相对应，与"我"同义。"道"虽远于"人"，但"人"与"道"一体。在有关此一首偈语的问答中，镜清将上面第一句"道无心合人"，评之为"白云乍可来青嶂，明日那堪下碧天。"这也是试图说明：动的当下性（"白云"）即便与不动的本来性（"青嶂"）可以合为一体，但相反地,本来性("明月")从其本来性的层面("碧天")下降到当下性的层面,则不可能——这不外乎精彩地表达了"人"虽归属于"道",但"道"则不可能与"人"同化——的含义。(卷 10 镜清章,第 195 页上,第 384 页)

因此,前述洞山过水偈所表达的,即是这种"本来性"与"当下性"不即不离的关系,这是不用置疑的了。然而,这里我们需要留意的,并非此偈句本身的措辞,而是在其前面所记录的如下一段描写:

——洞山离此岸未到彼岸时,临水睹影,大省前事。

看到映在水面上自己的面孔,于是发现了"渠"。这是广为人知的一段故事,但这段文字只见于《祖堂集》。既然是看到水面上的影子,那么洞山理所当然地还在渡河的途中,因此,显然处在此岸与彼岸的中间。是否因为不宣自明的缘故,我们不得而知,但后来的各种书籍未对这段文字进行记载。不过,这段文字,其实并未给予一个理所当然的适当的说明。"彼岸",当然是"对岸",因此,"这岸",也其实就是意指"此岸"。离开此岸而不达彼岸,超出"当下性"而不与"本来性"相统一,这种永远的"中间",正是他们的禅的场所;而这段文字恰好象征性地表达了这一点。"渠是我,但我非渠",此句最合乎这个场面。

为了从另一角度确认此一段文字的含义,这里,我们暂且离开云岩章,试图把目光转向卷 15 五泄灵默章。五泄是洞山曾经参访过的人物,他在石头门下大悟时的一句机缘句子,也是"只这个汉"。五泄随马祖出家,《祖堂集》将其列入马祖门下。其实,他是经马祖劝告,参访石头,在石头那里获得开悟的人。五泄章所记载的他的经历,不谋而合地具体表达了我们迄今所认为的所谓石头系的禅是由马祖禅独立出来的一支流派的观点。①

---

① 关于洞山与五泄之间的关系,可参见石井《宋代禅宗史の研究》第 150 页以下。

有一日,大师领大众出西墙下游行次,忽然野鸭子飞过去。大师问:"身边什摩物?"政上座云:"野鸭子。"大师云:"什摩处去?"对云:"飞过去。"大师把政上座耳拽,上座作忍痛声。大师云:"犹在这里,何曾飞过?"政上座豁然大悟。因此,师无好气,便向大师说:"某甲抛却这个业次,投大师出家。今日并无个动情,适来政上座有如是次第,乞大师慈悲指示。"大师云:"若是出家师则老僧,若是发明师则别人。是你驴年在我这里也不得。"师云:"若与摩则乞和尚指示个宗师。"大师云:"此去七百里有一禅师,呼为南岳石头。汝若到彼中,必有来由。"(第284页下,第562页,参见《马祖の语录》第159页)

一天马祖带领众弟子到西墙壁下散步。忽然,一只野鸭飞过来,马祖说:"是什么东西?"百丈惟政回答道:"是野鸭。""到哪儿去了?""飞走了。"于是,马祖揪住惟政的耳朵猛扯一下。惟政不禁大声叫痛。马祖说:"不是还在这里吗?飞到哪儿去了?"惟政于此大悟。

五泄因这件事,深感不快,便向马祖申诉道:"本人抛弃科举的学业,投入大师的门下出家,可是至今没有一件让我动心的事情。刚才惟政上座有了这样的因缘,恳请大师慈悲赐教。"马祖说:"如果作为出家师,我最合适,但作为开悟师,则不是我,你永远住在这里终究不能得道。""既然如此,那就请和尚指示一位宗师。"马祖说:"离此七百里地,有一位禅师,叫南岳石头,你去他那里,一定有机缘。"

"野鸭子"的话头被《碧岩录》第53则等所采用,广为人知。不过,这里却被当做了百丈怀海的话头来看待,但这不是我们在这里所要讨论的问题。① 对于这个话头,《碧岩录》试图以新的含义予以改读。不过,我们只要客观地阅读一下上述这段文字,便可以了解到,

---

① 详见《马祖の语录》[50]、[53]的注解。另外,关于《碧岩录》对该话头的解释,将在第二章第二节再作讨论。

这是马祖试图为了让惟政对当下现今活生生的自己,即当下的自己能够直截了当地去把握,使其大悟的一个话头;我们这样地去理解,似乎最为自然。然而,重要的是,这里这个话头并不是作为惟政开悟的因缘被记载于百丈惟政章(卷14)的,而是作为说明五泄与马祖禅决裂的必然性而载于五泄章的。亲眼看见了直观地把握当下性自我禅风的五泄,感到"无好气",闹了情绪,闷闷不乐。

话头还有后续:

师便辞,到石头云:"若一言相契则住,若不相契则发去。"着鞋履,执座具,上法堂礼拜,一切了侍立。石头云:"什摩处来?"师不在意,对云:"江西来。"石头云:"受业在什摩处?"师不只对便拂袖而出。才过门时,石头便咄。师一脚在外,一脚在内。转头看,石头便侧掌云:"从生至死,只这个汉。更转头恼〔=脑〕作什摩?"师豁然大悟。在和尚面前给侍数载,呼为五泄和尚也。

听到这番话后,五泄立刻离开了马祖门下,投到石头门下。"如果一言契合,你可以住在这里,否则离去。"接着穿着鞋,手里拿着座具,上法堂礼拜,一切礼节完毕后,侍立在石头的身旁。

石头问:"从哪儿来?"五泄毫不介意地回答道:"从江西马祖处来。""那你的五戒在哪儿受的?"五泄未作回答,便拂袖而去。

然而,五泄正要出门的那一刹那,石头大吼一声:"嗨!"这时,五泄一只脚踏在门外,一只脚还留在门内。不觉回头一看,石头用手做出切掌的架势,说:"从生到死,只有如此一条汉子,此外,还转来转去,到处求什么?"

五泄豁然大悟。后来,侍奉石头数年,被称为五泄和尚。

石头说:"只这个汉——现今眼前的你本人就是。转来转去,到处寻觅做什么?"我们仅仅看这句话,便可发现,与马祖禅并无任何异样。① 而且,对刚才走出门槛的学人,从背后突然叫住的手法,也与马祖相似。但我们不能忽视的是,该句到底是指在什么情况下的"这个汉"。五泄正要出门,一脚在内,一脚在外。这时,石头手做刀势,侧面立起手掌。这无疑是比做内外之分的中间一线。此时,五泄一半在内,一半在外,恰似站在了该境界线上了。石头抓住这一刹那的时机,尖声高叫道:"只这个汉"。而且,这绝不是在偶然的一瞬间所发生的事情,"这个汉",其实是"从生至死",常在此一线上,这就是石头继续想要说明的事情。

这一段文字中的"一脚在外,一脚在内"的言说,与前述洞山的"离这岸未到彼岸时"相呼应;云岩生前未曾说破,洞山直到过河时才发现,这也与五泄相同;它就是内与外,彼岸与此岸,渠与我……永远处在这个中间,既是两者,亦非两者,是作为"只这个汉"的自我。

这里,我们还是回到云岩章所记载的洞山悟道的话题上来。该处在前述过河偈的后面,附记了后人的问答(今省略后人的拈提部分)。

〔3〕后有人问洞山:"云岩道'只这个汉是'意旨如何?"洞山云:"某甲当初洎错承当。"……又问洞山:"云岩道'只这个汉是'还知有事也无?"洞山云:"先师若不知有,又争解与摩道?"良久又曰:"若知有事,争肯与摩道?"……(第100页上,第196页)

首先第一个质问,就是云岩所说的"只这个汉是"到底是何意思?

---

① "只这个汉"以及"只这个是",在马祖禅中,是作为如实的自身当下就是本来的自己的意思来使用的。比如《祖堂集》卷十八赵州章有如下一则问答。(?)部分因文字欠缺,难以判读;在[ ]内抄录《赵州录》中该当部分。

问:"如何是本来人?"师云:"自从识得老僧后,只这个汉,更无别。"僧云:"与摩则共和尚隔生也。"师云:"非但(?)生与万生也不识老僧[=非但今生,千生万生亦不识老僧]。"(第334页下,第661页,参见秋月龙珉《赵州录》,筑摩书房,《禅の语录》11,1972年,第236页)

至于"只这个是"的例子,请参见前节所引用的东寺如会与南泉的问答。再者,第二章第三节所引用的《寒山诗》中也有"只这是"语,也同义。

洞山说:"当初我就已错误地理解它了。"意思是说,对于"当下性"的自我理解的这种见解,我自己也险些掉进陷阱了。因此,云岩并不是一开始就回避这种见解,而是勉勉强强地在其跟前,才幸免于难的,所谓"泊~"的说法,就反映了这层含义。也就是说,他终于得以站在了"一脚在外,一脚在内"这一关键的一线上了,是一种充满实感的言句。①

接下来第二个质问,很可能其中也包含了云岩最终连"一则事"也未听到就离世而去的那个故事。洞山说:——云岩正因为知道有"一则事",所以才可以说得;而且,正因为不知道,才敢如此说来。这绝不是否定性地批评云岩的不知,倒是对于云岩处在"知有"的境地却未挥袖而去,滞留在"知有"与"不知有"的中间却毫不介意地在关涉第二义的情况下说出这么样的一句,表示深深的感谢。由此可知,对于云岩未闻"一则事"而死去,即终生未悟的事情,赋予了比闻"一则事"而大悟还要更高一层的内涵了。而且,这与洞山本人谢绝云岩"说破",从而云岩生前未悟的故事相重叠,因此,形成了非连续的未悟与不说破相承的一种自觉。云岩未曾听到的地方,后来,道吾"仔细"地向密师伯说(南泉章),而由密师伯来证明洞山之师是示寂后而成道(云岩章),这样的叙事方法,也许是无名的传记作者因为不能排遣内心的不安,在药山—云岩—洞山这一"未悟"与"不说破"的系谱上面,作为一种强有力的支撑棒,试图配上了药山—道吾—密师伯—洞山这一"说破"系谱的缘故。② 然而,果真如此,那这其实是一种多

---

① 石井《道元禅の成立史的研究》(大藏出版社,1991年)第一章第一节《宗密の五种禅考》,以"泊……"一语为线索,论述青原——石头系(具体指洞山门流与雪峰门流)的禅是无限向上的禅,是对"动态性未完成"持久地行持下去的"八九成"的禅,颇富启发。

② 据《景德传灯录》,两则故事分别是以如下的情况被记载下来的,但都未见有"密师伯"出现。卷14道吾章:"云岩临迁化时,遣人送辞书到。师展书览之曰:'云岩不知有,悔当时不向伊道。然虽如是,要且不违药山之子。"(第278页下)卷15洞山章,又问云岩:"和尚百年后忽有人问还邈得师真,如何只对?"云岩曰:"但向伊道即这个是。"师良久。云岩曰:"承当这个事,大须审细。"师犹涉疑。后因过水觌影,大悟前旨。因有一偈曰:切忌从他觅,迢迢与我疏;我今独自往,处处得逢渠。渠今正是我,我今不是渠;应须怎么会,方得契如如。(第297页上)

余的忧虑。因为，洞山既不是错失了理应听到的良机，也不是错失了理应大悟的因缘。如果听到，必定开悟。所以，他未认可其听到。而且，正因为未曾听到，后来在过河时，终于获得了遭逢永远处在悟与未悟中间的"这个汉"。洞山绝不是迟迟费时地通过克服迷惑而得到开悟，而是通过映在水上自身的形象再一次地发现了所谓离迷却又未悟的云岩禅的意蕴。

这件事情，洞山在成为一代禅师，活跃于禅林之后，仍然常常为云岩设斋，当做一个重要的话题。以下引文均见于卷 6 洞山章（仍省略后人的拈提部分）。

问："师见南泉因什摩为云岩设斋？"师曰："我不重他云岩道德，亦不为佛法，只重他不为我说破。"（第 118 页上，第 232 页）

"师曾参访南泉时，为什么为云岩设斋供养？""我不是看重云岩的人德，也不是为了佛法。只是为了尊重云岩未曾为我说破而已。"

因云岩斋，有人问："和尚于先师处得何指示？"师曰："我虽在彼中，不蒙他指示。"僧曰："既不蒙他指示，又用设斋作什摩？"师曰："虽不蒙他指示，亦不敢辜负他。"（第 119 页上，第 234 页）

在为云岩设斋供养时，有人问："和尚从先师云岩，得到了什么指教？"洞山："我虽在云岩门下参学，但未得到云岩的指教。""那您为何为云岩设斋？""虽未得到云岩的指教，但不能辜负云岩的栽培之恩。"

又设斋次，问："和尚设先师斋，还肯先师也无？"师曰："半肯半不肯。"僧曰："为什么不全肯？"师曰："若全肯，则辜负先师。"（同前）

又有一次在为云岩设斋供养时，有人问："和尚之所以如此为先师云岩设斋供养,是不是您肯定了他?"洞山:"一半肯定,一半不肯定。""为何不全都肯定?""如果全都肯定,那将违背先师之恩。"

可以说,这两则都是再一次地确认了以"未悟"与"不说破"为基础的一种非连续性师资相承的问答。洞山正是从云岩的"不说破"中,感受到了先师的恩义,所以,说"虽不蒙他(云岩)指示,亦不敢辜负他。"这一句话,与道吾评价云岩"虽然如此——未闻一则事而终——但不违药山之子"的说法相呼应,相互共鸣。而且,最后"半肯,半不肯"一句,又与前述的"知有"、"不知有"的问答相重叠。正因为云岩是"知有",是"不知有",所以,洞山对此的态度,也不得不"半肯,半不肯"。然而,不言而喻,这里说"不知有"也好,说"半不肯"也好,都绝不是对先师的批判。云岩一方面既关涉于"知有"与"不知有"两者,同时,另一方面又通过其"不说破"而获得了保持在不属于它们两者任何一方的中间场域,为了追念先师之恩德,洞山便设斋供养。

——离这岸,未到彼岸。

一言以蔽之,这就是他们的禅思想。

五、洞山好个佛,只是……——结语

如果说马祖系的禅是将悟的肯定形(悟)与否定形(不悟)相等同,那么,我们似乎可以说,石头系则是一种置身于悟的未然形(未悟)的禅。我们之所以常常从石头系禅者的语言中,感受到某种深奥而又永恒的余韵,其原因就在这里。

然而,所谓一直处在"本来性"与"当下性"境界上的这一做法,同时又是与置身于这种微妙而又暧昧的中间状态,从而得不到自由的一种极限,互为表里的。

卷七岩头全豁章,有如下的问答:

罗山问:"和尚岂不是三十年在洞山又不肯洞山?"师云:"是也。"罗山云:"和尚岂不是法嗣德山又不肯德山?"师云:"是也。"罗山云:"不肯德山则不问,只如洞山有何亏阙?"师良久云:"洞山好个佛,只是无光奴〔=光彩〕。"(第137页下·第270页。"无光奴",卷9罗山章作"无光彩")

弟子罗山问:"和尚三十年住在洞山,却未肯定洞山,是不是的?"岩头:"是的。""和尚嗣法于德山,可是又没有肯定德山,这也是真的吗?"岩头:"是的。""和尚没有肯定德山,暂且不管它,那么,洞山有何不对之处吗?"

岩头沉默良久,慢慢地开口说:"洞山是一位了不起的佛,只是无光彩。"①

岩头章中,还见有如下批判洞山"过水偈"的一段话。一同行脚的岩头和雪峰,走到鹅山(后世文献作鳌山)时,受阻于一场大雪,于是雪峰因此而大悟。以下是最为大家所熟悉的该话头中的一部分。

---

① 罗山结合这一问答,后来留下了如下的问答:
轸上座问:"只如岩头和尚道'洞山好个佛,只是无光彩,'未审洞山有何亏阙便道'无光彩'?"师唤无轸,无轸应诺。师云:"酌然(灼然)好个佛,只是无光彩。"轸云:"大师因什摩拨无轸话?"师云:"什么处是陈老师拨汝话? 快道! 快道!"无轸说不得,师便打之。(《祖堂集》卷9罗山章,第187页下,第369页)
这与马祖及其门下的情况相同,批判无轸没有发现自己"应诺"的作用是"无光彩",旨趣单纯。从岩头对洞山的评语中,我们也能感觉到一种更加深刻而又强烈的图式化的批判,乃至某种苦涩性的东西。总之,就其基本论点来说,他认为洞山禅的不足之处在于缺少现实态的活力和生机,这是不必怀疑的。
再者,《景德传灯录》卷9薯山慧超章,载有慧超与洞山关于如下一则问答。虽不见于《祖堂集》,但如果这是事实的话,那么,可以说岩头的评语则是以慧超的言说作为对象的。
洞山来礼拜次,师曰:"汝已住一方,又来这里作么?"对曰:"良价无奈疑何,特来见和尚。"师召:"良价!"价应诺。师曰:"是什么?"价无语。师曰:"好个佛只是无光焰。"(第143页上,禅文化研究所训注本第3册,第327页)
慧超是东寺如会的法嗣,见录于慧超章的,只有一则问答。这一问答认为,洞山不能把握自己"应诺"的作用是不究竟。与前述罗山、无轸的问答,旨趣相同。但主旨过于单调,却让人有点放心不下。不可否认,它是在洞山陈述自己的禅法之后,为了与其相对抗而试图宣示马祖禅的优越的一种创作。

师共雪峰到山下鹅山院。压雪数日,师每日只管睡,雪峰只管坐禅。得七日后……又因洞山曰"切忌随他觅,迢迢与我疏;我今独自往,处处得逢渠。渠今正是我,我今不是渠;应须与么会,方得契如如。"师便喝云:"若与么则自救也未彻在!"峰云:"他时后日作么生?"师云:"他时后日若欲得播扬大教去,一一个个从自己胸襟间流将出来,与他盖天盖地去么!"峰于此言下大悟,便礼拜,起来连声云:"便是鹅山成道也!"(第 138 页下,第 272 页)

岩头与雪峰一起来到了山腰下的鹅山院。因大雪受阻,滞留数日,岩头只是睡觉,雪峰只管坐禅。如此过了七天后……于是,岩头举洞山所谓"过水偈",说:"如果这样,非但救他人,即便救自己,也算不了什么彻底。"听后,雪峰问:"那今后该如何是好?"岩头说:"从今以后,如果要弘扬根本之宗旨,非得一个一个地全部由自己的胸襟中流出,并且覆天盖地。"雪峰听后,于言下大悟。然后,立刻礼拜,起立连声大叫:"这就是鹅山成道!"

岩头在法脉系谱上,属于青原、石头的谱系,而且又是年长,拥有深受洞山亲自教诲的经历。然而,尽管如此——但同时又正因为如此——岩头痛感洞山的局限性,不得不对其进行批判。如同当年马祖禅自身内部出现对"作用即性"表示怀疑并予以批判的情况一样,石头系中也同样地不得不对"本来性"的内在沉淀,重新进行反对。"虽是一个好佛,但无光彩","不得不一一从自我胸中深处流露出来,像铺天盖地一般。"——这些无疑都是对洞山禅缺少在现实层面表现出的一种活生生的风格气色所进行的一种批判的言说[①]。

洞山禅的这种特质,带有后来宋代曹洞禅遭到大慧宗杲所批判

[①] 此后,一方面把马祖系的禅与石头系的禅双方作为共享资源,另一方面探索与两者的超越及其并用,将成为唐末五代禅宗的课题。有名的,所谓临济的"无位真人"之说,便是其尝试之一。请参见小川《语录のことば——唐代の禅》(禅文化研究所,2007 年)第三部《临济の无位の真人》。

的所谓默照邪禅相同的宗风,也是不无关系的。然而,在另一方面,非常有趣的是,探索"当下性"自我与"本来性"自我之间的不一不异、不即不离关系的这种做法,在后来继承了大慧流派的看话禅,也被视为参究的课题了。比如《无门关》第 12 则公案"岩唤主人",第 30 则公案"倩女离魂",第 45 则公案"他是阿谁"等,便是其例。正如第一则公案"赵州无字"所处理的情况一样,《无门关》无疑是一部鲜明地表达了大慧系看话禅乃简便的教科书式的作品。这里试引用其中的"倩女离魂"一则公案看看。被称为"倩女"的姑娘,身体被分成两个,一身跑到蜀地陪伴丈夫,另一身则在一直住在衡州的父母身边,躺在了床上,充满着传奇色彩,是宋代五祖法演的一则公案。法演是圆悟克勤的师父,大慧是圆悟的法嗣。

五祖问僧云:"倩女离魂,那个是真底?"①

"分成两人的倩女,到底哪一个是真身?"本则就只有这么一句。对此,无门慧开如下进行评论:

无门曰:"若向者里悟得真底,便知出壳入壳,如宿旅舍。其或未然,切莫乱走。蓦然地水火风一散,如落汤螃蟹七手八脚,那时莫言不道。"

"如果此时悟到了真身,那应该知道它离开肉体,进入别的肉体,就像住在旅馆一般。如果还未悟到,则应该停止四处奔走。若是如此,忽然四大离散,至死期来临,便像掉进热水中的螃蟹,其结果就是

---

① 《无门关》的引用,依据了柴山全庆《训注无门关》(其中堂,1997 年版)所揭示的本文。但以下的训读和解释是依据拙见,是笔者重新进行的一种尝试,没有依从传统的做法。倩女的故事出自唐陈玄祐撰《离魂记》。(汪辟疆校录《唐人小说》,上海古籍出版社,1978 年)

手脚乱动,那时则不说未曾听到。"①

接着,该则公案最后以无门如下的"颂"作为总结。

　　云是同月,溪山各异;
　　万福万福,是一是一。

不用赘言,"云月","溪山",分别是"本来性"和"当下性"的一种比喻。"本来人"与活生生的自我,两者是一? 还是二? 无门慧开向我们发出了如此的质问。②

---

① 此则评语将"本来人"作为神不灭论式的恒常性的实体来把握。但据这里我们所讨论的石头系禅者的言说,并未发现把它视为一种超越肉身生灭而永存的灵魂的文字。不过,在被看做是石头作的《草庵歌》中,这种倾向鲜明地得到了咏赞。《草庵歌》,在《祖堂集》中不见收录,今天,我们可以依据《景德传灯录》卷30(第626页下)了解其情况;似乎随着时代的推移,发展成了将"本来人"视为一种实体的倾向(待考)。关于《草庵歌》的解释,请参照土屋昌明、依川贤次、小川隆《赖瓒和尚〈乐道歌〉考——〈祖堂集研究报告会之三〉》,载《东洋文化研究所纪要》第141册,2001年,或小川《赖瓒〈乐道歌〉の背景——无事と山居》。

② 是将活生生的自己如实地视为自己的全部,还是想象出一个与其层面相异的内在性的"主人公",这种两者相异的观点,即便到了明代,仍然成为分裂禅思想的两大对立点。详见野口善敬《明末に於ける'主人公'論争——密云圆悟の临济禅の性格を巡って》(《哲学年报》第46辑,1986年),同氏《雪关智誾と'主人公'论争》(《中国哲学论集》第26期,2000年)等。

第二章 《碧岩录》与宋代禅

第一节 禅者的后悔——围绕《碧岩录》第 98 则公案

一、解读《碧岩录》

外山滋比古《古典论》(みすず书房,2001 年)列举许多实例,如下反复的阐述说:

> 作品本身可不能成为古典。经过第三者的理解之后,或者出现了针对当初的原作的异本之后,这时古典化进程才得以开始。不产生异本的那种作品,最终也不能成为古典。异本作为古典诞生的母体,具有极其重要的意义。看似破烂的文本,我们便把它抛弃,是一种错误的做法。

其实,与上面所讲的情况相比,禅的问答也并不例外。同一个问答,字句相异,甚至连论旨大异其趣,却被众多禅籍所收录,这种情况,根本不足为怪。这既可以看作是原来的问答中蕴含的多义性被后世的读者进行了各种各样的引用;或者与此相反,又可以看做是原来的问答就已具备了吸收各种不同解释的丰富内涵。不管如何,对于被众多禅籍所采录,长期以来受到人们青睐的问答来说,可以认为,其中必然蕴含着发人深省的某种东西。

如果说唐五代的禅问答是"原作",那么,宋代就是诞生了大量与其相应的"异本"的时代。这不是一种误传、讹传之类,其实,倒应该说是根植于宋代禅的价值观和思维方式的,一种自觉性的关于禅的重新诠释、重新建构而产生的结果。

当今,一般所认为的禅门的传统思维和实践形态,大凡都与宋代禅存在着渊源关系。因此,流传至今的禅门的传统,与宋代禅的思维之间,难以分割开来,已成为了一体化;而长期以来,用宋代典籍和宋代禅的思考来论述唐代禅者的言行和气质的做法,似乎并没有引起我们的注意。这样做的结果,不仅对于唐代禅的本来面目,而且对于与其相对比来理解的宋代禅的相对独立性,也得不到充分的理解。这当然是一件令人遗憾的事情,但从某种角度来说,这又不得不说是一个很自然的趋势。

有鉴于此,本章将以《碧岩录》中的几则公案作为题材,拟对唐代禅发展至宋代禅的演变过程进行考察。《碧岩录》是当今最享名望,且流布最广的一部禅籍。然而,这里并不是因为它享有盛名的缘故,而是因为从该书中,我们可以发现由唐代禅发展为宋代禅的诠释性转化进程情况的缘故,试图以此作为线索,对该书进行一番解读。如果借用前述的比喻,那便是:对于从唐代的禅问答这一"原作"生成发展为宋代禅"异本"的过程,我们可以从《碧岩录》中得到解读,这就是本章所要探讨的课题。

《碧岩录》,一言以蔽之,是圆悟关于《雪窦颂古》的提唱言录。《雪窦颂古》是由北宋初雪窦重显(980—1052)择选古人有关禅的言行记录,即所谓古则公案百条,并附以诗偈的一部禅籍;对所择选的公案,称为"本则",而雪窦自己所附的诗,称之为"颂"或称"颂古"。北宋后期,圆悟克勤(1063—1135)把他在几座寺院讲读的记录,依照顺序,经过整理而成的,便是《碧岩录》。现在通行的《碧岩录》的版本,都是以元代张明远的开版本作为祖本的;虽略有出入,但可以概括为一种"通行本"。而比它更早的,记载宋代时期形态的唯一一部写本,是南宋时期道元从宋朝带回日本的《佛果碧岩破关击节》。传说,该书是道元在回国前,因得到了白山权现的助力,一夜之间抄写而成的。由于这种传说的缘故,一般通称它是"一夜本"或"一夜碧岩"等。《雪窦颂古》与通行本《碧岩录》,在本则的排列方面虽有出入,但一夜本的结构,与《雪窦颂古》相一致。因此,这旁证了一夜本应该是传承了宋代古老形态的本子。当然,因为是手抄本的缘故,不免存在着字句错误、脱落的情况。不过,总体来说,它保存着宋代古老形态的事实,是应该得到我们尊重的。本章以下的考察,将以一夜本作为底本,对《碧岩录》进行解读。

以下引用时,将依据如下各校订本、译注本。关于作者、版本以及与《碧岩录》相关联的注释书籍,可参照如下岩波文库本上卷入矢义高的《解说》和沟口的《解题》,以及下卷末木的《〈碧岩录〉を読むために》等,这里不作深入介绍。

雪窦颂古:入矢义高、梶谷宗忍、柳田圣山《雪窦颂古》(筑摩书房,禅语录 15,1981 年)

一夜本:铃木大拙编《佛果碧岩录破关击节》上、下册(岩波书店,1942 年,引用时,主要参考了大拙的校记。同时,对误字的修改用[＝]表示,对文字的补充用[　]表示,作为衍化字,除进行解释外,用〈　〉表示)

通行本:入矢义高、沟口雄三、末木文美士、伊藤文生译注《碧岩录》上、中、下(岩波文库,1992、1994 年、1996 年)

据一夜本,《碧岩录》各则公案的结构,是如下排列的:

"示众":置于该本则公案的前面,序论(有的缺)

"本则":雪窦择选的古则公案

"著语":本则公案中所插入的圆悟的短评

"颂":雪窦关于本则公案的颂

"著语":雪窦颂中所插入的圆悟的短评

"本则评唱":圆悟关于本则公案的解说

"颂评唱":圆悟关于雪窦颂的解说

据通行本,其顺序被改变成:先是"示众"(通行本作"垂示"),其后是"本则",依次是"本则评唱",继"颂"之后是"颂评唱"(关于"本则"与"颂"分别插入了"著语"这一点,一夜本和通行本也相同)。圆悟的提唱,实际以什么顺序、形式所进行,我们不得而知,但总体来说,《碧岩录》令人费解的原因之一,无疑在于该书拥有多层重叠的成立背景和复合性的结构情况。

首先,有不少古则公案既未附有"示众",而且即便附有"示众",也并非直接涉及本则的内容,而是多用对句,兼列禅的成语、成句而成的,读来让人感到一种不外乎常见的俗套的印象。而且,相同的示众(垂示),在一夜本与通行本之间,也有冠以不同古则的情况,而是否与本则的内容之间拥有直接的必然关系,不得而知。(一夜本附录,铃木大拙《佛果碧岩录破关击节の刊行に际して》,第22—28页)

再者,"著语"(也称"下语")都带有即兴性,且零散性,因此,或一处有数句著语,或虽为同一个著语,但一夜本与通行本却放在不同的地方,这也让人难以把握它们与本文之间的关系,以及与著语之间的相互关联(同前,第28—34页)。这正如大拙所指出的那样,也许是因为在不同的地方所做的数次提唱记录,经过不同的阶段之后,最后收集在一书之中这一错综复杂的编纂背景,从而造成了各个不同场合所叙述的著录最后被收集在一处而刊行的结果(同前,第30页)。因此,尽管这种情况不能忽视,但我们以"示众"、"著语"为线索,追寻本则和颂古的论旨,在现阶段,不得不说几乎是不可能的事了。

与此相对,圆悟所充分展示广长舌的"评唱"部分,不仅在分量上最多,而且在内容上也特别重要。在这里,它一方面引用其他的逸闻、问答,一方面讲述圆悟的观点;常常在批判同一时代的一般说法的同时,另一方面又对本则公案予以新的解释。禅者的言说,虽然往往不明确指出其结论,一味地直截了当地要求人们自己去领悟,这虽无可厚非,但不管如何,其中反映了圆悟本人的主张,而我们从中可以了解到圆悟试图以崭新的观点去改读唐代禅者言行的思想印迹。至少在现阶段,笔者深信,从学术上解读《碧岩录》的工作,归根结底,其实只有去阅读其中的评唱了。

以下从《碧岩录》全篇来看,虽属少量的,不很全面,但笔者还是想择选其中富有特色的几则公案,并从这些公案的评唱中,探讨一下由圆悟所进行的将唐代禅转换解读为宋代禅的情况。

二、《景德传灯录》所载的天平从漪

《碧岩录》第98则公案,载有题为"天平行脚"(通行本作"天平和尚两错")的话头,是关于生活在五代至北宋初年的一位叫天平从漪的禅僧在修行阶段挂单于西院思明禅师门下所发生的事情。这是被很多书籍所收录而广为大家所熟悉的一则公案。这里,拟以《碧岩录》作为线索,通过与后世的解释相对比,试着对此话头进行笔者自己的解读。将笔者自己所解读的原意作为一个起点,来追寻某个话头演变的足迹,相信它能比较自然地对《碧岩录》这本书,甚至对宋代禅宗的部分特性,得到一个明确的了解①。

首先,我们通过最早的记载《景德传灯录》卷12汝州西院思明禅师章,来读一读该问答吧。该话头依照时间顺序,分为前后两段,这里暂且引用其中的前一段。

> 僧从漪到法席,旬日乃曰:"莫道会佛法人,觅个举话底人也无。"师闻而默之。漪异日上法堂次,师召:"从漪。"漪举首。师曰:"错!"漪进三两步。师又曰:"错!"漪复近前。师曰:"适来两错是上座错,是西院错?"曰:"是从漪错。"师曰:"错!"又曰:"上座,且这里过夏。待共汝商量这两错"。漪不肯,便去。(第246页)

从漪后来嗣法于襄州(今湖南省)清豁洪进(嗣罗汉桂琛),住持

---

① 解读本则话题时,笔者参考了入矢义高监修、景德传灯录研究会编写的《景德传灯录》第4册(禅文化研究所,1997年,第566页)以及入矢义高遗稿《禅语录译注抄——(六)真字正法眼藏卷下(84)》(西口芳男整理,《入矢义高先生追悼文集》,汲古书院,2000年,第114页)。对入矢义高给予笔者的深厚的学恩,谨表感谢。

相州(今河南省)天平山。《传灯录》卷 24 洪进章,载有他的开悟因缘;卷 26 天平从漪章,载有他担任住持之后的问答。上面所引用的,是从漪尚为一个修行僧到诸方进行参学时期的事情;记载他投到汝州(今河南省)西院思明法席,经过约 10 来天对门下大众的情况摸底之后,不慌不忙地夸口说道:

——岂止无一人会得佛法,甚不言有一人举话者。①

所谓"举话",就是举话头的意思,具体指以古人的言行作为主题,发出禅法上的问答②。也就是说,从漪一边睥睨西院的门人会下,一边夸口说:这里不仅没有了解禅的人,甚至连提出禅问答的人也没有。

禅语录中常常可以看到这种参访各地僧堂,阅历丰富,看似颇为自信十足的行脚僧的出现。《传灯录》卷 9 沩山灵佑章所见的如下两位"禅客"等,姑且可算做是一个例子。

石霜会下有二禅客到,云:"此间无一人会禅。"后普请般柴,仰山见二禅客歇,将一橛柴问云:"还道得么?"俱无语。仰山云:

---

① "莫道",不同于传统的读法,在这里,与接下来的"也"相呼应。"莫道……也",是表达"不用说……甚至……"意思的句型(相当于后世的"休说"和现代汉语的"别说"、"不用说")。比如,"莫道体不得,设使体得,也只是左之右之"(《景德传灯录》卷 14 云岩章,第 281 页下)、"莫道会佛,佛法也会尽"(《五灯会元》卷 6 亡名行者,中华书局点校本,第 366 页)等例子。这是由前注所揭禅文化研究所训注本所指出的事实。不过,在此之前,入矢义高、梶谷、柳田所编的《血毒颂古》(筑摩书房,《禅の语录》,1981 年,第 270 页)则读成"莫道",同时认为该句不是从漪语,是西院语,提出了新的诠释。平田高士《碧岩录》(大藏出版社,佛典讲座,1982 年,第 391 页)也继承了这一读法。岩波文库本《碧岩录》下卷虽改读成"莫道……",但在该处注释说:"以下是西院语"(第 242 页)。这似乎是草率地将新旧读法的糅合所造成的矛盾的缘故。《天圣广录》该句作"莫道,要会佛法。"这也可以认为它是基于"莫道"的一种解释(见后注所揭影印宋本,第 467 页下)。

② 关于"举话",可参照如下例句。《传灯录》卷 23 奉国清海章,"问:承古人云:'见月休观指,归家罢问程。'如何是家? 师曰:'试举话头看!'"(第 463 页);《碧岩录》第三十八则本则,"穴云:'还记得话头么? 试举看!'"(中册,第 74 页)

"莫道无人会禅好"……（第 135 页下）

在这一段话中，接下来还有沩山与仰山的问答，这里从略。这里，我们只要了解到二位禅客所谓"此间无一人会禅"这种说法就足够了。夸口说会下没有一位高僧，这其实是对该处禅师的一种挖苦或嘲笑，或者说是一种胜利的宣言，无论是对于这个场合而言，还是对于从谂而言，都是一样的。在需要"上下均力"的"普请"（百丈《禅门规式》）的情况下，唯独两位禅客泰然自若的跑来放肆，这无疑说明了他们是针对在石霜门下所学的禅产生的一种慢心，而且，对于作务这种修行以及看到仅以作务为能事而不解禅意的沩山门徒的情况，表示出的一种蔑视的态度，从而遭到了被仰山巧妙地予以惩罚的下场，而在西院会下初出茅庐的年轻时的从谂，也曾一度吐露过同样的慢心。

西院一言不发地目睹了从谂所发生的这一情景之后，一天，看到从谂上法堂，突然呼喊从谂的名字："从谂!"从谂不知所措，举起头来。这时，西院不容分说地说出一句："错!"从谂却急步走起来了。然而，西院又不容分说地说："错!"

后来圆悟对此评价说："他（从谂）却不荐，自知道我肚子里有'禅'，莫管他（西院），又行三两步"（一夜本《碧岩录》下，第 158 页）。解释为一种因为增上慢的缘故，所以试图对西院的行为予以漠视的意思。然而，在这里，似乎并非如此，而是变成从谂开始向周围演示自己在各地参学到的非常得意的"禅"的意思了，这是我们不能忽视的地方。所谓"进三两步"这类带有动作量的说法，并非为了实际上的移动，而是常常表示把某个阶段的行为演示给人看的意思①，而且，如下面翠微无学的例子所说明的，是因为师父用"错"来打断学人

---

① 例如《传灯录》卷 6 百丈惟政章："师下禅床，行三步，展手两畔，以目视天地云：'大义田，即今存矣！'"（第 93 页下）。《赵州录》："投子乃下禅床，行三五步，却坐云：'会么？'"（秋月龙珉编，筑摩书房，《禅の语录》11，1972 年，第 368 页）

的应对,以及学人用步行这一最为平常的行为而予以回应的情况。在古人的事迹中,我们可以看到确凿的先例:

> 初问丹霞:"如何是诸佛师?"丹霞咄曰:"幸自可怜生,须要执巾箒作么!"①师退三步。丹霞曰:"错!"师却进前。丹霞曰:"错!错!"师翘一足,旋身一转而出。丹霞曰:"得即得、辜他诸佛"。师由是领旨,住翠微。(《景德传灯录》卷 14 翠微无学章,第 277 页下)

如上述例子所示,对学人的行为,呵斥说"错",未必就是针对其是非得失所作的评价。倒是为了试图让学人剥掉表面上的陈见,呈示出真实的全部的自己,师家所采取的接化学人的一种策略。

然而,与上述例子相异,本则公案中的从漪,并未呈示出任何东西。为此,他走到西院跟前说,都是自己的错。从漪老实可爱地认输了。可是,对于从漪老老实实地承认自己的错误这件事情,西院甚至还说出一个"错"字,予以摈弃;终于到了进退之极限了——或者也可以说至此才真正得到了进退的极限——面对如此的从漪,西院将态度一转,用极其温和的语调说道:夏安居你可以在这里度过,我们慢慢地探讨这个问题吧。对此,从漪却谢绝了西院的劝告,当场告辞西院门下而离去了。可以想像,凡是通过向在诸方禅师那里参学而积累的"禅"去寻求一种先例,对此能够采取的后续措施,那只有毫不犹豫、毫不动摇,潇洒自如地离开现场,拂袖而去了。比如,在前述翠微

---

① "幸自可怜生,须要执巾箒作么",意思是叱责对方好不容易拥有了一个完整的自我,却又特地去希求什么"诸佛之师"之类的绝对者,岂不是把自己降到一个下贱地步的做法吗!"执巾扫",意指拿着抹布、扫帚从事低下活动。最早在《左传》僖公 23 年中有"执巾栉"一语。接下来在《三国演义》第 33 回中有"执巾扫"的用例(吴士勋、王东明《宋元明清百部小说语词大辞典》,陕西人民出版社,1992 年,第 1289 页)。通常比喻为人妻妾,这里似指随从者、下仆。这一句的意思,与《传灯录》卷 5 慧忠国师章如下一语相通,"耽源问:'百年后有人问极则事作么生?'师曰:'幸自可怜生,须要个护身符子作么?'(求什么极则事这类护身符有何用呢?)"(第 85 页下)

无学以及其师丹霞天然的记述中,有如下的问答:

>……见国师,便展坐具。国师云:"不用,不用!"师退步。国师云:"如是,如是"。师却进前。国师云:"不是,不是"。师绕国师一匝便出。国师云:"去圣时遥,人多懈怠。三十年后觅此汉也还难得"(《传灯录》卷14丹霞天然章,第271页上)。

从漪的做法尽管模仿了这些先例,但不具备与此相应的实质内容。从此之后,从漪既未开悟,而且,关于他接机对应的方法,也未得到师父的赏识。

因此,本则公案的前段,以空乏无味而结束。对因行脚的偏差而不慎变成为一名傲慢无比的修行僧,试图以刚柔两样的策略进行接应的老练师家的故事;或者,虽说是师父的一片婆心,却因为慢心的缘故而不能得到理解,成为可怜的自了汉、担板汉的故事;如果是这种程度的话,那么,我们可以把它们当作这类话题来解读。然而,故事如果这样就算了结,那么,这个故事的意义,充其量也不过是表达了一种愚蠢的反面教师的形象,以教诫修行僧罢了。而且,如后所述,圆悟曾经将这种旨趣视为本则公案拈提中的重要意义之一。果真如此,那这个故事则不免太过于索然无味了。

这里,接下来我们来解读一下该话头的后段部分。

>后住相州天平山。尝举前话曰:"我行脚时被恶风吹到汝州。有西院长老勘我,连道三错,更待留我过夏商量。我不说恁么时错。我当时发足拟向南去,便知道错了也。"(第246页)

从漪后来成为一位出色的禅师而住持天平山。因此,当时他已经是一位年迈的老人了。一天,他对身边的门徒们讲述了上述这段话。其中,关于他回忆与西院之间的一段因缘问答,是如前所述的内容,所以不再重复。这里,成为问题的,是从漪最后的一段话语。

　　——我不说恁么时错。我当时发足拟向南去,便知道错了也。
　　(——我不想说当时是错了。不过,当时正要向南去,正要迈脚的那一瞬间,我开悟了。啊! 原来是我错了。)

"恁么时",当然是指在西院会下时的一段因缘。从漪说,当时,接二连三地被西院说"错"!"错"! 现在想起来,当时其实什么也没错。不过,"当时"正要向南方去行脚时,自己终于明白:"错了也!"——啊! 原来我犯了无法挽回的错误。

　　这里,"拟"与"便"的呼应以及"错"与"错了"的对比发挥了作用。之前,并非"错",但正要举步向前走的那一刻,便知道"错了"①。如前所述,西院的"错",并不是说事先有什么恰当的答案,而从漪的解答,则与其不相吻合。西院的目的,就是在于试图封杀从漪在诸方参学所积累的,得意洋洋的"佛法"、"禅"——所谓带引号的——令其放下。即便从漪展示了其他任何对应的方法,恐怕西院的回答也不会有什么改变的吧。这样一来,从漪终于返回到了空白状态;西院的指教,也从此慢慢地展开起来了。
　　然而,从漪并不知道这个——不是,是明明白白地知道,却无声无息地离开了现场。那一瞬间其实就是真正的"错",现在想起来,还如此令他后悔不已。从漪就是通过这一段文字,以表达自己苦涩不堪和悔恨莫及的感怀的。
　　从漪这种后悔之念,我们通过下面同样是与夏安居有关联的临

---

　　① "拟……便……",意指"正要……便……了",表达一种紧密相关的对应关系。参见衣川贤次《书评:入矢义高译注〈临济录〉》,《花园大学研究纪要》第 21 期,1990 年,142 页。又,关于表达完了形态的"……了也",在太田辰夫《〈祖堂集〉语法概说》(《中国语史通考》,白帝社,1988 年,第 177 页)中有解释。

济的故事相对照,可以更加深入地得到了解。

师因半夏上黄檗,见和尚看经。师云:"我将谓是个人,元来是揞黑豆老和尚!"住数日,乃辞去。黄檗云:"汝破夏来,不终夏去。"师云:"某甲暂来礼拜和尚。"黄檗遂打,趁令去。师行数里,疑此事,却回终夏(入矢义高《临济录》岩波文库,1989年,第195页)。

临济自己曾经一度对黄檗失去过信心,所以便放弃安居,离开黄檗而去。然而,当走到几里路程时,发现有点奇怪,便返回原地,结果还是在黄檗门下圆满完成了夏安居。通过胸中萌生的一抹疑念,临济得以重返修行的起点。与此相对,从漪在出发的那一瞬间,清晰地觉悟到自己的过错,尽管如此,却照样地离开现场,挥袖而去,最终也没有返回到西园门下。而且,从漪即便后来成为一方的住持,为人师表,却仍然为此深感后悔。一般说来,既然已在清豁洪进的门下最终得到了开悟,而且还嗣法了,因此把在西院门下所发生的这一件事情看做是年轻气盛的过去,而付之一笑,或者简简单单地把它忘掉,也应该无妨大事。然而,在清豁那里得到悟道之后,从漪仍然没有解消后悔之念,反而随着年龄的增长,日益加深了。这样的解释,也许被读者笑之为一种太过于幼稚的、庸俗的感伤吧。然而,在大多数以师徒之间的一次性问答记录作为宗旨的禅语录中,这个故事具有年轻时的失败和后来晚年的告白这一故事性很强的两段结构;笔者认为,这其中理应具有深刻的涵义。如果没有这两段历经半辈子的经历,以及伴随而来的心情上的曲折,那么,这段故事恐怕将成为一个极其平板、毫无深度的东西了吧!

三、《碧岩录》中的天平行脚

然而,这段故事,迄今似乎没有得到下面这样的解读。该故事自其成立伊始,便被改读成了其他的含义;有宋以来,也一直是以别的形式被解读下来的。比如在《景德传灯录》中,附在本则公案中的首山省念的著语，是下面这样说的：

> 据天平作恁么会解，未梦见西院在。何故？话在（第246页）。

这是把从漪的句子断定为从漪直到最后以不解西院的意思而告终的一段评语。

又，据继《景德传灯录》之后的《天圣广灯录》，从漪最后的语言变成了下面这个样子①：

> 某甲不说恁时错。我当初发足向南方行脚时，早知道错了也。

文字上的出入，看上去虽不多，但其含意则与《景德传灯录》大异其趣。如上所述，《景德传灯录》记载说，"当时"正要到南方行脚，而知道"错了"。在这里，它则被改为"当时"去行脚时，知道"早"错了等。与此同时，"南"一字，已偏离原来的地理上的含意，转换成意指包括善财童子的故事在内的一般行脚的修辞了。与此几乎同一时期成立的《雪窦颂古》作"我不道恁时错，发足南方去时，早知道错了也。"虽然简略，但意思仍然相同。《宗门统要集》、《碧岩录》、《联灯会要》、《五灯会元》等，都与《雪窦颂古》一样，文字基本相同。更者，《圆悟语录》卷19颂古以下，则写成下述的语句了。可以说，这些都是将相同的含义进一步地进行了夸张的做法。

---

① 以下，关于各文献的对照，笔者从前揭入矢义高《译注抄》中得到了许多启发。各书的出处如下：《广灯录》卷14西院章（中文出版社，《禅学丛书》之五，影印宋本，第467页下），《雪窦颂古》（《禅の语录》，第270页，底本为《四部丛刊》本），《统要集》卷10天平章（临川书店，《禅学典籍丛刊》第1卷，影印宋本，第225页下），《会要》卷27天平章（《续藏》136—446左下，《禅宗全书》6—212下），《会要》卷11西院章（新文丰出版公司，影印宋版，第252页下），《圆悟语录》卷19颂古下（《嘉兴藏》本11丁左，《禅宗全书》41—362上）。然而，岩波文库本《碧岩录》"发足南方去时"作"我发足向南方去时"，但一夜本则与《雪窦颂古》的读法相同。见铃木大拙《佛果碧岩录破关击节》下，第156页，岩波书店，1942年。

> 我不道恁么时错。我未发足南方行脚时，早知道错了也。

意思是说，在尚未到南方出门行脚时，早知道"错"了。该处附载的圆悟的颂，赞曰："天平老，大忽草，为两错，悔行脚"。

由于本文如此这般的变化，结果便导致本则公案后段以下所谓从漪半辈子来一直后悔"当时"的一段脉络，完全被消失得无影无踪了。因此，该话头，有宋以来，就是专门以这样的本文作为前提被人们解释，被人们评论的（其他也有少量字句的差异，这里不进行探讨）。前面我们看到的首山省念的著语，相同的内容，也载于《统要集》、《会要》、《会元》的本则，但这些并不是以《景德传灯录》，而是以《天圣广灯录》以后的本文作为其前提，似乎才具有意义吧。

那么，《碧岩录》是如何解释这个故事的呢？① 如前所述，《碧岩录》是圆悟针对雪窦重显的《颂古百则》所提唱的一部著作，雪窦关于此则公案的颂，是下面这样咏唱的：

> 禅家流，爱轻薄，满肚参来用不着。
> 堪悲堪笑天平老，却谓当初悔行脚。
> 错！错！
> 西院清风顿销铄。

该颂后面，还附有如下雪窦的一句话：

> 复云：忽有个衲僧出云"错！"雪窦错何似天平错？

"如有一僧出来说'错'，那么，我的错与天平的错相比，如何呢？"

---

① 以下评唱中将选择只是与本则的解释直接相关的段落进行讨论。关于本则全文的通篇诠释，在小川《〈碧岩录〉杂考（13）—（23）》中，以通行本作为底本进行了说明。载于《禅文化》第197—206期（2005年7月—2007年10月）。

在该颂的第四句,有"却谓当初悔行脚"一语。这种解释,很可能是受到了如前所引用的《天圣广灯录》本文的影响①。雪窦也是按照"当初"去行脚一事的本身是一个错误这样的意思来理解从漪的言说的,所以被断定从漪到最后也未能理解西院的"错"的意思了。

那么,圆悟的解释又如何呢?首先,关于本则公案的前段,即天平从漪参访西院思明时,曾两度被呵斥为"错"的一段因缘,《碧岩录》的本则评唱是这样阐述的:

> 天平曾参进山主来。佗在诸方参得些子萝卜头禅在肚皮里,到处轻薄,乱开大口道:"我会禅会道,"寻常云:"莫道会佛法底人,觅个举话人也无。"屎臭气勋〔=薰〕人!只管轻薄。(下,第157页)

天平从漪曾经参访过清溪洪进。他游历诸方,学到了几个萝卜头禅,所到之处,随口便夸耀说:"我已会得'禅',会得'道',常说什么'非但会得佛法,即便举话头者也不见有一人'!"

这个熏人的屎臭气,只管随便轻薄!

如再三强调的那样,只要是以《天圣广灯录》以后的宋代的本文作为前提的话,那么,对于从漪的观点,采取毫不留情的批判态度,是难以避免的。圆悟在这里也沿袭这一脉络,骂从漪是一个丑恶的自了汉,说他把自己在诸方所参到的"佛法"、"禅道"予以偶像化,而且还把它常挂在心中,造成慢心,是一位高慢的修行僧,等等,这是圆悟反复予以批判的地方。而且,在后文所引用的这则评唱中,我们还能发现如下的言说:

---

① 在《雪窦颂古》以及《碧岩录》所揭示的本则话头中没有"当初"二字。但是,从此"当初"二字可以看出,雪窦是依照《天圣广灯录》的本文咏唱该颂的。这与柳田圣山提出的所谓以《广灯录》的成立为动机,雪窦完成了颂古百则的推测相吻合,见前揭《雪窦颂古》解说,第295页。

> 你若道我会他不会,担一枪禅,绕天下走,被明眼人勘著,一点用不著。(下,第159页)
>
> 只管诸方萝卜印子一印定了,便道:"我会禅道佛法奇特。莫教人知。"(下,第158页)

这些言辞,在理论上讲,与其说批判了在观念上对"佛法"、"禅道"的把握,倒不如说是把当下在圆悟面前听法的修行僧们的风气作为例子,以直截了当的话语方式,以讲述的口气,予以强烈的讽刺更为恰当①。也就是说,圆悟通过对本则公案的拈提,把从漪作为这种风潮的典型例子予以推出,试图以此作为对修行僧的一种勉励。接下来引用的一段,指出从漪关于回应西院的那句"行三两步",是增上慢的缘故,是试图藐视西院的一种做法,其实也是基于这一意图的一种表现(前面已引用了一部分)。

此前的理解,基本上与雪窦颂相重复。然而,圆悟的解释,并不就此完结。圆悟进而对西院两个"错!"的含义,依照本则,继续进行说明:

> 天平被西院叫来,连下两错,直得惆悴〔=周章〕惶怖,分疎不下。前不构村,后不构店。有者道:"说个西来意,早错了也。"殊不知西院者两错落处。且道,在什么处?所以道:"佗参活句,不参死句。"举头便是落二落三了也。西院云:"错!"他却不荐,自执道我肚里有禅,莫管佗,又行三两步。西院又云:"错!"依旧黑漫漫地。天平近前,西院云:"适来者两错,是西院错?上座错?"平云:"从伊〔=从漪〕错"。且喜勿交涉,已是第七第八也了〔=了也〕。西院云:"且在这里过夏。待共上座商量这两错。"平当时便行。似则似,是则未是。不道佗不是,只是跳不上。虽然

---

① 这又与圆悟本人年轻时的形象相重叠。见《圆悟心要》上,示普贤文长老(《禅宗全书》第41卷,第430页),大慧:《宗门武库》卷2(《禅学典籍丛刊》第4卷,第297页下)。

如是,却有些衲僧气息(下,第158页)。

天平从漪被西院叫住,接连两次被呵斥"错!",弄得从漪非常狼狈难堪,无言以对,进退两难。

对此,有人说:"说什么'西来意'的那一刻,其实早就错了。"说这种话的人,根本没有明白西院两个"错"的着落处在哪里。且道!这两个"错"的着落处在哪里?对此,有人说:"他应该参活句,不应该参死句。"(西院的"错",应该是"活句"!)

然而,当从漪自己的名字被呼叫,正要抬头时,从漪已经掉落到第二机、第三机了。为此,西院说了一句"错!"但从漪未能接受,执著于我见,只管想到"自己肚子里有'禅',对西院予以藐视,而且,大踏步地走起来了"。这时,西院再一次地说:"错!"可从漪依然黑慢慢地,处在不得明了之中。

西院向走过来的从漪问道:"刚才的两个'错',是我的错,还是你的错?"从漪说:"是本人的错。"虽令人可喜,却仍不关要点,早已落到第七机、第八机了。

这时,西院向他说:"那你就在这里过夏安居吧。关于这两个'错',我们一起好好商量一番。"可是,从漪当场就走了。说好似好,说对则非对也。不是说从漪不对,只是他未追究问题罢了。当然,与其相应的作为修行僧的气概,我们应该承认他是具备了的。

这里,从漪的回应,并不是以对与不对,而是专以快与慢为标准来裁决的。批判他落入第二机、第三机("落二落三"),甚至还落入第七机、第八机("第七第八"),便是其例证;在该段的最后,说"也不道他不是,只是跳不上",则更进一步地说明了这一点①。这与西院说的两个"错"的"落处"被总结为"他参活句,不参死句"具有一定的关

---

① "落二落三"、"第七第八",意指未能把握第一机的那一瞬间,落入措手不及的回应地步。参见小川《〈碧岩录〉杂考》(一),《禅文化》第185期(2002年7月)。

系。关于"活句",将在后面本章第五节再进行考察,这里我们预先就结论而言,所谓"活句",即是指与一切意涵和逻辑相断绝,因此是非理论性的,是足以成为瞬间激发契机的绝对的一句。在上述一段中,圆悟将西院的"错"看成是这种类型的"活句"了。

既然西院判定的"错"是一句"活句",那么,其中就不应该带有任何是非、对错这样的价值判断,如果要说有的话,那只有在当下把握那个一刹那的契机是否能够立刻开悟这一点之差罢了。因此,从漪遭到批判的地方,并不是什么理解上的错误,而是在于他因为满肚子装着既成的见解,失去了把握"错"那一瞬间上。对于相同的事情,圆悟后来通过对颂的评唱,也是这样进行解说的:

"错!错!"者两错,也有人道:"天平不会是错。"又道:"无语是错。"有什么交涉!"错!错!"如击石火,似闪电光。佗向上人行李处,如杖〔=仗〕剑斩人,真〔=直〕取咽喉,命根方断。若向此剑刃上行得,便可七纵八横。你若会者两错,可以〔见〕"西院清风顿销铄"(下,第160页)。

"错!错!"——对于这两个"错",有人这么说:"天平从漪未能理解到是自己的错。"也有人这么说:"不对,是他保持沉默了,所以错了。"这些都没有说到要害!西院的"错!错!",就像击石之火花,打雷之电光(即应于一刹那间直截了当地把握的"活句")。对于佛法具有向上根机的人,他们的做法,犹如手握刀柄,向人一刀斩去,只有立刻取下对方的咽喉,其命根方可断绝。如果在这个锐利的大刀刃上能够行使自如,那么,纵横无尽的作用,便为我所使用;如果会得这两个"错",即可目睹"西院之清风顿时消散"①。

---

① "若向此剑上行得",有点难解。在第41则垂示中,有"向冰凌上行,剑上走"句。参考该句,可解释为突破危险关头时分的意思。鉴于与前面句子的联系,我们姑且解释它是比喻突破了在危机万分中,当下向喉咙斩去的那把"错"的刀子。

以上是圆悟对本则公案的前半部分所进行的论评。那么，对于本则公案的后半部分，即天平从漪晚年的话语，圆悟又是如何评论的呢？

> 后住院，谓众云："我当初行脚时，被风吹〈倒〉到思明长老处。连下两错，更留我过夏，待共我商量。我不道怎么时错，发足南方去时，早知道错了也。"复前意，欲拔本。者汉也煞道，只是落七落八，料掉勿交涉。如今人闻道"发足南方去，早知道错了也，"便道："未行脚时，幸自无许多佛法禅道。及至行脚后，却被诸方热瞒，不可未行脚时，唤地作天，唤天作地。见地不可唤作天，见山不可唤作水，幸自无一星事。"若恁么，只是流俗见解，何不买一片帽子戴，大家过时？更须圆顶方袍，有什么用处！佛法不是者个道理。若论此事，岂有许多葛藤？你若道我会佗不会，担一担禅绕天下走，被明眼人勘着，一点也〈无〉用不着（下，第 159 页）。

天平从漪后来成为一山的住持，向门下大众这样说："我往昔行脚时，被一阵风吹到西院思明和尚那里了。和尚接连判我两个'错'，并留我在那里过夏安居，叫我一起商量商量。然而，现在我不想说被判我'错'的当时就是错，待出发去南方行脚，迈出第一步时，终于明白是一个错。"

这是一段重复以前的事情而试图忘却其根本的言辞。这家伙，虽大夸海口，却落入到第七机、第八机，离题甚远①。

在宋代的禅籍中，从漪的语言遭到了改写，被改写成："将要去行脚时（或去行脚之前），早就知道自己的错误"这样的意思。这在前面，我们已经确认过了。《碧岩录》也并不例外。这则公案的旨意，根

---

① 关于"料掉"，参见《玄沙广录》下，第 214 页。禅文化研究所，1999 年。

据我们如何解释这句话而决定。然而,圆悟首先列举当时通行的理解说:如今的大众一听说天平从漪所谓"发足南方去,早知道错了也"之言,便立刻说:"未去行脚时,并无什么'佛法''禅道'。当他正要去行脚时,被诸方禅师所欺瞒,觉得行脚以前(本来如实的状态)不对,所以唤地作天,唤天作地。然而,不可见地唤作天,见山唤作水。因为,实际上本来就不存在任何事情"(即本来"无事")①。

"幸(自)无一星事",是一句强调"本来无事"的说法。通过诸方行脚所得到的"佛法"、"禅道"世界,是一个天变成地,山变成水,即世界的坐标轴可以发生180度大转折的世界。然而,说到底,这其实也是多余的事,因为,行脚以前本来无事的世界——天是天,地是地,山是山,水是水,一切如是的世界——才是最尊贵的了。

然而,这种说法,并不被圆悟所承认。圆悟视其为"流俗见解",予以严厉地批判:

> 若恁么只是流俗见解,何不买一片帽子戴,大家过时?更须圆顶方袍,有什么用处!佛法不是者个道理。若论此事,岂有许多葛藤?你若道我会佗不会,担一担禅绕天下走,被明眼人勘着,一点也〈无〉用不着。

这种见解,不过是庸俗之见。如果是这样,那么大家都去买一顶帽子,过着(作为俗人)的生活不是很好吗?剃着光头,穿着四方四正的衣服,那又有何意义呢?

真正的佛法,并不是这样。佛法的眼目之中,并不存在这样那样的道理。如果张口就说"我明白,而你不明白",肩上挑着"禅"的行李而遍历天下,那必将被有慧眼的禅者识破,被弄得手足不得动弹。

---

① 流布本此处作"及至行脚,被诸方热瞒,不可未行脚时,唤地作天,唤山作水,幸无一星事。"但是,岩波本的训读对"不可"的解释有误,文义不通。"唤地作天,唤山作水"是通过"行脚"在"诸方"所学来的"佛法""禅道"的立场,所以,如引文,这里作了改正。该意思,在一夜本的本文中,非常明了。

如果依据圆悟在这里所批判的"流俗见解",那么,从谂曾经说过为求"佛法"、"禅道"而外出行脚的本身就是一个"错"。马祖曾说:"道不用修,但莫污染。何为污染?但有生死心、造作、趋向,皆是污染也。若欲直会其道,平常心是道也。"(入矢义高编《马祖の语录》,禅文化研究所,1984年,第32页)。因此,认为从谂简单地继承了马祖这种思想,视从谂最后的话有悖于"平常心"而故意外出行脚等,是试图添加"佛法"、"禅道"之类多余的"污染",这本身就是"错"。

这也是自《天圣广灯录》以后的本文中自然出现的一种解释,同时又可以说是直接继承了唐代禅基调的一种观点。然而,这种所谓无事禅的风格,不仅在这里,同时也是长期以来遭到圆悟不断批判的地方。这种对无事禅的批判,构成了《碧岩录》一书最为重要的论点之一;这将在本章第三节、第四节进行详细论述。总之,圆悟在这里一方面继承视从谂为高慢自了汉这一宋代禅宗一般的观点,另一方面又结合自己一贯所主张的无事禅批判的论点,在从谂的身上附加了一个自我满足于无事禅境界的自了汉的新形象。因此,在这里,我们丝毫看不到所谓天平从谂"末后一句"是针对前半生的蹉跌所表达的一种真挚的反省和痛切的悔恨这类言说的可能性。

现在,这个公案仅仅作为《碧岩录》中的一则,被人们所知晓。既然如此,对从谂最后一句的评价造成如下轻率的说法,也是不得已的了。

> 我往昔行脚时,被业风所吹,无奈地来到西院处,两度被判为错。他视我为不明白的人,于是留我住一个夏天坐禅。可是,我正是因为明白,所以特地来到这里,我不认为西院时尽是错,如果是错,应该从迈出行脚第一步开始,早就知道错了。佛道在人人之脚下,问之即错,有何不足?如是大放狂言,当知身中皆是无明之堆积!是含血吐人的做法,这就是所谓囫囵吞枣的禅,

当下中毒无疑。学着德山一时方便向新罗僧说"未跨船舷好三十棒",试图吞却荷担如来家业的云衲,其中毒作用,令人可畏!世间没有比伪禅者更加流布毒害者。若不鸣鼓喊杀,则眼睁睁地看着佛法消亡灭绝了。噫!(饭田橙隐《碧岩集提唱录》,琳琅阁书店,1932年,第902页)。

四、痛哉!学者之心术坏矣

北宋心门云贲(嗣育王谌)在给张子韶(九成)的书信中有如下一段话:

教外别传之道至简至要,初无他说,前辈行之不疑,守之不易。天禧间雪窦以辨博之才美意变弄,求新琢巧,继汾阳为颂古,笼络当世学者。宗风由此一变矣!逮宣政间圆悟又出己意,离之为碧岩集。彼时迈古淳全之士如宁道者,死心、灵源、佛鉴诸老皆莫能回其说。于是新进后生珍重其语,朝诵暮习,谓之至学,莫有悟其非者。痛哉,学者之心术坏矣!(《禅门宝训》卷4)①

接下来是大慧将《碧岩录》的版木砸破那段有名的传说。总之,上述这段话,正因为它对《碧岩录》持以强烈的批判态度,所以,作为同时代的证言,尤显珍贵。据此,我们可以知道,雪窦颂古把本来的禅进行了文学艺术化,《碧岩录》则是圆悟在此基础上,依照

---

① 《嘉兴藏》本·7丁左(《禅宗全书》32—762上)。前揭一夜本解说,即铃木大拙《佛果碧岩破关擎击打节的刊行に际して》引用此文,怀疑"离之为碧岩集"的"离"字似是"雕"之误(第5页)。这里撇开雪窦的颂古进行解释,依从了原文。又,关于该文的解释,笔者参考了《禅林宝训顺硃》、《笔说》、《合注》等各种注解(见《续藏经》第113册,第288页左上、第393页右上、第202页右上;《禅宗全书》第34卷,第458页上、第669页上、第807页上)。

圆悟自己独特的见解，拓展了新的内涵。这种总结，与这里的解读所得到的印象相吻合。而且这里被视为本来禅的东西，与唐代以来的平常无事禅相重叠①——所谓"至简至要，初无他说"的说法，让我们充分地感受到这种可能性——假如如此，那么，这种说法更加与圆悟的行论特征相吻合。至少《碧岩录》是一部批判同时代的一般说法和一般弊病，甚至又对雪窦的颂古提出异议，对唐五代禅朝向宋代禅演变，进行了强烈地转换性解读的著作，这是确凿无疑的。

《传灯录》中隐隐约约地记载着天平从漪后半生的后悔，在宋代禅门中，不久便被忘却，进而变成了一位年迈的厚颜无耻的自了汉形象，最后更加变成为一位庸俗的无事禅的代言人的形象了。究竟是先有新的理解，随之后来被改变了的呢？还是由于本文发生了变化，从而形成了新的理解呢？我们很难确定其先后次序，而且，实际上，很可能是其两者相互发生作用的缘故。总之，这种话头旨趣的演变，反映了宋代禅宗特有的思考模式和问题关切。宋代禅到底汲取了唐代禅的什么？扬弃了唐代禅的什么？后来又重新添加了什么？对此，我们有必要列举众多的事例，但不是千篇一律，而是个别性地一一进行探讨。

这种工作，我们拟从下节开始进行。然而，尽管如此——在此，我们已身不由己了。因为，单就从漪这个话题来说，并不是《碧岩录》，而是只有依据《景德传灯录》才能解读。至少就这个话题而言，与其对于宋代禅所添加的东西，倒不如对于之前所失去的东西，更加让人产生共鸣和爱惜之情。

---

① 关于"至简至要"，自不待言，"除无他说"，也并非是不存在异说的意思，应该是无须再说明，意思非常明了。如《建中靖国续灯录》卷24寿宁道完章："上堂云：'古人见此月，进人见此月。此月镇常存，古今人还别。若人心似月，碧潭光皎洁（语据《寒山诗》），决定是心源。此说更说无。'"（《续藏经》第136册，第166页右下，《禅宗全书》第4卷，第333页下）。

第二节 "百丈野鸭子"话头与圆悟关于作用即性说的批判

一、何曾飞去？——野鸭子话头

关于唐代禅者的问答，《碧岩录》常常在批判其原意的同时，通过一种新的思维和逻辑进行转换式解读。本章的任务就是，试图从这一转换式解读的过程之中，探讨由唐代禅向宋代禅发展演变的情况。

这里，作为第二个例子，我们拟读一读第53则"百丈野鸭子"话头（通行本是第53则"马大师野鸭子"话头）。如上所述，该话头的最早记载《祖堂集》（952年）不是把它作为百丈怀海，而是作为百丈惟政的话头收录其中的（第一章第二节《石头系的禅》）。接下来，《景德传灯录》（1004年）未录此话头，但到了其后的宋代禅籍，以《汾阳颂古》（汾阳善昭，941—1024）、《天圣广灯录》（1036年）等为开端，该话头便统统地被当做了百丈怀海的话头，广为传颂，脍炙人口。《碧岩录》也当然就是其中之一了①。

那么，《碧岩录》是如何处理这个话头的呢？我们先从本则公案的原意来考察吧。一夜本《碧岩录》如下列举本则说：

> 举马大师与百丈行次，见野鸭子飞过。大师云："见什么？"丈云："野鸭子"。大师云："什么处去也？"丈云："飞过去也。"大师遂扭〔＝扭〕百丈鼻头。丈作忍痛声。大师云："何曾飞〔去〕！"（下，第8页）

马祖与百丈行走时，看到鸭子飞过。马祖说："看见什么了？"百丈说："野鸭子。""飞到哪里去了？""飞走了。"于是，马祖转身捏了一

---

① 以下将依据一夜本《碧岩录》作为底本进行考察。以通行本作为底本，对译语、译文等问题进行论述的同时，分析本则话头的研究成果有：小川隆《〈碧岩录〉杂考（三）——"马大师野鸭子"话的再读》、《〈碧岩录〉杂考（四）——"马大师野鸭子"话的再读（续）》。请参考。载《禅文化》第187期（2003年1月）以及第188期（2003年4月）。

下百丈的鼻子。百丈不堪其痛,大声地喊叫起来。这时,马祖便说了一句:"何曾飞去!"

"见什么",《雪窦颂古》(第155页)以及《碧岩录》通行本均作"是什么"。不仅如此,《汾阳颂古》(《大正藏》第47册,第609页上)、《宗门统要集》卷3(临川书店,《禅学典籍丛刊》1,第56页下)、《圆悟语录》卷19颂古下(《禅宗全书》第41册,第801页上)等,宋以后的禅宗文献都基本上作"是什么(甚么)",今天也是以这种形式流传的。然而,这并不能说就是一夜本《碧岩录》有误。因为,北宋初期的《天圣广灯录》卷8百丈章,就是以如下的形式记载这个问答的:

师为马祖侍者。一日,随侍马祖路行次,闻野鸭声。祖云:"什磨声?"师云:"野鸭声。"良久,祖云:"适来声向什磨处去?"师云:"飞过去。"祖回头,将师鼻便扭。师作痛声,祖云:"又道飞过去!"师于言下有省。……(中略)(中文出版社,《禅学丛书》之五,第408页下)①

百丈曾是马祖的侍者。一天,伺奉马祖行走时,忽然听到鸭子的叫声。这时,马祖问:"什么声音?"百丈回答说:"是鸭子的声音。"沉默良久后,马祖又问:"刚才的声音去哪儿了?""飞走了。"于是,马祖回过身来,捏着百丈的鼻子往上揪扭。百丈忍不住大叫起来。马祖说:"你还要说飞走了吗?"百丈于此言下大有省悟。

"什么声音?"与问"听到什么"同义。如果考察其问话的意图,唐末玄沙师备(嗣雪峰)以下的一段文字可为我们提供一个参考。这是一段试图让师弟长庆慧稜领悟"直下是你"的一段长篇问答中的一段。

---

① 接下来继续是翌日上堂时的因缘,这里不作深入讨论。请参见前揭小川隆《〈碧岩录〉杂考(四)——"马大师野鸭子"话の再读(续)》。

师云:"你闻鼓声也无?"棱云:"某不可不识鼓声"。师云:"若闻鼓声,只是你"。①(入矢义高监修,唐代语录研究班编《玄沙广录》上,禅文化研究所,1987年,第27页)

《天圣广灯录》中,马祖问"什么声——听到什么了",也与这里所引相同,基本上是试图教导你应该关注当下正听到此声音的你本人。一夜本《碧岩录》将其作"看什么——看到什么了?"尽管有看与听之别,但可以视它与这里的话题为相同的含意。而且,它还与序论中所引用的如下二例相通。

问:"如何是学人自己?"
师云:"还见庭前柏树子么?"(《赵州录》)
问:"如何是佛?"师云:"汝是阿谁?"僧云:"某甲"。师云:"汝识某甲否?"僧云:"分明个"。师乃举起拂子云:"汝还见么?"僧云:"见"。师乃不语(《景德传灯录》卷6百丈章)。②

然而,据本则公案,百丈尚未注意到该问的含义。为此,马祖再次发问:"那么,到哪里去了?"百丈仍不明白。于是,马祖将百丈的鼻子往上扭。因不堪其痛,百丈终于发现了当下见闻觉知的活生生的自己。《天圣广灯录》中,马祖最后说:"又道飞过去?"是一句反问句:"我问的人不就在这里吗?"一夜本《碧岩录》的"何曾飞去",当然也与此同义。《祖堂集》将此作"犹在这里,何曾飞去"(第562页),《宗门

---

① 玄沙还有如下的问答:"道怤上座夜静入室,称名礼拜:'某特与么来,乞和尚慈悲指个人路'。师云:'你还闻偃溪水声么?'进云:'闻'。师云:'从者里入'。"(《玄沙广录》上卷,第101页)

② 所谓"见"与"闻"可由共感来相互沟通。这可以通过如下"柏树子"话头的例子得到证明。"因僧入室请益赵州和尚柏树子话,师云:'我不辞与汝说,还信么?'僧云:'和尚重言,争敢不信'。师云:'汝还闻檐头水滴声么?'其僧豁然,不觉失声云:'耶!'师云:'你见个什么道理?'僧便以颂对云:'檐头水滴,分明沥沥;打破乾坤,当下心息'。师为忻然。"(《汝州叶县广教省禅师语录》,《古尊宿语录》卷23,中华书局点校本,第442页)

统要集》作"又道飞过去,元来只在这里"(第56页下),就表达了这层含义。意思是说,最初我所问的,不是飞去的野鸭子,而是当下站在这里的你本人。

那么,将马祖最初的发问当作"是什么",意思又怎样呢?关于此问题,后来的解释暂且不管,当初也应该与这里的"是什么"、"见什么"同义。因为,正如第一章第一节以《祖堂集》的例子进行讨论的那样,"是什么"这一唐突的发问,目的是希望对方发现,瞬息之间被叫住,不觉回头这一发生着活生生作用的自己。它是马祖常常使用,后来又被百丈所继承的一种做法。这里,我们通过在宋代被广为使用的《景德传灯录》来看看这方面的情况吧。

> 《景德传灯录》卷8汾州无业章:
> 师又问:"如何是祖师西来密传心印?"祖曰:"大德正闹在。且去,别时来。"师才出,祖召曰:"大德!"师回首。祖云:"是什么?"师便领悟,礼拜。祖云:"这钝汉,礼拜作么?"(第116页上)
> 《景德传灯录》卷6百丈怀海章:
> 师有时说法竟。大众下堂,乃召之。大众回首。师云:"是什么?"(药山目之为百丈下堂句)(第101页上)

"什么声?""见什么?"——虽然语句表达不同,但是,看到野鸭子,听到其声音,而且鼻子被扭得发出叫痛的声,其目的就是马祖希望百丈亲自发现这一见闻觉知的活生生的自己;毫无疑问,这就是"野鸭子"话头的原意!

二、道!道!——颂古及其评唱

那么,雪窦是如何看待这则公案的呢?雪窦对此附上了如下的偈颂:

> 野鸭子,知何许;马祖见来相共语。

话尽山云海月情,依前不会还飞去。
欲飞去,却把住,道!道!

对此,圆悟的评唱是这样进行解释的。在本文中,虽排在本则评唱的后面,但是,为了确认颂的含义和圆悟对其所作的评价,我们还是首先来看看它吧。

雪窦劈头便道:"野鸭子,知何许。"且道:有多少?"马祖见来相共语"一语,此颂马〔祖〕问佗道:"是什么?"丈云:"野鸭子"。"话尽山云海月情",此颂马祖再问:"什么处去?"马祖与佗意旨,自然脱体现前。佗不会,却道"飞去也。"两重蹉过。"欲飞去,却把住",雪窦据款结案。云:"道!道!"此是雪窦转身处。且作么生道?若作忍痛声则错。不作忍痛声,又作么生?雪窦虽然颂得甚好,争奈也跳不出(下,第11页)。

雪窦一开始就付颂了。"野鸭子,是多少?"试说出看看,有多少("何许",应该是"谁个"的意思,但不知为何,圆悟将其解释为"多少")?"马祖见来相共语"一语,是为马祖向百丈问"什么"而百丈回答说"鸭子"所作的颂。接下来所谓"话尽山云海月情"一语,是针对马祖又问"什么处去"的颂而说的;马祖对于百丈的婆心,自然而又鲜明地流露出来了。然而,百丈仍不解其意,却说什么"飞去也"。于是,造成了双重的偏差。不过,"将要飞去的那一瞬间,(马祖)马上捕捉到了它。"这是雪窦结合自己的理解,使这一案件了结的一句话(依据马祖最后一句"何曾飞去"而总括该则公案意思的语句)。这样一来,最后就有了"道!道!"。这无疑就是雪窦的"转身处"了。那么,试说出看看,如何"道来?"如果是喊"痛!痛!",那完全错了。然而,若不能这样,那该如何才好呢?总之,雪窦虽然附上了一个精彩的颂,但它毕竟尚未跳出圈圈。

在这里,圆悟基本上忠实地承袭了雪窦颂的内容。另一方面,雪窦的理解,与先前作为该话头的原意之间,并无不同之处。意指百丈的心被外界事物所牵制,面临将要忘掉自己的危险。可是,因鼻子狠狠地被扭了一下,马祖让百丈从千钧一发之际找回了"自己"。

在本则原意之外添加的雪窦颂的新意,是最后的"道！道！"而"圆悟转身处"一语,即表达了这个意思。"转身",意指走到尽头、极点,猛然间将身子一转,从而打开新的局面。由此,也可以产生出"向上一个层面的脱皮"(入矢义高、古贺英彦《禅语辞典》,思文阁出版社,1991年,第329页下)这类辞书式的解释。不过,这里依照前后的脉络推测,应该理解为:"雪窦猛然转身,改向了自己,把朝向百丈的问话的矛头,尖锐地指向了自己。"并不是百丈本人的问题,而是你们自己应该如何把握"自己"的问题。不是公案所阐说的,所谓作为客体的"自己",而是进行公案解读的自己本人的"自己"之为何的问题——所谓"道！道！"正是这层含义的诘问。因此,在评唱中,圆悟一个劲地向我们说:如果是你们的话,那该如何"道来"呢？

这段话语,让我们想起第二则颂古评唱中的如下一节:

> 百丈道:"一切语言处,山河大地,一一消归自己。"雪窦凡是一拈一捏,末后归自己。(参照一夜本《碧岩录》上卷,第13页;岩波文库本《碧岩录》上卷,入矢义高《解说》,第6页)

"末后归自己"——即便在这一则公案,这一句也构成了雪窦颂的关键。然而,尽管如此,圆悟最后流露出了不满的样子。因为,如果这样,其结果也是"跳不出"的,即尚不能跳出圈圈。

这一句,与接下来我们再探讨的本则评唱"如今有底,才问着便作痛声,且喜跳不出"的批判相呼应。雪窦的颂,将马祖的问题转换成我们自己的问题,严厉地指向了我们。这一点虽很了不起,但是,只是将问题归于"自己"就完事大吉的话,那么与那帮人一样,也没能从圈圈中跳出——圆悟就是这样进行驳斥的。

那么,圆悟到底不服雪窦所理解的哪一点呢？他又是如何解释本则公案的呢？对此，接下来我们不得不解读一下圆悟对本则公案的评唱了。

三、若用作建立会——本则评唱

一夜本《碧岩录》的本则评唱，是以如下一段话开始的：

> 马大师与百丈行次，这老汉元来却在鬼窟里，却是百丈具正因。大师无风起浪。诸人要与祖师为师，参取百丈。要自究〔＝救〕不了，参取马大师。看佗古人二六时中，未尝不在道。引百丈不茹荤。要与天下人为父，二十年为侍者，因此语方悟。有者道："本无迷悟。且作个悟闻〔＝门〕，建立此事"。若作恁么见解，如狮子身中〔虫自食狮子〕肉。又道："源不深者流不长，智不大者见不远"。若用作建立会，佛法争到今日！（下卷，第9页）

提起"马大师与百丈行走时的事情，"可这位老汉（马祖）却一直置身于鬼怪的幽灵世界之中，倒不如弟子百丈的修行正确，马大师在这里是无风起浪。各位如果想成为祖师之师，请参百丈；如果希望自己成为一个连自己都救不了人，就应该去参马大师。

试看，古来先贤们，二六时中，常与道同行！马祖为了成为天下众人之师，指导百丈，使其过着如法的修行生活。百丈二十年来，担任马祖的侍者，然后，通过此语（"何曾飞去！"这一马祖语），终于获得了省悟①。

然而，对此，却有人这么说："本来无迷无悟，只不过是姑且设个'悟门'，建立'此事'而已。"这种见解，真可谓狮子身上的虫！又说：

---

① 据一夜本，百丈是通过此"野鸭子"的话头开悟的。但据流布本，此段则作"及至再参，于喝下方始大悟。"也就是说，流布本改成了将所谓"三日耳聋"的话头当做百丈大悟因缘的记载。由于为了试图整理系统相异的众多传承，在宋代各种百丈传之间，围绕将何时的话头看做是百丈开悟的问题上，似乎出现过分歧和混乱。参见前揭小川《〈碧岩录〉杂考（四）——"马大师野鸭子"の话再读（续）》。

"源不深者,流不长;智不大者,见不远。"如果认为悟是一种方便之假设,那佛法为何可以流传到今天呢?

圆悟说,如果想成为一个完整的禅僧,应该向百丈学习;如果想成为一个以"自救不了"的人而了却一生,就应该向马祖学习。这是一种反语,乍听起来,感到茫然,不过,意思大概是这样的——各位不能照本宣科地模仿马祖那破格的禅机,如果要学的话,应该向曾经默默无闻地担任二十年侍者后而大悟的百丈学习,学习他那作为真参实学的禅者风格。

毋庸讳言,这里当然丝毫没有贬低马祖的意图。本则所反映的马祖的行为,表达着毕竟是一种为了从对马祖的误解中拯救出来,甘于落入第二义的紧急措施,希望门下弟子们不要将其当作一个固定式的正解去模仿它,提前打的一个预防针而已。

这里,值得引起我们重视的,是所谓"本无迷悟,且作个'悟门',建立'此事'"的说法,却被视为狮子身上的虫而遭到了批判。"建立",在禅语录中,意指本来无一物,而作为方便,暂立一个教门。比如一夜本《碧岩录》第五则示众的"放过一著,建二门"。在通行本,则成了"'建立'第二门"(岩波文库《碧岩录》上,第 93 页)等等,这些都恰当地表达了该语句的含义。同样是《碧岩录》第十六则示众,与"本分事"相对应的"建化门"一语,虽然文字相异,但基本上表达了相同的含义。其次,"此事",指禅的终极一事。一夜本《碧岩录》第九则本则评唱中,有"其实此事不在言句上"(上卷,第 44 页);第七十六则本则评唱中,有"不知古人向二六时中,要明此事"(下卷,第 77 页)等等的例子。因此,前揭引文中圆悟所批判的,是认为"本来没有什么悟,所谓'悟门'、'终极一事',只不过是假设的一个方便而已"这种说法。它其实是一种针对在前节中我们曾经讨论过的所谓"无事"禅的一种批判的言说;对此,我们通过与如下的例子进行对照,便可得到了解。

如今有者尽作无事会便道:"无迷无悟,无思无惟,不要更求。只如佛未出世时,达摩未西来时,不可不恁么。用佛出世作什么?祖师西来作什么?"须是大彻大悟始得。(一夜本第45则,颂古评唱上,第194页)

最近,有些人,一说到什么,就把"无事"视为正解,如他们说:"其实既无迷悟,也无思维,因此不需要特别去求什么。佛出世以前,达磨西来以前——世上既无'佛法'又无'禅道'的时候——人们只是如是(恁么)的状态。佛出现,达磨西来,到底有何用呢?"然而,其实并非如此,还是必须大彻大悟的。

另外,在圆悟的弟子大慧宗杲《宗门武库》中,也能看到如下批判照觉禅师,即东林常总的言说;从这里,我们也可了解到,主张"悟"只不过是一个"建立"的说法,其实指的就是无事禅的风气。

> 盖照觉以平常无事不立知见解会为道,更不求妙悟,却将诸佛诸祖德山临济曹洞云门真实顿悟见性法门为建立。①(《宗门武库辑释》,《禅学典籍丛刊》四,临川书店2000年,第408页上,《大正藏》第47册,第948页上)

不承认决定性的开悟体验,与如实肯定平常无事境界的观点,其实是表里如一的。对于这种"无事"禅的批判,构成了《碧岩录》的重要论点之一。然而,这一论点,在这一则中,并未继续展开下去。关于这一问题,我们将留在下节进行讨论,这里只要我们暂且确认到圆

---

① 《武库》这一段,结合了真净克文批判东林常总的说法,该说法给予圆悟的无事禅批判以极大的影响。关于这一点,请参考土屋太祐如下研究:《真净克文的无事禅批判》(《印度学佛教学研究》第51—1,2003年)、《北宋期禅宗的无事禅批判与圆悟克勤》(东洋文化》第83期"特集·中国的禅",东京大学东洋文化研究所,2003年)、《公案禅的成立に关する北宋临济宗的思想史》(《驹泽大学产研究所年报》第18期,2007年)。该问题,我们将在本章第四节再进行详细讨论。

悟对野鸭子话题的评唱其实就是以这种对无事禅的批判立场作为前提，就足够了（关于此处列举的两个引文，将在本章第三节和第四节再进行讨论）①。

"野鸭子"话头的评唱，如下继续说：

> 只如马大师，岂不知是野鸭子？为什么却恁么问？佗意在什么处？便〔＝百〕丈只管随后走，马祖遂㧊〔＝扭〕鼻，丈作痛声。大师云："何曾飞去！"百丈便省。如今有底，才问着便作痛声。且薏跳不出。宗师为人，见佗不会，不免伤锋犯手，只要教佗明此事。所以道："会则途中受用，不会则世谛流布。"当时若不㧊〔＝扭〕住，只成世谛流布。也须是逢境遇缘宛转教归自己，十二时中，无控〔＝空〕阙处，谓之性也〔＝地〕明白。若只依草附木认驴前马后，有何用处！看他怎么用，虽似昭昭灵灵，却不在昭昭灵灵处。丈作痛声，若恁么见去，遍界不曾藏，头头成现。所以，"一处透，千处万处悉皆透。"举次日卷席，侍者察哭语〔＝话〕。看他悟后阿辘辘地罗笼不住，自然八面玲珑。（下，第10页）

---

① 大慧此外还有很多类似的说法："近年丛林有一种邪禅，以闭目藏睛，靠卢都地作妄想，谓之不思议事，亦谓之威音那畔空劫已前事；才开口便唤作落今时，亦谓之根本上事，亦谓之净极光通达，以悟为落在第二头，以悟为枝叶边事。盖渠初发步时便错了，亦不知是错，以悟为建立。既自无悟门，亦不信有悟者。遮般底谓之谤大般若，断佛慧命，千佛出世不通忏悔。左右具验人眼久矣。似此等辈，披却师子皮作野干鸣，不可不知。"（荒木见悟《大慧书》，筑摩书房，《禅の语录》17，第206页）"……如此等辈，不求妙悟，以悟为落在第二头，以悟为诳唬人，以悟为建立。自既不曾悟，亦不信有悟底。妙喜常谓衲子辈说，世间工巧技艺，若无悟处，尚不得其妙。况欲脱生死，而只以口头说静，便要收杀，大似埋头向东走欲取西边物，转求转远，转急转迟。此辈名为可怜愍者。教中谓之谤大般若，断佛慧命人，千佛出世不通忏悔。"（同第228页）

因年代较之圆悟要晚，所以，这些批判对象已经波及到曹洞宗的默照禅了。这里，作为了解"建立"一语的含义和语感的恰好例子，故列举了这些用例。关于大慧的这些观点，请详见荒木见悟《佛教と儒教》第三章第一节《大慧宗杲の立场》第1项"悟境の实在"。（平乐寺书店，1976年，新版，研文出版社，1993年）

马祖并非不知道那是一只野鸭子,但马祖还是问"是什么"。这是为何呢?马祖的真意在何处呢(当然,不用说,问题并不在野鸭子,而是在自己)?

然而,百丈只是围绕作为外境的野鸭子在打转,所以,马祖猛然间揪了他的鼻子。百丈不假思索地大叫起来。于是,马祖说道:"何曾飞去!"(不是在这里吗!)百丈于此省悟。

近来,有些人当被问到此话头时,装着大声说痛痛。虽然可喜,但未跳出圈圈。据正统的禅师的接引教化,当看到对方尚未理解,便不惜以自己摸索出来的机锋伤害自己之手,一味地试图努力让对方去觉悟终极一事。因此,有这样的说法:"若会得,无论到何处,道属于我;若会不得,则世俗的道理布满世间。"当时,如果没有揪一下马祖鼻子,这个世上,无疑将被世俗的道理所覆盖。面对每天不断接触的外界事物(这里指野鸭子),我们将身子猛地回转过来,回到我们"自己",在二六时中,无丝毫间隙地观察。如果那样,可称之为"性地明白——自己的本分无隐藏"(由于鼻子被揪了一下,依仗马祖粗暴禅机的力量,百丈终于返回到了"自己"的"性地")。

然而,与此相反,像亡灵一般附着在外界事物上,只是看到"驴前马后",那是没有任何作为了。试看他们活泼泼的作为,似乎"昭昭灵灵",其实,其"昭昭灵灵"处并无着眼点。如果我们能够这样去理解百丈的叫痛声,世界的真实面目将会毫不遮蔽地全部显露出来,每一个事物都以其真实的面貌出现在人们的眼前,所谓"一处突破,千处万处悉皆突破"指的就是这个道理。

接下来,说到次日的因缘——试看百丈那副自由自在地团团转而无有停止,全方位透彻而无所覆盖的开悟后的形象!

以上是本则评唱的全部。因是口头说法的记录,所以,同一论点,有时在前,有时在后,或重复出现。而且,论旨自由地飞跃,像波状一般重叠反复,这也正是圆悟广长舌说法的魄力之所在。总之,这里所阐述的,总结起来,可以概括为如下两点:

(1) 野鸭子的话头,是一个试图让那个被外界所夺走的百丈的心返回到"自己"的话题。

(2) 但是,这个"自己",并不表现在"驴前马后"、"昭昭灵灵"上面。将"驴前马后"、"昭昭灵灵"直接视为"自己"的观点——具体地说,即当问到该话头时,立刻发出叫痛声的那个观点——它是可以与狮子身中的虫相比美的,是一种不能认可的邪说。

上述(1)的基本观点,与前面讨论的本则话头的原意没有多大差异,与雪窦的颂也相一致。问题是上述(2)的主张,它到底意指什么?圆悟的观点虽然就表现在这里,但要想理解这一问题,我们似乎有必要弄清"驴前马后"、"昭昭灵灵"这些概念的含义。

四、"昭昭灵灵"与"驴前马后"

先从"昭昭灵灵"来看看吧。①

该句在由入矢义高、古贺主编的《禅语辞典》中,被解释为"意指历历又朗朗。本来的主人公跃动的情形。"岩波文库本《碧岩录》也沿袭了这个解释,注解为"光耀四照的灵妙程度。本来的主人公跃动的情形。"然而,果真是这样吗?

作为该语句的出典,《禅语辞典》所列出的,是《临济录》中如下的一段:

> 道流!你欲得作佛,莫随万物。心生种种法生,心灭种种法灭。一心不生,万法无咎。世与出世,无佛无法,亦不现前,亦不曾失。设有者,皆是名言章句,接引小儿,施设药病,表显名句。且名句不自名句,还是你目前昭昭灵灵,鉴觉闻知照烛底,安一切名句。大德!造五无间业,方得解脱。(入矢义高《临济录》岩

---

① 以下关于"昭昭灵灵",请同时参考小川隆《语录のことば——唐代の禅》(禅文化研究所,2007年)之23、24"无位真人"(上)(下)。(原载《伞松》第737期、第738期,2005年2月、3月)此外,在土屋太祐《玄沙对"昭昭灵灵"的批判再考》(《宗教学研究》,四川大学,2006年,第2期)中也有相关的考察。

波文库,1989年,第133页)

诸位!要想成佛,不能求索于外物。所谓"心生种种法生,心灭种种法灭,"(《起信论》语)"一心不生,万法无咎!"(《信心铭》语)如果这样,世间、出世间,既不显现,也不消失。即便有,都是一些名词言句,一种教导小孩、应病与药的方便而已,是给人看的一种宣传文句之类罢了。而且,这些语言,并不是语言本身成为其语言的。当下,在这里感觉并认识到"昭昭灵灵"的那个人,正是他赋予外物以一切名词的。因此,各位只有下决心去造那些灭尽一切的"五无间业",方能得到解脱。

《临济录》中还有"还是道流,目前灵灵地照烛万般,酌度世界底人,与三界安名"的用例。根据这些,我们知道,"昭昭灵灵"是一个带有形容含意的拟态语,形容感觉、识别对象,分别对这些对象进行命名的一种作用——用时下的语言说,就是由基于符号的分节所进行的一种作用——它们是造成分别、迷妄的根源性的一种作用。然而,临济并不是说,应该禁止这种作用,也不是否定发生这种作用的活生生的自己,只是试图让修行者发现,所谓迷妄,其实就是自己被自己所创造的语言所束缚,不过是一种"无绳自缚"罢了。

对于临济这种说法,玄沙师备严厉地进行了批判,这已在入矢义高《玄沙の临济批判》一文中,得到了讨论。玄沙说:

有一般坐绳床老汉,称为善知识,问著便摇身动手,吐舌瞪视。更有一般便说道:"昭昭灵灵灵台智性,向五蕴身田里作主宰。"与么为善知识,大赚人!我今问汝,汝若认昭昭灵灵便是汝真实,为什么瞌睡时又不成昭昭灵灵?若瞌睡时不是,为什么有昭昭时?汝还会么?者个唤作认贼为子,是生死根本,妄想缘气。汝欲识此昭昭灵灵?只因前尘色声香等法而有分别,便道此是昭昭灵灵。若无前尘,汝此昭昭灵灵同于龟毛兔角。仁者

真实在什么处？……（入矢义高监修、唐代语录研究班《玄沙广录》卷下，禅文化研究所1999年，第73页）

那些摆出一副傲慢架子坐在绳床上、被称为善知识之类的老僧们，当修行者向他提问时，马上摇摆着身体，摇动着手，或者伸出舌头，张开眼睛。

还有的老僧说什么"昭昭灵灵的灵台智性，在五蕴身田中做主宰"等。以这样的态度称为善知识，实在是欺人太甚。想一想，如果将"昭昭灵灵"的作用视为自己的真实，那么我们睡觉时，为什么不"昭昭灵灵"呢！既然睡觉时不如此，那么为什么又有"昭昭灵灵"时呢？你们知道吗？这（视"昭昭灵灵"的作用为自己之真实）叫做"认贼为子"！这种东西（"昭昭灵灵"的作用）才是轮回之源，不过是造成妄想的契机罢了。那么，何为"昭昭灵灵"呢？它只有对于色声香等外境进行分别而已，如果没有外境，"昭昭灵灵"的作用不过是画饼充饥罢了。这时，自己的真实又在何处呢？

首先，玄沙所批判的，是有一类禅师，当向他问道时，便摇晃着身子，摆动着手，伸出舌头，张大眼睛。

不难了解，这其实是基于《楞伽经》一段引文而现场演示出来给人看的一种做法。文中"瞻视"，即张开眼睛；"动摇"，即摆动身体，与玄沙说的"瞪视"、"摇身"相同。

> 或有佛刹瞻视显法，或有作相，或有扬眉，或有动睛，或笑或欠，或謦咳，或念刹土，或动摇。（《楞伽阿跋多罗宝经》卷2，《大正藏》第16册，第493页上，常盤义伸《楞伽阿跋多罗宝经‑求那跋陀罗译本文校訂と訓読》私家版2003年，第92页）

与此同时，作为"赚人"汉而受到痛烈批判的所谓"昭昭灵灵灵台智性、向五蕴身田里作主宰"的观点，即指临济"无位真人"的说法，这在入矢义高的论文中得到了详细的论述。醒时"昭昭灵灵",睡时却为何不"昭昭灵灵"的反问,其实就是对临济将六根的作用表达为"堂堂露显,无毫发许间隔"或"但一切时中,更莫间断"云云的一种讽刺(《祖堂集》卷19临济章,第718页、第720页)。玄沙在这里说那些主张"昭昭灵灵",不过是"生死之根本,妄想之缘气"而已;而对于将其视为自己之"真实"的说法,批判其是一种"认贼为子",是一种是非颠倒。①

所谓"昭昭灵灵",是指身心的生理作用,这在玄沙如下的一则话语中可以得到确认。

> 因举傅大士云:"欲知佛去处,只者语声是,"师云:"大小傅大士,只认得个昭昭灵灵。"(《玄沙广录》卷下,第40页)

傅大师偈说:"欲知佛之为何,说话的那个人就是。"玄沙听到后说:"嘿!所谓傅大师只不过认得'昭昭灵灵'而已!"意思是说,认为"语声"才是佛的存在处所的主张,只是看到了"昭昭灵灵"而已,是一种令人失望的见解。

玄沙将"昭昭灵灵"狭义上形容为一种感觉、识别作用("因前尘之色声香等法而有分别"),广义上形容为一种身心的生理作用("只者语声是")的语句来使用。临济的用法,在这一点上是相同的。但对临济来说,分别本身虽然被否定了,但"昭昭灵灵"一语,不过是一个形容其作用状态的,价值中立的拟态词而已。不过,这里它被转用于指称作用本身的一个名词,而且,同时变成了带有着将身心的生理作用与"本来人"相提并论的一种邪说,这样明显带有贬义的用法了。

从结论上说,圆悟也正是站在了这种带有否定用法的延长线上。

---

① "认贼作子"是一句基于《圆觉经》《首楞严经》的语句。请参照文后所引用的《梦中问答》以及该处的注释。

《碧岩录》评唱中,共计四例"昭昭灵灵"的用法,都不是指"主人公跃动的状态"所谓的肯定性语感,而是与玄沙的用法相同,是以针对将身心的生理作用看做为真实的自己的说法而进行的批判的含意来使用的。这里,我们解读的这则用例,自不待言,即便是第62则本则评唱中的"有者只认个'昭昭灵灵'为宝,只是不得其用,亦(不得)其妙"云云,也是如此(下卷,第37页);以及包括剩下的两例在内,如下第99则本则评唱,也都意义相同。

第99则,是所谓"忠国师十身调御"的话头。圆悟在该本则评唱中,详细叙述太原孚上座开悟因缘,赞叹上座识得"法身"。在这样的文脉中,他如下说道:

> 忽若总认昭昭灵灵,落在驴前马后。……但识常寂,莫认声色。但不〔=识〕常灵,莫认妄想。……(下,第162页)

据此文章脉络,我们不难发现,圆悟在此否定了将"昭昭灵灵"、"驴前马后"与"声色"、"妄想"相等同的观点,提出了应该识得与此层面相异的"常寂"、"常灵"的法身。圆悟接下来继续说:

> 二祖觅心,了不可得。正当恁么时,法身在什么处?长沙云:"学道之人不识真;只为从前认识神。无量劫来生死本,痴人唤作本来人。"今时人认得个昭昭灵灵,便瞠目努眼,弄精魂。有什么交涉!

在这里,有名的慧可断臂求法的故事与本则公案相结合,被理解为慧可识得法身因缘,赋予了其新的含意①。而作为禅者的语言常

---

① 通行本在此如下引用该话头。"达磨问二祖:'汝立雪断臂,当为何事?'祖曰:'某甲心未安,乞师安心。'磨云:'将心来,与汝安。'祖曰:'觅心了不可得。'磨曰:'与汝安心竟。'二祖忽然领悟。"(岩波文库本,下卷,第258页)

套,并没有说什么是法身,倒是明确地阐说什么不是法身。为了说明这一点而引用的长沙的偈说,"生死之本"的"识神",痴人反倒将其认作"本来人",但这绝对不应该是"真"的本来人。① 圆悟把认为"识神"是"本来人",改说是承认"昭昭灵灵",并用批判性的言辞,说这伙人的做法是"瞠目努眼弄精魂"。我们只要一读这段文字就能明白,这与前述玄沙语录开头部分所谴责的,所谓"问著便遥身动手,吐舌瞠目"的情况,相吻合。

针对这类情况进行批判的例子,在《碧岩录》中,可谓不胜枚举。因此,可知当时这种见解是如何强之有力。我们再简单补充二、三例来看看。

> 如今人多错会,却去弄精魂。举眼云:"廓然无圣。"且喜没交涉。(第 1 则"圣谛第一义"本则评唱,上,第 3 页)
>
> 才问着便〈瞎〉瞠眼云:"在这里。"有什么巴鼻!怎么会,达磨一宗扫土而尽。(第 12 则"洞山麻三斤"颂评唱,上,第 59 页)
>
> 你若瞠眼唤作光,正是情上生情,空里钉橛。(第 93 则"智门般若体"本则评唱,下,第 137 页,通行本是第 90 则)

再者,关于"弄精魂",《朱子语类》卷 126 释氏篇,批判禅所谓"认知觉运动做性"的做法,"其实只是弄这些精神"而已。这也可以作为

---

① 长沙的偈,在第一章第一节的注释中曾依照见于最早例子的《景德传灯录》的文章进行了引用。这里拟引用宋代加以扩充的《宗门统要集》卷四长沙章的例子。这是通过与前半部分的蚯蚓的话题相组合,将断定"应偌"的作用不过是物质运动的惰性而已的含意,更加明确地进行表达的说法。详见小川《语录のことば——唐代の禅》第 14 "无始劫来生死"以及 15 "主人公"条项:"师因竺尚书问:'蚯蚓斩为两段,两头俱动。未审佛性在阿那头?'师云:'莫妄想'。书云:'争奈动何?'云:'会即风火未散'。书无对。师却唤尚书。书应诺。师云:'不是尚书本命'。书云:'不可离却即今只对有第二个主人公也'。师云:'不可唤尚书作今上也'。书云:'与么则惚不只对和尚,莫是弟子主人否'师云:'非但只对不只对老僧,从无始劫来是个生死根本'。乃示颂曰:'学道之人不识真,只为从来认识神。无始劫来生死本,痴人唤作本来身'。"(《禅学典籍丛刊》第 1 卷,临川书店,1999 年,第 79 页下)

一个参考(中华书局点校本,第 3035 页)①。汉语的"精魂"、"精神",与日语相异,是指肉体的、形而下的活力、生命力。意思是说,将"知觉"运动的作用等同于本性的禅的思想,毕竟不过是夸耀元气而已。《语类》中还记载朱熹针对批判"佛氏则只认那个能视、能听、能言、能思、能动底,便是性也",提出了如下质疑:

> 僴(沈僴)问:"禅家又有以扬眉瞬目知觉运动为弄精魂而诃斥之者,何也?"曰:"便只是弄精魂。只是他磨擦得来精细,有光彩,不如此粗糙尔。"(卷 126,第 3020 页)

"禅家也有人驳斥所谓扬眉瞬目、知觉运动等作用不过是一种'弄精魂',您如何看待?""这些毕竟不过是一些弄精魂的人。不过,他们能够将其摩擦,使其精细而发光,也并不算那么的(一般的'作用是性'说那样)粗杂。"

我们从朱熹的这些语言中,便可清楚地了解到,所谓"弄精魂"、"弄精神",其实是针对那些轻视形而上的本性,所谓一味地强调发挥身心上的生理作用的观点而言的,是一种带有批判意味的言辞。所谓"然细观之(禅家),只是于精神上发用"(卷 126,第 3028 页)这样的批判,也应该与此同义②。

---

① 关于这一段,在吉川幸次郎、三浦国雄《朱子集》(朝日新闻出版社,中国文明选 3,1976 年,第 372 页)中已有全面的译注,对"作弄这些精神"也有详细的解说(第 393 页)。

② 朱熹年轻时曾倾倒于禅,这为人所熟知。接下来引用的《朱子语类》卷 104 第 38 条,作为朱熹本人叙述其情况的语言之一,常常被其传记所引用,但在这里,"昭昭灵灵"一语,也构成了一个重要的关键词。
"某年十五六时,亦尝留心于此。一日在病翁所,会一僧与之语。其僧只相应和了说,也不说是不是,却与刘说,某也理会得个昭昭灵灵底禅。刘后说与某,某遂疑此僧更有要妙处在,遂去扣问他,见他说得也煞好。及去赴试时,便用他意思去胡说。是时文字不似而今细密,由人粗说,试官为某说动了,遂被举。〈时年十九〉……"(中华书局点校本,第 2620 页)
据比较确切的说法,朱熹在这里见到的禅僧,是大慧宗杲的高足弟子开善道谦。意思是说,朱熹被评价理会到了"昭昭灵灵"的禅,便"怀疑"此人更有"要妙处",前往(转下页)

关于以上考察的论旨，梦窗疏石早已给予了一个极其明晰的总结。

> 今时大乘学者中有起此见之人。圆觉经云："比如摩尼宝珠之映五色，现其五色时，愚人如见宝珠实有五色。圆觉净性假现身心相时，愚人迷此而以为实有身心相。是故，说身心幻垢也"云云。永嘉大师云："损法财，亡功德，非云依此心意识"。长沙禅师云："学道人不知真，只久认识神故也"云云。初心学者，名坐禅，返照时，此心无形段，亦无边际，见昭昭灵灵处，思是主人公，计为本来面目。古人斥之弄精魂，认识神。圆觉经中说认贼作子，亦此义也。

近来，大乘学人中，有人持这种见解（神我之见）。所以，《圆觉

（接上页）直接求教。这里所谓"某也理会得个昭昭灵灵底禅"一句中，带有保留意见的语感，并未马上相信。这里的"疑"，也与禅宗语录的用法相同，用于意指推测背后肯定隐藏着什么（《禅语辞典》，参照第 81 页上"疑著"条目）。道谦的话，乍看起来，似乎肯定了朱熹对禅的体验，但其实当中还包含着批判朱熹只会得"作用即性"的禅而已的意味。很可能因为朱熹察觉到了其中被否定的意味，所以下决心向道谦参学（关于这一段所见的"昭昭灵灵"语与禅的"作用即性"说的管理学问题，前揭土屋论文已有论述）。

在此一段文字中，接着还叙述说，朱熹通过师事李延平，摆脱了禅的影响，最终回归到儒学的正统。关于李延平的指教，朱熹在另外一段中，这样说道："某旧见李先生时，说得无限道理，也曾去学禅。李先生云：'汝恁地悬空理会得许多，而面前事却又理会不得！道亦无玄妙，只在日用间着实做工夫处理会，便自见得。'后来方晓得他说，故今日不至无理会耳。"（《语类》卷 101，中华书局点校本，第 2568 页）。关于佛教的道理是一种"悬空"之理，朱熹还这样说道："释氏说空，不是便不是，但空里面须有道理始得。若只说道我见个空，而不知有个实底道理，却做甚用得？"（《语类》卷 126，第 3015 页）

那么，所谓非"悬空"的"实底道理"又如何呢？对此，朱熹一针见血的指出说："性是实理，仁义礼智皆具"（《语类》卷 5，第 83 页），又说："性便是仁义礼智"（《语类》卷 64，第 1569 页）。从自己的经验，朱熹应该知道禅宗内部已有对"作用即性"、"昭昭灵"进行批判的情况，但仍以"作用即性"为中心，展开对禅的批判，其理由就在这里。在朱熹看来，区分本性与作用的最大根据，就在于"性"与"理"是直接相连的。虽然也有禅僧阐说"性"与"用"的区别，但只要其"性"偏离了以名教秩序为内容的儒教的"实理"，那么其罪恶、弊害，与不建立"性"的"作用即性"的禅，是无任何区别的。如下语句，可以说直截了当地表达了朱熹批判禅的根本动机："佛老之学，不待深辨而明。只是废三纲五常，这一事已是极大罪名！其他更不消说。"（《语类》卷 126，第 3014 页）

经》说,如意宝珠映有五色,愚者以为五色为实在,(而非宝珠)。与此相同,圆觉净性,如果映现身心假象,愚者以为身心是实在,(而非圆觉净性),所以说身心是虚妄污垢。又,永嘉玄觉大师《证道歌》有"损发财,灭功德,莫由斯之心意识"的说法。长沙景岑禅师的偈语中,也有"学道之人不识真,只为从来认识神"的说法。初学者,以坐禅的名义反省自心,然而,"心"("魔尼宝珠""圆觉净性")是无眼之能见的形体和轮廓,只看到有"昭昭灵灵"的作用("无色""身心之相")。因此,初学者当下认为这就是"主人公",就是"本来面目"。然而,古人批判这是弄精魂,是视"识神"为实体的一种做法。《圆觉经》所说的"认贼为子",就是指的这个意思。①

通过以上的考察可知,《碧岩录》评唱中的"昭昭灵灵",是带有对知觉、认识、运动等身心上的生理作用予以否定意涵的一个语句表达。因此,它并不是作为一句带有肯定意味,以表达"主人公的跃动心态"而被使用的话语,而是作为一个对于将身心上的形而下的作用直接等同于"主人公"、"本来人"的见解——所谓"作用即是性"说——进行批判时的一个常套话来使用的。

那么,与此相配套而使用的"驴前马后"一语又如何呢?② 在《碧岩录》中,"驴前马后"的用例,共计有三例。一个是在这里被作为了主题,如下第 53 则公案的例子:

若只依草附木,认驴前马后,有何用处? 看他怎么用。虽似"昭昭灵灵",却不在"昭昭灵灵"。

---

① 柳田圣山《中国撰述经典——圆觉经》第 195 页。又,在荒木见悟《中国撰述经典》二《楞严经》(1986 年)第 56 页有以下一段:"此是前尘虚妄之相想,惑汝真性。汝由无始至今生,认贼为子,汝由失元常故,受轮转也。"
② "驴前马后",有解释为"跟在主人后面打转的仆人"(岩波文库本,第 53 则注,中卷第 211 页)。即跟在主人骑的驴和马的前后的随从者、仆人。不过,也解释为驴、马在前在后的样子。参见前揭《〈碧岩录〉杂考(四)——"马大师野鸭子"的话再读(续)》。

另一个例子，是此前作为"昭昭灵灵"例子业已讨论过的第 99 则公案：

> 忽若总认得"昭昭灵灵"，落在"驴前马后"。

最后一例，是第六十三则中颂古评唱如下一文：

> 雪窦不向句下，亦不认驴前马后，有拔转处，便道……（下，第 40 页）

如果我们要查找"驴前马后"一语的最早用例，便可在《景德传灯录》中发现有两例。一例见于卷 13 的陈尊宿章，一例见于卷 15 的洞山良价章。我们先看看陈尊宿章的用例。

> 师问新到僧："什么处来？"僧瞪目视之。师云："驴前马后汉！"僧云："请师鉴。"师云："驴前马后汉，道将一句来。"僧无对。（第 214 页）

陈尊宿问新来入门的僧人："哪儿来的？"这是禅僧初次相见时常用的一句问话。意思是说，来此之前曾住在哪位禅师的僧堂，但在其背后，常常带有问你在那里得到了什么，你由此如何把握自己等盘问的意思在内。

毋庸讳言，这与玄沙作为"昭昭灵灵"一起予以批判的"问著便摇身动手，吐舌瞪目"，以及圆悟所批判的"今时人，认得'昭昭灵灵'，便瞪目努眼，弄精魂"（第 99 则公案中的评唱）等，完全是同类观点的用词。陈尊宿谴责这样的观点，抛出的就是"驴前马后汉"这句话。

其次，我们来看一看洞山章的用例吧。该用例也录于《祖堂集》卷六洞山章，我们曾在第一章第二节列举过一次。这里，我们从宋代广为传读的《景德传灯录》中引用来看看。

> 师问僧："名什么？"僧曰："某甲。"师曰："阿那个是阇梨主人公？"僧曰："见只对次。"师曰："苦哉！苦哉！今时人例皆如此，只是认得驴前马后将为自己。佛法平沈，此之是也。客中辨主尚未分，如何辨得主中主？"（第 300 页下）

洞山问："名叫什么？"这也是初次相见时定型化的提问。当然，言外之意，是带有让你展示真实自己的意思。这时，僧人回答说："谁不是某人。"洞山更进一步问："既然如此，你的主人是谁啊？"僧人："现在回答的便是。"

不需赘述，这也是一种将"言语只对，扬眉瞬目"等活生生的身体作用直接与真实的自己——"主人公"相等同——的马祖风格的立场表达。洞山对其予以批判。僧人提出了"只对"（作用）＝"主人公"所谓马祖禅式的等式，对此，洞山将其推翻，"只对"不过是"驴前马后"，断定它不可能成为"主人公"（"自己"）。

无论是陈尊宿，还是洞山，通过"驴前马后"一语所批判的内容，与玄沙和圆悟用"昭昭灵灵"一语所批判的内容，是完全相同的。因此，圆悟对于把身心上的形而下的作用视为自己本性的说法，即所谓"作用即性"说，以及作为批判这种"作用即性"说而使用的一种常套语，往往是以成对的形式来使用的①。

如本章开始时考察的那样，"野鸭子"话头的最初原意，是指通过

---

① 不过，圆悟并没有主张排除身心活生生的作用而回归于本性这一立场。圆悟对"野鸭子"的话头，评价是"虽似昭昭灵灵，却不在昭昭灵灵处"，并未排斥作用本身，只不过是批判了无条件地将作用与本性相等的立场。圆悟本人对此虽未作说明，但我们如果加以注释的话，那么黄檗希运《传心法要》以下一段开示应该说明了这一点：
"此本源清净心、常自圆明遍照。世人不悟，只认见闻觉知为心，为见闻觉知所覆，所以不睹精明本体。但直下无心，本体自现，如大日轮升于虚空，遍照十方、更无障碍。故学道人唯认见闻觉知，施为动作，空却见闻觉知，即心路绝，无入处。但于见闻觉知处认本心。然本心不属见闻觉知、亦不离见闻觉知。但莫于见闻觉知上起见解，亦莫于见闻觉知上动念、亦莫离见闻觉知觅心、亦莫舍见闻觉知取法。不即不离、不住不著，纵横自在、无非道场。"（入矢义高《传心法要·宛陵录》，筑摩书房，《禅の语录》8，1969 年，第 19 页）

所谓见闻、痛痒这种活生生的身体感觉来把握自己的意思。这句话，忠实地表达了唐代马祖禅的基本思想。本则评唱所批判的"如今有底，才问著便作痛痒"的观点，尽管尚未拭去简便而又轻浮的印象，但仍然是这一思想的延续。

然而，圆悟尽管对于雪窦的颂也提出异议，但仍然如此试图拉开理解该话题的距离。圆悟常常批判它"跳不出"。其实，这就是指它不能从这种邪见中跳出的意思。圆悟曾在本则评唱中说："虽似昭昭灵灵，却不在昭昭灵灵处。"这说明了圆悟一方面承认"作用即性"式理解的自然性，同时，在此基础上，又试图有意识地拉开以这种程度去理解该话题的距离的一种苦心。而且，先于这种批判的所谓本来不存在什么迷悟的"无事"禅的见解，也曾受到了批判，这当然绝不是一件偶然的事情。因为，正如在第一章第一节所讨论的那样，"作用即性"与"无事"二者，作为"即心即佛"这一根本理念的具体表述，是构成马祖禅基调的表里如一的一种说法。圆悟对于唐代的问答，并没有进行个别性的解读，而是笼统地对马祖禅进行批判，试图从结构上对马祖禅进行解构。

《碧岩录》第7则公案，是所谓法眼的"慧超问佛"问答：

> 僧问法眼："慧超咨和尚，如何是佛？"法眼云："汝是慧超。"（上，第34页）

该处的评唱，一边引用法眼另外围绕"丙丁童子来求火"一语的问答，一边又对"有些人"的见解，如下进行批判：

> 有这〔＝者〕只管瞠眼作解会。所以道："彼自无疮，勿伤之也"（上，第35页）。

无论是"慧超问佛"，还是"丙丁童子来求火"，如果我们客观地解读，便可发现，它是指如实肯定现有自己的意思。而且，眼下，这种解释

正因为是风靡于世,因此,圆悟不得不对上述这种人进行批判:

——彼自无疮,勿伤之也。

这也就是说,自己本来是佛,可是又特意向人问佛,这就像是在本来完整无缺的身体上特意刺一些伤痕一样的愚蠢行为。毋庸讳言,这就是所谓主张自己既然当下就是佛,此外不需更求什么佛的"无事"禅立场的一种表达。这里需要引起我们注意的是,试图当场演示这种见解的"有些人"的做法,是一味地"瞠目"。"无事"与"作用即性",进入宋代,依然是主张对现有自己予以当下肯定的一套思想表达。圆悟将两者作为一对的批判对象进行处理,说明这种思想在他所处的时代,实际上曾一度以这种形式存在并发生过作用的事实①。

---

① 一夜本《碧岩录》中"丙丁童子来求火"的话头,将在本章第五节的注释中引用。关于此一则话头的详细译注,请参考小川《〈碧岩录〉杂考(六)——(九)》,《禅文化》第 190 期 (2003 年 10 月)—第 193 期(2004 年 7 月)。再者,道元在《办道话》中批判"即心是佛之旨"时,以此"丙丁童子来求火"的话头作为例证,其实与圆悟的用法是相一致的。道元在该处所批判的,是认为佛法原本存在于自己,因此,不论是经典的读诵,还是坐禅办道都无用的那些主张。可以认为,事实上指的就是无事禅风(具体很可能是指的所谓达磨宗的宗风)。
问曰:"或言:'佛法之中,若了达即心是佛之旨,口不诵经典,身不行佛道,于佛法亦无甚欠缺,但知佛法从本以来在之自己,以此为得道圆满,勿须更向他人索求,况乎烦于坐禅办道哉?'"
示曰:此言最不足取。若如汝言,有心者,由谁教此旨,有不知者。当知,佛法诚乃息止自他之见而学也。若以知自己即佛为得道,则释尊昔日不曾烦于化道也。且当以古德之妙则证之。昔则公监院,居法眼禅师会下,法眼禅师问曰:"则监寺,汝在我会下几多时?"则公曰:"吾侍佛会下,已三年。"禅师曰:"汝是后生,何不常向吾问佛法?"则公曰:"某甲不敢欺和尚,曾在青峰禅师处时,于佛法已了达安乐处。"禅师曰:"汝以何言而得入?"则公曰:"某甲曾问青峰:'如何是学人底自己?'青峰曰:'丙丁童子来求火。'"法眼曰:"好言也!但恐汝不会。"则公曰:"丙丁属火,以火更求火,会似以自己求自己也。"禅师云:"当知汝不会也。佛法若如是,则不传至今日也。"于此,则公燥闷,即起。至路途中,念禅师乃天下之善知识,又是五百人之大导师,谏我非,定有长处。乃归禅师下,忏悔礼谢,问曰:"如何是学人底自己?"禅师云:"丙丁童子来求火。"则公于此言下大悟佛法。当知以自己即佛之领解谓佛法者,非也。若以自己即佛之领解为佛法,禅师则不以前言引导之,亦不当如是诫之。唯自见善知识始,当咨问修行仪则,一向坐禅办道,勿须心留一知半解。佛法妙术,自不虚妄。[《正法眼藏》,岩波文库,(一),第 41 页]——译者按:此一段的译文依据何燕生译注《正法眼藏》,第 14—15 页(北京·宗教文化出版社,2003 年)

第三节 "赵州七斤布衫"话头与圆悟对无事禅的批判

一、我在青州——本则公案

作为圆悟改读唐五代禅问答原意的又一个例子,接下来,我们拟举《碧岩录》第45则"赵州七斤布衫"的话头进行讨论。据前一节关于"野鸭子"的话头,我们知道,"作用即性"的观点遭到了否定,而且,他们批判的言说还涉及作为与之配套的"无事"禅的思想。对于"无事"禅,以同样的观点予以批判的例子,已经在第一节讨论过的天平从漪的一则公案中出现过,是以下这样的形式:

> 如今人闻道"发足南方去,早知道错了也"便道:"未行脚时,幸自无许多佛法禅道。及至行脚后,却被诸方热瞒,不可未行脚时,唤地作天,唤天作地。见地不可唤作天,见山不可唤作水,幸自无一星事。"若怎么,只是流俗见解,何不买一片帽子戴,大家过时?更须圆顶方袍,有什么用处!佛法不是者个道理。

接下来我们将要解读的"赵州七斤布衫"话头,就是圆悟直截了当地针对这种"无事"禅批判的论点而提出的一则。该话头的本则,如下面所揭示,虽不见于《祖堂集》,但载于《景德传灯录》卷10《赵州章》和《赵州录》卷中等。文字上,彼此间基本相同。即便是《碧岩录》,无论是在一夜本,还是在通行本中,它们之间也完全没有差异①。

---

① 入矢义高监修、景德传灯录研究会编《景德传灯录》四,第87页,禅文化研究所,1997年。秋月龙珉《赵州录》,第204页,筑摩书房,《禅の语录》11,1972年。《碧岩录》,第141页,岩波文库本,中册。另外,以下所论述的解读,皆基于小川《〈碧岩录〉杂考(10)—(12)——赵州万法归一①—③》(《禅文化》第194期,2004年10月—2005年1月),以及《赵州の七斤布衫——禅问答の思想史》(《驹泽大学大学院佛教学研究会年报》第39期,2006年)论文。

僧问赵州:"万法归一,一归何处?"州云:"我在青州作一领布衫,重七斤。"(上,第191页)

僧问:"说一切事物归于根本的一者,那么,这个一者又归于何处呢?"赵州:"我在青州做了一件布衫,重七斤。"

赵州的回答,看上去,与僧所问的内容毫无任何关连,而且,实际上圆悟把它看做是与问话不具有关连的、没有意义的、超逻辑的一句问话(待后述)。然而,这个问答,原来真的就是一个离谱的、牛头不对马嘴的会话吗?这里,我们首先一边试图解读各个关键语句,一边探讨一下赵州这句话头的原意吧。

首先"青州"一词。《宋高僧传》卷11赵州本传把赵州当做是"青州临淄"(山东省临淄县)人。也就是说,"青州"并不是偶然想起的一个任意的地名,而恰恰是赵州自己的籍贯(《景德传灯录》、《赵州录》将赵州看做是"曹州"人,但这不是我们在这里所要讨论的问题)。禅问答中,确认对方籍贯,与确认名字一样,常常带有自己就是自己这种直接指称的含义。在前一节,我们谈到玄沙为了希望长庆慧棱能够领悟"直下是你"而阐说了各种情况的问答,在这些问答中,我们可以看到有如下一段文字:

> 你是棱道者,作么会?
> 只是棱道者,不用向外求!
> 你是两浙人,我是福州人;
> 若闻鼓声,只是你。[①]

这些都是为了让对方悟到"直下是你"——你就是你这一事实,没有任何什么可以向外求索的东西——是一种婆心式的指教。其中,值

[①] 入矢义高监修、唐代语录研究班编《玄沙广录》上册,第27页,禅文化研究所,1987年。

得我们注意的是,与所谓你恰恰就是"稜道者"这一说法是相同含义而使用了"你是两浙人,我是福州人"这样的说法。在中国,籍贯与姓名相同,是象征个人特性最为重要的事项之一。赵州提出自己的籍贯是"青州",这与上述引文一样,可以认为,它带有我就是我这样的含意。

其次"布衫"一语。"布"是麻布,"衫"是短袖的单衣服。并非庄重打扮的衣裳,而是一件朴素的衣服。虽与"衫"无关连,但《寒山诗》中有如下一首诗:

> 我今有一襦,非罗复非绮;
> 借问作何色? 不红亦不紫。
> 夏天将作衫,冬天将作被。
> 冬夏递互用,长年只者是。

"襦"是齐腰长的一种短上衣。这里所说的"一襦",比喻常与自己同在的自己的本分事。庞居士也有一首同样将超越一切形象的本来性自己比喻作"一大衣"的诗①。在《寒山诗》中,此外还有将同样的"一襦"比喻作"一卷经"的诗(入矢义高《寒山》第166页)。因此,上面这一首诗,咏颂"一襦",既不能特定之为任何的素材、色彩,又不能特定之为任何的用途,就是常常与自己相伴而受用不尽的一件上衣罢了。赵州的"布衫"也可看做与此"一襦"为同工异曲的比喻②。

那么,它为什么是"七斤"呢? 关于这一点,禅文化训读注本《景德传灯录》中如下的注释,颇富启发。

---

① 《庞居士语录》卷下:余有一大衣,非是世间绢;众色染不著,晶晶如素练。缝时不用线,有人自不见;三千世界遮寒暑,无情有情悉覆遍。如能持此大衣,披了直入空王殿。(以下略,《禅学丛书》3,中文出版社,1974年,第238页上)

② 寒山"一襦"诗最后一句"只这是",意指就是这样,在唐代的问答中,常常使用于指如实的自己。参见小川《语录のことば——唐代の禅》十八"只这个汉"条。

七斤约四公斤,与婴儿的重量相重叠。①

综合以上三点,我们可以这样解释:所谓在"青州"做的"七斤""布衫",比喻作了在故乡呱呱坠地的"娘生下——有生以来"的我这个自己。也就是说,所谓赵州向僧回答的,就是万法归一,其一所归的去向,即离开当下存在的、活生生的自己,别无其他东西。

赵州就是站在了这样的立场。这,我们可以从《景德传灯录》卷28《赵州和尚语》以下的一段文字中得到旁证:

> 未有世间时早有此性,世界坏时此性不坏。从一见老僧后更不是别人,只是一个主人公。这个更用向外觅物作什么?正恁么时,莫转头换脑。若转头换脑即失却去也(第592页上)。

赵州说,"此性",在世界生成以前就已存在,世界崩溃后,也将继续存在。但它不是别的,就是你现在面晤的"老僧",也就是这个"主人公"。它并不是在自己之外,可以到处去寻找的东西,你如果去四处寻找它,那它当即就会销声匿迹。

听了赵州此番话语后,有一位僧人便提问:

> 时有僧问:"承师有言世界坏时此性不坏。如何是此性?"师曰:"四大五阴。"僧曰:"此犹是坏底,如何是此性?"师曰:"四大五阴。"(第592页上)

---

① 参见前揭《景德传灯录》。顺便一提的是,鲁迅的短篇小说《风波》(1920年)中有以下一段。虽年代相差甚远,度量衡也不同,不过,"七斤"这一词语作为意指刚刚出生不久的婴儿体重的例子,这里我们试引用,以作参考:"这村庄的习惯有点特别,女人生下孩子,多喜欢用秤称了轻重,便用斤数当作小名。九斤老太自从庆祝了五十大寿以后,便渐渐的变了不平家,常说伊年轻的时候,天气没有现在这般热,豆子也没有现在这般硬;总之现在的时世是不对了。何况六斤比伊的曾祖,少了三斤,比伊父亲七斤,又少了一斤,这真是一条颠扑不破的实例。所以伊又用劲说,'这真是一代不如一代'!"(竹内好《鲁迅文集》Ⅰ,第78页,ちくま文库,1991年)

僧人说,我早就从师父那里听说了所谓在世界生成之前就已经存在,在世界崩溃之后仍将继续存在的绝对"此性"。可是,"此性"到底是什么呢?赵州若无其事的回答说:"四大五阴。"僧人纳闷地再问:"那不还是要毁灭掉的吗?"本人问的是超越生灭的"此性"。赵州还是一句:"四大五阴。"

所谓绝对的"此性",就是由虚妄而无常的"四大五阴"所构成的这个活生生的自己,除此之外,不会有什么绝对普遍的"此性"。赵州就是这样说的。因此,要求你不要转头换脑地向外四处寻找。我们如果将以上议论的内容简约地进行说明,便可得到"此性"="老僧"="主人公"="四大五阴"这样的等式。我们如果用一句话来总结的话,也可以说成是"无名实性即佛性,幻化空身即法身"(永嘉玄觉《证道歌》)。上述关于"青州七斤布衫"的理解,与这种旨趣相一致①。

这样的理解,更与《景德传灯录》卷 8 福溪和尚章以下的问答相吻合。相反,我们如果把该问答的意思与上述"七斤布衫"的理解相对照,那么它的含义将会更加明朗化了。

  僧问:"缘散归空,空归何所?"师云:"某甲。"僧云:"诺!"师云:"空在何处?"僧云:"却请师道。"师云:"波斯吃胡椒。"(第 129 页上)

僧问:"因缘离散,一切归于空。然而,空又归于何处呢?"该问,与"万法归一,一归何处"的问题非常相似。不知福溪和尚是否听到了这句问话,他出乎意料地呼叫了该僧的名字:"某甲"(所谓"某甲",实际上当时是呼喊了该僧人的名字,但记录上却记载"某甲")。

---

① 赵州还有如下的问答。所谓"无疾之身",意指与生老病死无关的不灭法身(《禅的语录》11《赵州录》,筑摩书房,第 276 页):"问:'如何是无疾之身?'师云:'四大五阴'。"

自己的名字突然被呼叫，僧人当下回应"是！"于是，福溪和尚静静地说了一句："空在何处？"乍看起来，这似乎是一句毫无脉络的语句。不过，它是说，你回答"是"的当下，其实就是"空"的归宿点，是一句启示的话。出乎意料地自己的名字被呼叫，不假思索地予以"回应"，这种活生生的作用之中，自己的本来面貌全部显露无余。唐代禅中，尤其在马祖系的禅中，希望从这类对话中能够发现这种旨趣的问答，可谓不胜枚举①。

然而，僧人并未注意到这层含义，说："这正是本人想要问师父的问题。"自己回应了，却未发现是关涉自己的事情，完全把它看做是别人的事情了。对此，福溪和尚当时很可能是大失所望地叹了一口气，说："波斯商人在吃自己卖的胡椒！"。意思是说，被喊叫名字，自己回答"是"，这种作用，自己已经充分享有了，却丝毫没能发现它的存在！

福溪的这个问答，所谓万法归空，空之所归，其实就是被喊叫而立刻回应的那个活生生的自身，除此之外，别无他物——作为这种旨趣的问答，与前述赵州"七斤布衫"的问答，是可以互为参照的。

二、一击便行处——本则评唱（一）

那么，圆悟是如何解说这个"七斤布衫"话头的呢？这里，我们暂且将此则关于本则公案的评唱分为三段进行解读。先解读第一段。

> "赵州布衫"若向者里一击便行处会，天下老和尚鼻孔一时穿却，不奈何，自然水到渠城〔＝成〕。苟或踌躇，老僧在你脚跟底。佛法省要处，不在多言，不在繁语。只如者僧问州道："万法归一，一归何处，"他却答道："我在青州作一领布衫，重七斤。"若向语上辨，错认定盘星。不向语上辨，争奈他恁么道。者公案，

---

① 已在第一章第一节进行了考察。另外，请参见小川《语录のことば——唐代の禅》八"呼时历历应"条。

虽难见却易会,虽易会却难见。难见却似银山铁壁,易会直下惺惺,无你计较是非处。与普化大慈般若体话,更无两般。(上,第192页)

因为需要说明的语句太多,我们再来将它分成三段来解读。

(1)"赵州布衫"若向者里一击便行处会,天下老和尚鼻孔一时穿却,不奈何,自然水到渠城〔＝成〕。苟或踌躇,老僧在你脚跟底。佛法省要处,不在多言,不在繁语。

"一击便行",《碧岩录》中,仅见此一例。很可能是与"剔起便行"等相同,意指受到瞬间激发的契机后,不假思索地当即彻悟。"穿却鼻孔",意指在牛马的鼻子上用绳子穿一个孔,自由自在地牵着的意思。"水到渠成",是一句成语,意指条件成熟,事物自然就会运用自如;《碧岩录》中,常常与"风行草偃"相对应来使用①。

圆悟说:"一击便行",你如果这样去领悟此"七斤布衫"公案,那么天下的老和尚们将被你们当即剥夺了主导权,落到一个束手无策的地步。这样,水往低处流,自然而然地便形成一条河流。可是,如果不"一击便行",稍有思量分别夹在一起,略有"踌躇",就不得不落入"老僧在你脚下"这样的结果。因为,佛法的关键,与语言的多寡、详略是完全无缘的。

问:"如何是昆卢向上事?"师云:"老僧在你脚底。"云:"和尚为什么在学人脚底?"师云:"你元来不知有向上事。"(《禅の语录》11,《赵州录》第183页)

---

① 关于"剔起便行"一语的含意,在拙文《〈碧岩录〉杂考(二)》中进行了考察(见《禅文化》第 186 期,2002 年 10 月)。又,关于"穿却鼻孔",可参见无着道忠《葛藤语笺》(禅文化研究所《禅语辞书类聚》二,第 167 页);关于"水到渠成",可参考刘洁修编著《汉语成语考释词典》(商务印书馆,1989 年,第 1029 页)。

僧:"如何是超越法身处?"赵州:"老僧在你的脚下。"僧:"为何和尚在我的脚下?"赵州:"原来你是不知有向上事的啊!"

既然问到超出一切层面的事,我的事情理应早就跳出去了。连这种自觉都没有,口口声声说什么"向上事"的大话!乍听起来,这似乎是一句挖苦对方的说法,但是,在此通过刺激性地使用"脚底"一语,以让僧人当下领悟"脚跟下"的事情,有一种婆心的意图①。

圆悟很可能就是以此问答作为典故,将"老僧在你脚跟下"一语,以"丧失脚跟下事"这一带有整合性意味的成语来使用。也就是说,"佛法省要处"与语句的繁多无关,所以如果"踌躇"而稍于思量、言句有所涉猎,那么你当即便像"老僧在你脚跟下"的问答一样,不得不丧失自己的立足点(因此,这里的"老僧",我们不应理解是指圆悟的所谓第一人称)。接下来,圆悟进入本则公案。

(2) 只如者僧问州道:"万法归一,一归何处,"他却答道:"我在青州作一领布衫,重七斤。"若向语上辨,错认定盘星。不向语上辨,争奈他怎么道。

僧向赵州问"万法归一,一归何处,"可是赵州却回答"我在青州,作一领布衫,重七斤。"这样一来,如果是基于语句去解释,就会丧失问答的关键,反之,如果离开语句,那么赵州眼下如此说话的事实又不可忽视。

"只如……"是以某个事情再一次作为主题而提出时的一句发语词。"那么,就……来说,"或者"那么,提到……问题。""定星盘",是秤上的秤星。"错认定盘星",比喻被秤星所束缚,从而失去了重要的、事物的轻重②。"争奈……"是"争奈……何"(文言文是"奈……

---

① 赵州的回答很可能是沿袭了南阳慧忠以下的问答:"(肃宗)又曰:'如何是无诤三昧?'师(慧忠)曰:'檀越蹋毘卢顶上行。'曰:'此意如何?'师曰:'莫认自己作清净法身'!"(《景德传灯录》卷5慧忠国师章,第85页下)

② 参见《葛藤语笺》,第149页。

何")的省略型,禅籍中多用于意指对于该事实怎么也不能否定。

这里值得注意的是,关于赵州的答话,圆悟评为"却"言。也就是说,圆悟认为,赵州不顾僧的提问,总是回答与其提问不相关的问题。在这里,赵州的语言,并不是回答作为根本一者进一步的归宿处的自己,而是被视为与问答脉络相反的非逻辑的语句了。正是因为基于了这样的理解,所以圆悟指出说,如果试图依照字句去理解,赵州的真意将丧失殆尽,反之,如果完全离开字句,那么赵州眼下如此说话的事实又该怎么看待呢?

既不能被言辞所束缚,同时又不能忽视赵州的句子,这时,我们该怎么办呢?圆悟就是这样当面提出二律背反的原理,进而又对此进行如下说明:

者公案,虽难见却易会,虽易会却难见。难见却似银山铁壁,易会直下惺惺,无你计较是非处。与普化大慈般若体话,更无两般。

这个公案,虽难以见到,但容易理解;虽容易理解,却又难以见到。从难以见到来说,它就像一座耸立的"银山铁壁",不让人接近;从容易理解来说,它不存在什么议论对错的余地,是当下直接而明明白白的。因此,此公案与普化、大慈、般若体的话头完全相同。

如此说来,我们肯定会想到所谓"见"与"会"之间到底有何区别的问题,不过,这里并没有把"见"与"会"视作一种对立的概念。两句合起来,是说这个公案,一方面易"见",易"会",但另一方面,又难"见",难"会"。也就是说,说容易,特别容易;说困难,特别困难。意思是说,如果将这个公案用"多言""繁语"来把握,那将永远得不到理解。反之,如果作为无"计较是非处",不加解释,"一击便行",彻底地去接受,那就丝毫不存在产生疑问的余地了,当下便是明明白白的。

虽然圆悟说这恰如"普化、大慈、般若体"的话头,但具体指的是哪个公案,我们不清楚。假如我们向《碧岩录》中去寻找相关的公案,那么第 37 则"盘山三界无法"的本则评唱中所引用的所谓普化"打筋斗"的话头(上册,第 163 页),所谓一外道目睹世尊沉默而赞叹"世尊大慈大悲"的第 65 则"外道良马鞭影"的话头(下册,第 43 页),以及智门光祚回答关于"般若体"和"般若用"问题的第 93 则"智门般若体"的话头(下册,第 136 页,通行本是第 90 则),都可以当作候补来考虑。通行本该处作:"此话与普化道来日大悲院里有斋话,更无两般。"

总之,圆悟在这里虽然认为赵州的一句不可能用逻辑去解释,但对其存在价值的本身,并没有予以否定,说他是俨然绝对的一句。

三、向极则头转不得处转得——本则评唱(二)

本则评唱更加继续——

> 如僧问:"如何是祖师西来意?"答云:"庭前柏树子。"者公案向极则头转不得处转得,令交〔=教〕盖天盖地。若转不得,触途成滞。这僧问他:"万法归一,一归何处,"答道:"我在青州作一领布衫,重七斤。"且道他有佛法商量也无? 若道有,他又不曾说心说性,说玄说妙。若道无,又不辜负你来问。(上,第 192 页)

比如赵州有这样的问答。"祖师西来意如何?"答:"庭前柏树子。"此公案,是在不能再转身的终极点上而得以转身,盖天盖地。如果不能像这样得到转身,那将到处发生障碍。

据本则,僧问"万法归一,一归何处,"回答"我在青州作一领布衫,重七斤。"对于这个公案,你认为如何? 这里有否"佛法"的议论? 如果有,那与赵州不说"心性"、"玄妙"相矛盾。反之,如果说无,则又与赵州不辜负僧问相矛盾。

关于"柏树子"的话头,我们在序论中进行了详细的考察。然而,圆悟也同样地因知识不能解决的所谓走投无路的极点上,认为赵州提示了一个鲜明的转身的话头。而且,以此作为例子,指出无论是"七斤布衫"的话头,还是讨论"心性"、"玄妙"的所谓"佛法商量"——都不落于"多言"、"繁语"的分析讨论,且又不辜负僧问。这其实是以前曾将此问答看做"若向语上辩,错认定盘星;不向语上辩,争奈他(赵州)恁么道"的一种不同说法。无论是"庭前柏树子",还是"七斤布衫",都未陷入意义和逻辑系统之中,相反,同时又未拒接语言而放弃对僧的应酬。圆悟就是这样予以赞叹的。

要考察圆悟对于这两个话头的处理情况,较为方便的,是我们可以参考"香严上树"的话头。香严的话头,作为《无门关》第5则,广被人们所知晓。虽然有点拉杂,但这里我们还是从驱使一切语言以论述其意涵的《祖堂集》引用来看看。

师问僧:"如人在高树上,口衔树枝,脚不踏树,手不攀枝。下有人问'如何是西来意',又须向伊道。若道又被扑杀,不道违于他问。汝此时作摩生指他,自免丧身失命?"(第355页上,第702页)

香严问僧:"比如人在高高的树上,一口咬着树枝吊着。脚不踏树枝,手也不挂树枝。这时,突然走来一个人问'祖师西来意如何?'而且又不得不回答。如果张口,则自己落地而死;如果一言不发,却又对不住该人的提问。那么,这时,你该如何表示才不至于丢掉自己的性命呢?"

张口用语言表达,"祖师西来意"则丧失殆尽;如果一言不发,则又不能传达于人。这是一个如何才能够打破二律背反原理的比喻。正如《祖堂集》不厌其烦地所强调的那样,在这里,所谓沉默的答案被尘封了。香严在这里唯一要求且唯一容许的应对是:既不堕入语言相对的层面,同时又能提出表达"西来意"的一句以说给学人。

圆悟很可能是以相同的意图,列举"柏树子"和"七斤布衫"话头的。圆悟认为,如果用语言说出,则堕入理路,反之,如不用语言,则辜负了僧人求道的热情，使其大失所望。而赵州则在这二律背反的尽头，轻轻地一翻身，巧妙地解决了这一矛盾。赵州并未进行什么"心性"、"玄妙"之类的"佛法商量"，却同时又认真地回答了僧人的提问。圆悟所要叙述的，就是这个道理。在这里，无论是"柏树子"，还是"七斤布衫"，虽同是语言，但并没有被任何意涵和逻辑关连所组合进去——不过，正因为是语言，才能够回应僧人求道的愿望——被看成是一句绝对的一语了。理解这个道理的唯一的方法，是停止以语句进行逻辑性的、分析性的解释，通过"一击便打"来体悟它，"直下惺惺"，只有如此罢了。

四、大底大，小底小——本则评唱(三)

接着，圆悟为了与这种见解相对比，将自己认为错误的两个问答作为证据，提了出来：

> 只如僧问木平："如何是佛法大意？"平云："冬爪〔=瓜〕如许来大。"又问："深山里还有佛法也无？"答云："石头大底大，小底小。"看佗者般公案，浇〔=渣〕讹在什么处？（第 193 页上）

另外，还有这样的话头。僧问木平："如何是佛法的根本道理？"木平："冬瓜是这么大。"又问："深山老林里还有佛法吗？"答曰："那里的石头，大的大，小的小。"

试看！该公案错在哪里？

圆悟就是这样以批评的语调，列举了这两个问答。一个是木平善道的问话。木平曾参乐普元安而不契，后来嗣法于盘龙可文，其语录收录于《景德传灯录》卷 20、《宗门统要集》卷 9、《联灯会要》卷 25、《五灯会元》卷 6 等。但这一则却不见于这些灯录，似乎是引自当时禅门中的口传。问答内容本身，极其简明，意思是说，眼前的冬瓜是这么大，它就是佛法的第一义。

另一问答,在上述引文中被当作了木平问答的继续。其实,它是归宗道诠(也称九峰道诠,嗣延寿慧轮)的话头,在《景德传灯录》卷24中,是这样被记录下来的(《会要》卷27、《会元》卷8也几乎相同)。

> 问:"九峰山中还有佛法也无?"师曰:"有"。曰:"如何是九峰山中佛法?"师曰:"山中石头,大底大,小底小。"(第491页上)

僧人用实际住地九峰山中的风光,问道诠的佛法内容。对此,道诠回答说,这里,石头大的大,小的小,它们都以各自的大小而如实地存在着,这就是我们九峰的佛法。所说的内容,与前面的木平的问答并无二致。圆悟的引用方法,则通过从文脉上除去"九峰"这一主人公的存在,使得与人的存在方式毫无关系,以自然就是自然的状态作为佛法的内涵,从而显得更加夸张,更加突出了。对每个事物的自然状态如实地予以肯定的这种见解,在这里,被当作代表所谓"无事"禅的观点而引用了。这种观点,与通过"一击便行"来领会所谓不关涉语义与理路的绝对一句的圆悟的主张,恰好相反。其意图,在这里虽然尚未明确地被指示出来,但后来通过颂的评唱,阐述了对"无事"禅的批判,明显地被当做负面的实例来论证了。

五、下载清风——雪峰的颂与颂古评唱(一)

以上是本则评唱的全文。那么,雪窦附上了一个什么样的颂呢?对此,圆悟又是如何评价的呢?该则公案的颂,是如下一首:

> 遍辟曾挨老古锥,七斤衫重几人知。
> 如今抛掷西湖里,下载清风付与谁。

以下,我们依照圆悟的评唱来解读它。首先,关于颂中第一句、第二句,评唱如下:

"编辟曾挨老古锥。"万法是编避〔=辟〕，教归一致。问挨拶赵州，赵州也不妨作家，向转不得处出身，开大口向他道："我在青州作一领布衫，重七斤。"雪窦道："七斤衫重，能有几人知？"（上，第193页）

北宋初期汾阳山昭将禅问答的发问类型分成十八种，有"汾阳十八问"的说法，圆悟也在评唱中常常引用这种说法。"编辟"，是其中的一种，通行本将此处作"十八问中此之谓'编辟问'"（岩波文库，中册，第145页）。关于"十八问"的详细情况，我们今天可以通过《人天眼目》卷3得到确认。不过，该处既无定义，又无解说，只是列举了每一则公案的具体例子而已。该处被视为第五"编辟"例子的，是如下的发问：

——尽大地是个眼睛，乞师指示。（《续藏经》第113册，第422页左下，《禅宗全书》第32册，第288页下）

"偏辟"或"编僻"、"遍僻"的具体字义，不甚明确，不过，将此例与本则"万法归一"云云的发问结合起来观察，似乎正如圆悟所说的那样，的确是一个旨在将一切事物进行单一化的发问①。其次，"老古锥"，指受损耗后圆钝钝的陈旧锥子。比喻失去了锐利功效，表面上的功能虽不能显现，但在内涵上却是一位沉着而又深邃的枯淡老僧。在这里，当然指赵州②。

接下来，该颂第二句"七斤衫重几人知"，圆悟将其说成是"七斤衫重，能有几人知。"这是一句反语，意思是说赵州所说的"七斤布衫"的真意，又有几人懂得呢！似乎暗指像大多数人一样，不能按照字面去理解"七斤布衫"——不能认为"七斤"是一个实数而说长道短。

---

① 因此，《葛藤语笺》第79页所谓"累问事相逼"的解释，并不恰当。
② 参见《葛藤语笺》，第116页。

如此看来，该颂第一、二句，我们可以这样来理解它：僧人用"万法归一"这一"编辟问"的方法向赵州古佛严词追问。赵州对其回答说"七斤布衫"。然而，该语句岂止七斤重，其实是将万法归集于一个的非同寻常的"七斤布衫"。在这里，"七斤布衫"被一元化为与宇宙万法总体相对等的东西了，而这一点与视"七斤布衫"为绝对无分节一句的圆悟的立场相重叠。圆悟在此形容赵州的一句为"向不得转处有出路"，也与前述本则评唱将"柏树子"一语解释为"极则不得转处转得……"，是互为对照的。

接下来，关于在该首偈语中具有转折作用的第三句，圆悟如下叙述：

"如今抛掷西湖里。"万法同归一致，如今亦不要，七斤布衫亦不要，掷向西湖里！雪窦住洞庭，有西湖。

所谓"如今抛掷西湖里"，意思是指在万法归为一者的当下，其一者也不需要了，与一者相对的"七斤布衫"也同样不需要，"万法"也好，"一"也好，"七斤布衫"也好，都将一起投到西湖里。这里说到的"西湖里"，是因为雪窦住在洞庭湖畔，在其旁边有一个西湖的缘故。

雪窦在这里将本则所谓根本的"一者"更归何处的意旨，改读成连根本的"一者"也应该抛弃这层意思了。而且，最后用"下载清风付与谁"的结句来总结该颂的含意。

"下载清风付与谁。"此是赵州示众："你若向北来，我与你上载。你若向南来，与你下载。你若从雪峰来，也只是个担板汉。"雪窦如此清风，付与谁人？

"下载清风付与谁？"这一句沿袭了赵州的示众。曰："你如果来自北方——所谓佛法——我为你背一个行李；你如来自南方，我为你卸下这个行李。你若是从雪峰来,也不过是一个担板汉而已!"①雪峰的如此"'下载'清风",应该授予谁人呢?

该颂的结束方式,给人留下了一个回味。言外之意,很可能是想说明,放下"佛法"这个行李而呈现出来的本来无一物的洒脱风光,如何受用,全凭你们各个自己了。

以上,我们如果结合圆悟的评唱来解读,那么,雪窦颂大致可以进行以下的意译。

> 偏辟一问,若是追问赵州古佛,
> 得到的将是无限大的"七斤布衫"的回答。
> 然而,这些,现在也要把它们抛弃于西湖。
> 之后,又有谁来受用随风吹来的无一物的凉风呢?

六、悟了还同未悟时——颂古评唱(二)

以上是雪窦颂的评唱与解释。与前面考察的原意相异,在将赵州"七斤布衫"看做是万法归一的绝对的一语这一点上,雪窦也好,圆悟也好,都是相同的。然而,雪窦舍弃它,提倡应该享受"下载清风";而另一方面,圆悟针对这一语,则阐说应该通过不假思索地一击去体会它。如果是这样的话,那么,他们二人之间的解释,就像对立一般了。然而,圆悟通过在引用赵州"上载""下载"的语句的同时,还试图使真正的"无事"之为何的问题的讨论得以拓展,以解消这一对立。

> 装〔=上〕载者。与说心说性,说玄说妙,种种方便,接引初机。若下载,无许多义路。有底担一担禅,到赵州前,一点也使

---

① 见《禅の语录》11《赵州录》,第348页。关于这里所引用的赵州语,在入矢义高《雪峰と玄沙》、《云门の禅・その"向上"ということ》两篇中,有精彩的解说。皆收入《自己と超越——禅・人・ことば》(岩波书店,1986年)。

不着,一时与他下载打迭,教洒洒落落,无一星事。谓之"悟了还同未悟时"。如今有者尽作无事会,便道:"无迷无悟,无思无惟,不要更求。只如佛未出世时,达摩未西来时,不可不恁么。用佛出世作什么?祖师西来作什么?须是大彻大悟始得。然后山依旧是山,水依旧是水,乃至一切万法,皆只依旧,方始为无事底人。不见龙牙道:'学道先须有悟由'"云云。赵州这七斤布衫话,古人与么道,可谓如金玉。山僧与么说,诸人恁么听,总是上载。作么生是下载?

在这里,我们也分成三段来解读吧。

(1)装〔=上〕载者,与说心说性,说玄说妙,种种方便,接引初机。若下载,无许多义路。有底担一担禅,到赵州前,一点也使不着,一时与他下载打迭,教洒洒落落,无一星事。谓之"悟了还同未悟时"。

所谓"上载",意指说明"心性"、"玄妙"的道理,施种种方便,以教导初学者。另外,若是"下载",则指没有许多的"义路"。即便是挑着所谓满担"禅"的行李者,一旦走到赵州跟前,一点也用不着,这些行李当下将被卸下,将被收拾得干干净净,毫无一点剩余。这叫做"悟了还同未悟时"。(《景德传灯录》卷1提多迦章,卷29龙牙和尚颂)

"心性"、"玄妙"或者"许多义路",皆指与平常无事的世界相异的、不同层面的形而上的理论和教说——所谓"佛法"、"禅道"——的称谓①。

---

① 在前面讨论的本则评唱中有"若道有,他又不曾说心说性,说玄说妙";又,在第8则评唱中有"一代时教,五千四十八卷,不免说心说性,说顿说渐"等,可参考。以对称的形式使用"佛法""禅道"的例子,以本章第一节所考察的第98则评唱为首,不胜枚举。例如《圆悟佛果禅师语录》卷12有"浩浩作佛法见解,作禅道商量"。(《禅宗全书》41册,第297页下;《大正藏》第47册,第769页下)

上述一段意思是说，学人担起"佛法"、"禅道"，是"上载"；将这些卸下，成为无一物，是"下载"，以此来称赞赵州"下载"的本领之高明。然而，我们不能忽视的是，最后是以"悟了还同未悟时"一语予以总结的。正是因为这一句，师能"下载"，是因为学人事先业已担着"佛法"、"禅道"行李的缘故——所谓"下载"，最终是"悟了"之后还"同未悟"——这一含义被重新加进去了。圆悟在这里试图把赵州"下载清风"，与一开始就不存在的单纯的"无事"禅相区别，因此，其评唱，如下继续进行：

(2) 如今有者尽作无事会，便道："无迷无悟，无思无惟，不要更求。只如佛未出世时，达摩未西来时，不可不恁么。用佛出世作什么？祖师西来作什么？须是大彻大悟始得。然后山依旧是山，水依旧是水，乃至一切万法，皆只依旧，方始为无事底人。不见龙牙道：'学道先须有悟由'"云云。

可是，如今有人不管如何，便作"无事"禅那样的理解，说："本来没有'迷悟'，也没有'思维'，而且，也不需要什么追求。佛出现于此世之前，达磨西来之前，一切只是'恁么——如是'，除此之外，再无其他。既然如此，说什么佛之出现（'佛法'），祖师之西来（'禅道'），又能如何？"

然而，并非如此。必须大悟！然后，山仍然是山，水仍然是水，而且，一切万法，亦复如是。如是才能成为"无事人"。龙牙居遁禅师当年不是也曾这样说过吗？

学道先须有悟由，还如曾阁快龙舟；
虽然旧阁于空地，一度赢来方始休。
（《景德传灯录》卷29 龙牙和尚颂，第607页）

求道首先必须要求开悟。这就像竞赛完后的龙舟一样，

虽然在竞赛之前,龙舟放在了空地上,
但那是一度获胜之后,才在那里休息的。

这一节,充分地表达了在批判无事禅的同时,阐说真正无事的所谓《碧岩录》评唱的特色。本来什么都不存在,既不需要"佛法",也不需要"禅道",只要不添入这些多余的东西,一切但是如实而充足——这种"无事之会",是圆悟不厌其繁地予以严厉批判的对象。在前面本则评唱中,所谓"冬瓜如许来大"、"石头大底大,小底小"等问答,之所以被圆悟以否定的态度所看待,当然就是为了进行这样的批判所埋下的一条伏线。

然而,与此相对称,圆悟所提示的理想的境地,当然只有山是山,水是水这一世界了,这也就是诸法如实地个个圆满成就的世界。这看似与"无事之会"没有差别,但它有一个决定性的不同,那就是该境界被看做是在"大彻大悟"之后的事情。如果说无事禅是在零度那一点上,那么,圆悟所说的真正的无事,则是业已经历了世界被一百八十度大翻转后的"佛法"、"禅道"的境界了,是在此基础上而到达的三百六十度的无事了。因此,它并非山是山,水是水,而是被表达为"山依旧是山,水依旧是水"。表达依然如旧含意的"依旧"一词,在这里固执地被反复来使用,不外乎就是想要强调,这种境界并不是从它一开始就存在于那个地方,而是再一次返回来的时候所看到的一种风光。

前面讨论的,认为以"悟了"为基础的"同未悟时"以及有"上载"才有"下载"的主张,也与这里的意思相同。最后所讨论的龙牙颂,也是为了论证"阁于空地"(无事)→"一度赢来"(佛法、禅道)→"方始休"(无事)这一圆环逻辑而引用的。也就是说,圆悟在这里通过提示"未悟"(零度)→"悟了"(一百八十度)→"还同未悟时"(三百六十度)→"无事"(零度)→"大彻大悟"(一百八十度)→"无事"(三百六十度)这一圆环逻辑,以摈弃所谓迷悟、修证都无用的庸俗的"无事"禅的主张,从而使得所谓大悟之必要的实践要求和本来无事的禅的理想两者得以确立。

于是,该则评唱以如下一段作为了结尾:

(3)赵州这七斤布衫话,古人与么道,可谓如金玉。山僧与么说,诸人怎么听,总是上载。作么生是下载?

赵州"七斤布衫"这句话,古人如此的说法,恰如黄金、宝玉。与此相对,我这么说,诸君这么听,归根结底不过是"上载"而已。那么,真正的"下载"是什么样子的呢?——关于这一点,各人各自去体会吧。圆悟很可能是这么发问,以结束本则公案的吧。

第四节 圆悟对无事禅的批判与无事理念

一、第九则"赵州四门"——圆环逻辑

一切本来圆满成就,因此,不必修行,也无开悟的必要。宋代禅者对于这种主张,用一种带有批判的口吻,称其为"无事禅"[①]。对当下现有的自己予以全盘肯定的所谓"平常无事"的主张,其实也是唐代马祖禅的重要基调。然而,至宋代,这种主张逐渐趋向庸俗化,倒是其弊害层面受到了人们的青睐。对这种"无事禅"的批判言说,《碧岩录》中也散见于各个篇章,这其实也是圆悟一贯以来的立场。

然而,如前节所讨论的那样,圆悟对"无事禅"展开激烈批判,在强调需要大彻大悟,以打破"无事禅"的同时,另一方面又对"无事"本身不予否定,反而将其视为一种终极的境界。也就是说,圆悟通过采用如下的圆环逻辑——

---

① 圆悟本人使用"无事禅"一语的例子,见于文后的引文。这里,作为圆悟以前禅者的使用例子,试举大慧《宗门武库》卷1如下一例:
翠岩真点胸,尝骂舜老夫说无事禅。石霜永和尚,令人传语真云:"舜在洞山,悟古镜因缘如此。岂是说无事禅!你骂他自失却一只眼。……"(《宗门武库辑释》,《禅学典籍丛刊》4,临川书店,2000年,第394页下;《大正藏》第47册,第945页下)

"未悟"(0 度)→"悟了"(180 度)→"还同未悟时"(360 度)

"无事"(0 度)→"大彻大悟"(180 度)→"无事"(360 度)

将"无事禅"的批判、要求大悟、"无事"的理念这三个论点,包容在一个系统之中,并试图让这三者同时得以成立了。

这一节将继续对这一说法进行讨论,进而对其形成的背景试作考察。

先从《碧岩录》第 9 则"赵州四门"的本则评唱的考察开始吧。本则是如下的一问一答:

> 举僧问赵州:"如何是赵州?"州云:"东门,南门,西门,北门。"(上,第 43 页)

这个话头是说,针对僧问赵州禅师的境况,当事人赵州回答了自己居住的赵州城(城墙围绕的赵州街)。该问答见于《赵州录》卷上(筑摩书房,《禅の语录》11,第 102 页),但不见于《祖堂集》、《景德传灯录》、《宗门统要集》等以前的灯史类文献,很可能是进入宋代后,重新创造的一个公案。又,圆悟的弟子大慧对该话头用如下由两段对话组成的形式予以引用:

> 示众。举僧问赵州:"如何是赵州?"州云:"东门,南门,西门,北门。"僧云:"不问这个。"州云:"你问赵州蓴。"(《大慧普觉禅师语录》卷 8,《禅宗全书》卷 42,第 290 页下;《大正藏》第 47 册,第 844 页中)

在后面引用的评唱中,圆悟也是以这样两段组成的对话形式来举此话头的。然而,我们并不能找到比这还要早的出处,而且,圆悟、大慧之外,以这种形式引用该话头的人也比较少见。因此,认为圆悟通过该评唱而增补进去的修饰部分,后来大慧也把它继承下来了。我们这样去考量,也许是最为自然不过的吧。

总之,单单是依靠这些只言片语,我们是难以得到一个正确判断的。不过,我们以《碧岩录》第52则所采用的如下"赵州渡驴渡马"等话头,找出一个合理的解释,也并非不可能。

> 僧问赵州:"久响赵州石桥,到来只见略彴。"州云:"汝只见略彴,不见石桥。"僧云:"如何是石桥?"州云:"渡驴渡马。"(下,第6页)

我们知道,这是在借助有名的"赵州石桥"话头,阐说赵州自己让大家渡过此桥而自己不曾说一句,因此,如何渡这座桥,那是渡桥者自己的问题的一段对话。目前所讨论的主题"赵州四门"本则话头,也与此相同,可以解释它是一段将自己的境况在比拟赵州城的同时,说明自己的禅是面向四方开放的,从哪儿进入,如何进入,全凭你自己了。

然而,圆悟所关注的问题,并不在这里。以下,我们将"赵州四门"本则评唱,试分成段落,一步一步地来解读吧。

〔1〕大凡参禅问道,须究自己,切忌拣择言句。何故?不见赵州道:"至道无难,唯嫌拣择。"云门道:"如今禅和子,三个五个聚头喧喧,口喃喃地便道,这个是体语,体你屋里老爷。"不知古人方便门中,为初机后学,未明心地,未见本性,未透脱之者,不得已而立个方便语句。只如祖师自西土而来,单传心印,直指人心,见性成佛,那里如此葛藤?须是斩断言语,格外见谛,透脱得去,方可如龙得水,似虎靠山。久参先德,有见而未透,透而未圆,谓之请益。若是见得透,请益却要向言句上周旋,不妨疑滞〔=无有凝滞〕。久参底请益,是与贼过梯。其实,此事不在言句上。所以,云门道:"此事若在言句上会,三乘十二分教岂不是言句?何须达摩西来,直指人心,说教外别传?"(上,第44页)

大凡参禅学道的人，务必以参究自己为第一关键。绝不可做什么言句的取舍与选择。为什么？因为赵州不是也曾说过吗，"至道无难，唯嫌拣择！"①还有，云门也曾说："近来的禅和尚，三人五人聚在一起，大声喊话，一说什么，便喋喋不休地说，这是'体语'，是体会到了你家令尊的语言，等等。"②这些家伙（即指将祖师的言句视为实体存在，迷恋于语句分类和品评的那伙人），完全没有弄清楚，既未能明白自己的心地，也未能明白自己的本性，因为他尚处在没有获得彻底突破初学者的境地，古人不得已，所以立了个方便的言句（也就是说，作为祖师的言句所传承下来的，都不过是为了初学者所设的一种权巧方便而已）。

比如，试看单传心印，直指人心，令人们当即见性成佛的祖师西来意！它有没有那种围绕言句的葛藤呢？必须断绝言语，超越框框，透见真实，以获得彻底的突破。只有如此，才能像得水之龙，栖山之虎，获得独立和自在。

当然，非但初学者，即便是久参的先辈，见解虽有而未突破，或者突破虽有而未圆满成就。这些人的言句，被看成"请益"，即乞教之言句。如果是在突破之后来观察，这些"请益"语句，也都毫无妨碍，可以自由自在地运用。然而，相反，久参之先辈的"请益"语，反倒成了给小偷搭的梯子了（因是勉强具备禅的水准，反而造成了更加助长"言句"葛藤的结果）。

然而，实际上，所谓终极一事，并不在什么言句上。因此，云门也说："'此事'若在言句，那么经典中的东西不都是言句吗？为什么还

---

① 在赵州的语录中，言及《信心铭》这个语句的问答有四则，其中一则，《碧岩录》作为第59则"赵州何不引尽"所采用。即：举僧问赵州："'至道无难，唯嫌拣择'。才有语言，是拣择。和尚如何为人？"州云："何不引尽这语？"僧云："某甲只念到这里。"州云："只这'至道无难，唯嫌拣择'。"（下，第26页）

② 《景德传灯录》卷19云门文偃章：待老和尚口动，便问禅问道，向上向下，如何若何。大卷抄了，塞在皮袋里卜度。到处火炉边三个五个聚头，口喃喃举更道："这个是公才语，""这个是从里道出"，"这个是就事上道"，"这个是体语，体你屋里老爷老娘。"噇却饭了，只管说梦便道："我会佛法了也。"（第384页上）

须达摩西来,传授直指人心,教外别传的法呢"(正因为真实面目不在言句上,所以祖师西来,直指真实面目)?①

开头这一段,竭力说明通过"言句"的探索,并不能获得悟道。依照本则来说,就是对赵州所谓"东门、南门、西门、北门"的语句赋予具有意涵的解释,首先必须严格予以禁止。

在此基础上,评唱继续对本则进行论述。所谓被"言句"所缚的观点,其实就是指"无事禅"的立场,非常明了。

〔2〕粉阳〔=汾阳〕一十八问中,此为之验主问,亦为之探拔问。这僧置〔=致〕一个问头,不妨奇特。若不是赵州,也难为只对佗。问着赵州:"如何是赵州?"州是本分作家,便向佗道:"东门、南门、西门、北门。"僧云:"不问这个赵州。"州云:"你问那个赵州?"后来人唤作无事禅,赚人不少。何故?佗问:"如何是赵州?"州云:"东门、南门、西门、北门,"所以答赵州。你若恁么,三家村里汉更是会禅会佛法去,只这便是灭佛法底人。喻如鱼目拟作明珠,似则也似,是则不是。老僧道"不在河南正河北",且道:是有事?是无事?须是子细始得。远录公云:"末后一句,始到牢关。指南一路,不在言诠。"十日一风,五日一雨。安邦乐业,鼓腹歌谣,谓之太平时节,为之无事。不是指盲〔=拍盲〕便道无事。须是透得关捩子,过得荆棘林,净裸裸,赤洒洒,依前是个平常人。由你有事也得,无事也得。七纵八横不执定。

本则称此问是"汾阳十八问"中的"验主问"乃至"探拔问"——学人试探修行老僧境况的一问。此僧人的质问,也是相当出类拔萃的,如果不是赵州,不可能那么简单地就能得到回答。便问赵州:"如何

---

① 《景德传灯录》云门章:此个事若在言语上,三乘十二分教岂是无言语?因什么更道教外别传?(第380页上)

是赵州?"然而,赵州不愧为一代禅师,不假思索地回应说:"东门、南门、西门、北门。"僧说:"我问的不是那个'赵州'!"这时,赵州便说:"那主人问的究竟是哪个赵州呢?"

后来有人将这个问答说成是"无事禅"。真是误人子弟太甚!到底如何呢?僧问:"如何是赵州?"赵州回答:"东门、南门、西门、北门。"也就是说,问的是"赵州",所以,就以"赵州(城)"作答。然而,如果这种理解可以通行,那么偏僻的乡间老汉更应该理解禅和佛法了。这才是迫使佛法消亡的家伙。就像将鱼眼当成珍珠一样,说像也像,但正确吗?当然完全不正确。假如我对同样的问话回答说:"不是河南,就在河北,"那么,这是有事,还是无事?此处的意思必须细心地去参究。远录公(浮山法远)也曾说过:"末后一句,始到牢关;指南一路,不在言诠。"①

十日刮一次风,五日下一次雨。国家太平,事业快乐,打着腰鼓,唱着歌谣——的确这种境界可称为"太平时节",称为"无事"②。然而,并非不问青红皂白就说"无事"。必须突破关门,穿破荆棘之林,干干净净地成无一之物,如此这样,才"依前"是一个平常无事的人。必须这样!如果这样,不论是有事,还是无事,便能自己做主,纵横无尽;一切执著,消失殆尽。

因问到"赵州"事,所以,理所当然地只回答了赵州街。对于如此解释本则公案的"无事禅"的见解,圆悟在这里予以严厉的批判。如《临济录》所说:"不如无事休歇去。饥来吃饭,睡来合眼。愚人笑我,

---

① 其实不是浮山法远,而是乐普(洛浦、落浦)元安的语言。《景德传灯录》卷16乐普章见有如下的文字。师示众曰:"末后一句,始到牢关。琐断要津,不通凡圣。欲知上流之士,不将祖佛见解贴在额头。如灵龟负图,自取丧身之本。"又曰:"指南一,智者知疏。"(第319页上)

② 在《圆悟佛果禅师语录》卷6上堂六中,作为理想的"无事"境界是如下被表述的,与这里的表述相通。忽遇其中人,却没许多般事,只是见成。所以道:"山是山,水是水;天是天,地是地。不移易一丝毫。"正当怎么时,还委悉么?万邦有道归皇化,偃息干戈乐太平。(《禅宗全书》41,第241页下;《大正藏》第47册,第740页下)

智乃知焉。道流！莫向文字中求①。"在唐代禅关于"无事"的主张中，蕴含着所谓针对依赖于"文字"进行修道的一种反命题的意味。然而，在宋代，"无事"业已作为古人遗留下来的一种既成的见解而被固定下来，在语言上，已经堕入轻易地被适用的所谓惰性术语了（至少圆悟是这么感觉的）。因此，圆悟将"无事禅"斥之为被"言句"束缚的见解。而且，如后所述，他还将其改说是"情解计较"、"情识计较"，即指基于通俗性知识和道理的一种理解。

然而，圆悟在这里对这种"无事禅"的庸俗性予以谴责的同时，另一方面，同样又说"十日一风，五日一雨，安邦乐业，腰腹歌谣，谓之太平时节，谓之无事"，对"无事"的理念表示肯定。与在前一节所讨论的观点一样，圆悟虽然在终极层面视"无事"为最高理想，但他毕竟认为这个"无事"是在"透得关捩子，过得荆棘林"的基础上，才能得到的平常无事。因此，在这里使用了"依前"平常无事人的说法。"依前"，与前一节所讨论过的"依旧"相同，同样是依照原样的意思。由于有了这么一句，很明显它意指的，并不是从一开始就处在了这一位置，而是经过艰难辛苦地穿越了荆棘之路后，在此基础上，当他再一次回过头来观看时，依然平常无事。

关于此观点，圆悟援用该圆环逻辑，进一步进行详细论述：

〔3〕有般人道："本无一星事，遇茶吃茶，遇饭吃饭。"此是大妄语。唤作未得为得，未证为证。元来不曾参得透，见人说心说性，说玄说要，便道："只是狂见。本来无事。"一盲引众盲！殊不知祖师未来时，那里唤天作地，唤山作水来。为什么祖师更西来？诸方入室升座，说个什么？尽情解计较。若得情识计较情尽，方见得透，依前天是天，地是地，山是山，水是水。

有一种人这样说："本来完全无事。有茶喝茶，有饭吃饭。"这简

---

① 入矢义高译，岩波文库本，第141页。引号内引自懒赞《乐道歌》。

直是迷妄之言！这叫做"未得为得,未证为证。"(《首楞严经》语)这些家伙,本来就未曾悟过,看到有人说"心性",说"玄妙",便说:"只是狂见,本来无事。"这才是一盲领众盲。他们完全不知道,祖师西来以前,哪里有什么唤天作地,唤水作山！祖师为什么西来?

然而,诸方上堂、入室都说些什么?不都是一些凡情与分别在计较吗?如果抛弃这些凡情与分别,我们方能看得透,"依前"天是天,地是地,山是山,水是水①。

圆悟指出,天为地,山为水的境界——构成现世的坐标轴所消失的"心性"、"玄妙"的境界——祖师为了传授这样的境界,所以由西而来了。依圆悟看,那些标榜"本来无事"的无事禅的人,在关键地方,并没有弄清楚②。圆悟的这种批判,与本章第一节所讨论的第98则

---

① 第9则的本则评唱,接下来还有。不过,主要论点已经非常全面,因此,本文中省略接下来的引文。剩下的部分如下：不见古人道："心是根,法是尘。两种犹如镜上痕,痕垢尽除光始现,心法双亡性即真。"到这里自然净裸裸,赤洒洒。若据极则处所论,也未是安稳处在。到这里,人多打入无事界中,佛也不礼,香也不烧。似则是,争奈脱体不是。才问着却是始到,捞着便参差,七花八裂,坐在空腹高心处。到腊月三十日换手槌〔=挝〕胸,已迟了也。这僧问赵州："如何是赵州?"州云："东门、南门、西门、北门。"且作么生摸索?恁么也不得,不恁么也不得。毕竟如何?这些子是难处。如侍者一日报赵州云："大王来也。"州离座云："诺！诺！"侍者云："未到,在三门下。"州云："又道来也。"南禅师云："侍者只知报客,不知身在帝乡。赵州老婆心切,不觉入泥入水。"参到这里,不妨奇特。(第46页上)

② 正如第一章第一节所讨论的,在唐代禅中,"祖师西来意"一语,意涵"即心是佛",即以原原本本地肯定当下如此的自己为宗旨。在这里却指出,打破平常无事的状态,令其大悟山变成水,水变成山这种超越境界就是"祖师西来意"的真正含义,发生了所谓旨趣完全反转的情况。第76录则"金牛饭桶"(通行本为第74则)本则评唱中,也有如下的记载：祖师西来时题目道什么?"教外别传、单传心印。"古人方便,也只要教你会去。有者道："那里有许多事?热则承凉,寒则向火。饥则吃饭,困则打眠,"即落在常情,不知古人向二六时中,要明此事。(下,第77页)祖师达摩西来时,曾标榜什么口号?"教外别传、单传心印。"先人们留下的这些方便,也只是试图让你们开悟。然而,有人却说："那里有那么多的事?热来承凉,寒则向火;饥来吃饭,困则打眠。"轻率地落入了"常情"。岂知先人二六时中穷究终极一事！"哪里有许多事?"是无许多事的反语,也就是本来无事的另一种说法。紧接其后的"热来承凉,寒则向火;饥来吃饭,困则打眠",不须赘言,是一种典型而又定型化的平常无事的表述。这里说它是"常情",是与这里解读的第9则评唱中同一种 （转下页）

"天平行脚"的评唱,非常相吻合。在该处,曾受到批判的无事禅的观点是如下的内容:

> 未行脚时,幸自无许多佛法禅道。及至行脚后,却被诸方热瞒,不可未行脚时,唤地作天,唤天作地。见地不可唤作天,见山不可唤作水,幸自无一星事。

从标榜本来无事的无事禅的立场看,所谓唤地作天,唤天作地这种"佛法"、"禅道"的说法,只能是热瞒,欺骗学人的伎俩。然而,从圆悟来看,这种无事禅的观点才是不明"祖师西来意"的"情解计较"、"情识计较"。如果将这些统统抛弃而"见得透",那么,"依前"天是天,地是地,山是山,水是水——认为必须如此才对! 前节所讨论的第 45 则"赵州七斤布衫"的评唱中,也曾有过这样的言说:

> 须是大彻大悟始得。然后山依旧是山,水依旧是水,乃至一切万法,皆只依旧,方始为无事底人。

此"大彻大悟",与刚才的"见得透"同义。毋庸讳言,即指所谓体得天为地,山为水的 180 度反转的一种境界——"祖师西来意"的境界,是"心性"、"玄要"的境界,是"佛法"、"禅道"的境界。对圆悟来说,缺乏此 180 度的大彻大悟,恰恰是无事禅最不能容忍的地方,只有经历过大彻大悟,再重新返回来时,才能算做真正的"无事"。

综合以上数段,我们若进行整理,那么,作为圆悟一贯前提的,是如下的圆环逻辑:

"山是山,水是水"(0 度)→"唤天作地,唤山作水"(180

(接上页)类说法被断定为"情解计较""情识计较"同义。与此相对立的是祖师西来,说祖师西来之意,正是要求通宵达旦地探究"此事","会去""此事"。

度)→"依旧山是山,水是水"(360度)。

很明显,这是前节我们业已考察过的——

"未悟"(0度)→"悟了"(180度)→"还同未悟"(360度)
"无事"(0度)→"大彻大悟"(180度)→"无事"(360度)

圆环逻辑的另一种说法。圆悟虽未对该图示以图示的形式进行说明,不过,被常常引用的青原惟信如下的一段话,则是与此相同的一种逻辑,是极其简明公式化了的一种说法,可以供我们参考。青原惟信是晦堂祖心的法嗣,在系谱世袭上,比圆悟要早一代;在灯史类中,也仅仅收录了以下的一段文字。生卒年代和经历都不甚详细。我们并不知道这句话是在何时,什么背景下所说的。这里,我们仅仅作为对圆悟观点的一个注脚引用来看看。通过这段文字,我们很容易理解到,圆悟心目中所描绘的圆环图示是什么。

上堂曰:老僧三十年前未参禅时,见山是山,见水是水。及至后来亲见知识,有个入处,见山不是山,见水不是水。而今得个休歇处,依前见山只是山,见水只是水。大众!这三般见解,是同是别?有人缁素得出,许汝亲见老僧(《嘉泰普灯录》卷6,《续藏》第一三七卷,第158页左下;《禅宗全书》卷六,第388页下)。

上堂说,三十年前,未参禅时,对自己来说,见山是山,见水是水。后来,遇到了善知识,得到了悟入的契机,这时,看到山不是山,水不是水。而今得到了一点休歇的地方,"依前"见山是山,见水是水。诸位大众,这三种见解,是同?是别?如果有人参透了,可以许你来参见我。

二、三百六十度与一百八十度

构成圆悟观点的前提,是上述圆环图示。然而,将 360 度的"无事"当做至上的一点而墨守不放,这绝对不是圆悟的本意。在前面引用的本则评唱(2)中,有如下一段:

> 不是指盲〔＝拍盲〕便道无事。须是透得关捩子,过得荆棘林,净裸裸,赤洒洒,依前是个平常人。由你有事也得,无事也得,七纵八横不执定。

也就是说,对圆悟来说,360 度的"无事"(依旧山是山,水是水)同时也包含有 0 度的"无事"(山是山,水是水)和 180 度的"佛法"以及"禅道"的境界(唤天作地,唤山作水),而且在此之间,必须能够自由自在地进行往来。这在《圆悟心要》下卷《示有禅人》中,也作了如下的说明:

> 古人以无为无事为极致,盖其心源澄净,虚融洒落,真实践履到此境界。然亦终不住滞于此,直得如盘走珠,如珠走盘。岂是死煞顿住得底! 所以道:"虽是死蛇,解弄也活。"(新文丰出版公司影印本,下册,第 40 页右,《禅宗全书》第 41 卷,第 635 页)

古人之所以以"无为"、"无事"为终极,很可能是因为他们的心源澄净,一切都变成虚空洒脱,作真实的实践而得到的结果,才达到了这一境界。然而,并非如此就可以滞留于"无为"、"无事"的境界之中。必须像盘上走珠子,珠子走盘子一样。何必死死地留恋这个境界呢? 所以不是曾经说过吗,"虽是蛇死,解弄也活。"

圆悟指出,古人的"无为无事"是通过"真实践履"才得来的。当然,这沿袭了前面提到的圆环逻辑。不过,圆悟进一步指出,甚至也不应该固执于这种真正的"无事"。这就"如盘走珠,珠走盘"一样,必须在这两极之间能够往来自如。庸俗的"无事",是所谓死掉的蛇,经操弄而使之复活,使其自由自在地活动,认为这就是真正的"无事"。

这种观点,在《碧岩录》中虽然并没有积极地得到提倡,但是,第二则颂评唱中,有如下一文,则需要引起我们的注意①。

> 若透得这两句(雪窦颂的"一有多种,二无两般"二句),古人道:"打成一片,依旧见山是山,水是水,天是天,地是地。有时唤天作地,有时唤地作天,山不是山,水不是水。"毕竟作么生得平稳去? 风来树动,浪起船高,春生夏长,秋收冬藏。一种平怀,泯然自尽。此四句颂绝了也(上册,第11页)。

"一有多种,二无两般。"如果能够透破雪窦这句话,古人才有如下的言句,即"如果一切都打成一片,那依然山是山,水是水,天是天,地是地。(然而),有时又唤天作地,唤地作天,山非山,水非水"。

那么,到底如何才能得到平稳(无事)呢? 风吹树遥,波起船高;春芽夏长,秋收冬藏。如果都像这样"都显出一种平怀("无事"),一切分别自然消除,通过以上四句颂,就算了结了("一种平怀,泯然自尽",是《信心铭》句)。

这里,"依旧见山是山"的境界,与"有时"又"山不是山"的境界,是相提并列的。从前面引用的《圆悟心要》的观点来看,这是理所当然的事情,如果不能自由往来于180度反转的境界之间,那么前述圆环逻辑所阐述的"无事"的意义就不复存在了。然而,这毕竟是作为"有时"的一个变奏附带在一起而已,而圆悟将这个两极同时并列,之后自身"毕竟"的结论,当然是回归到一切皆是"平稳"的境界——"一种平怀"的境界——。这时,360度高位的无事("依旧山是山,水是

---

① 这一段的重要性,已由末木文美士《禅の言语は思想を表现しうるか——公案禅の展开》(《思想》第96期《禅研究の现在》,岩波书店,2004年4月)所指出。不过,对于该段的解读,似有待商榷。见小川《〈碧岩录〉杂考(20)》,《禅文化》第204期,2007年4月。

水")与180度的反转的境界("有时唤山不是山,唤水不是水")虽然相提并列,但最终还是将前者置于殊胜的地位,因此,它无疑是上述圆环逻辑的另一种类型。然而,尽管如此,这一段前后连接不很自然——特别是"有时"云云的添加部分,显得唐突——因此,似乎难以找到其中的脉络。从结论说,这很可能是因为圆悟勉强地将本来是两位古德的对立性语言组合成一文的缘故。不过,从圆悟将其勉强组合的方法中,我们可以看出圆悟之所以提起上述圆环逻辑的最初动机。

那么,圆悟是依据什么如此进行叙述的呢?

圆悟在这里引用的古人言句,很可能是真净克文(1025—1102)如下的一段言说:

> 上堂。大众!古人道:"尽大地是个解脱法门,枉作佛法会却。何不见山是山,见水是水?"归宗则不然。尽大地是个解脱法门,不作知见解会。有时见山不唤作山,有时见水不唤作水。大众!彼此丈夫,莫受人谩(《古尊宿语录》卷43《住庐山归宗语录》,中华书局点校本,第822页)。

大众!古人说:"这个世界完全是一个解脱法门,所以,大家在这里白白地做佛法的理解。为何不见山是山,见水是水?"

然而,我却不这么说。我的立场是这样的:"这个世界完全是一个解脱门,不要进行知识上的领会。有时见山是山,见水是水。"大众,我们彼此都是大丈夫,不要受人欺瞒!

古人说,世界就是如此,尽是真实之现成。所以,不要作什么"佛法"理解,见山是山,见水是水就行。这是最典型的"无事"的主张。然而,真净反对古人的这种见解,说世界就是如此,是真实的现成,所以,"有时"山不是山,水不是水,不能没有这个境界。

被视为古人言说的观点,在另外的上堂中,被指名道姓地说成是云门的语言,并如下进行批判:

上堂。举云门大师云:"尽大地是个解脱门,枉作佛法会却。何不见山是山,见水是水?"师云:"大小云门错下名言,好与三十棒。如今既不唤作山,不唤作水,又唤作什么?若有明眼衲僧辨得出,三十棒却还沩潭。若辨不出,三十棒分付阇黎。"喝一喝,下座(同卷第44《住金陵报宁语录》,第841页)。

云门大师说:"这个世界全是一个解脱门,可是大家都白白地作'佛法'的领会。何不见山是山,见水是水?"

真净禅师举此公案说:"云门这个人,错用言语,给他三十棒!如今不唤作山,不唤作水,那唤作什么?若有明眼衲僧能辨认此意(不唤山是山,不唤水是水之意),那就把三十棒还给我好了(相反自己将承受三十棒的惩罚),若辨认不出,那就把三十棒留给大家了!"

于是,一喝便下座。

在上述两个上堂中,作为对"山是山,水是水"这一0度"无事"的反命题,真净提出了"唤山不是山,唤水不是水"的180度反转的境界予以对抗。在这里,两者仍然是两项对立。圆悟接受这种观点,但在前述第二则颂评唱中,则不把两者看成是对立,而是改列为高位的"无事"及其应用的形式,并且将其整体重新建构为前者含摄后者的内容了。这种结合,虽给人以唐突之感,但不难想象,一旦统一为一个整合的形式,便可成为一个圆环的图示了。倒过来说,这正好说明了该圆环的逻辑克服了之前作为对立命题的0度和180度——这里指云门的立场和真净的立场——是从当下性的动机而出发的一种理论。

三、真净克文的无事禅批判

我们要想考察圆悟之所以持有如此想法的背景,首先有必要看一看构成其前提的真净克文的言说。关于真净对无事禅批判的背景,大慧《宗门武库》是这样说的:

照觉禅师自沩潭移虎溪,乃赴王子淳观文所请。开堂后,百废并举,升堂小参入室无虚日。尝言:"晦堂真净同门诸老,只参得先师禅,不得先师道。"师曰:"盖照觉以平常无事不立知见解会为道,更不求妙悟。却将诸佛诸祖,德山临济,曹洞云门真实顿悟见性法门为建立。《楞严经》中所说'山河大地皆是妙明真心中所现物'为膈上语,亦是建立。以古人谈玄说妙为禅,诬罔先圣聋瞽后昆。眼里无筋,皮下无血之流,随例颠倒,恬然不觉。真可怜悯!……"所以,真净和尚小参云:"今时有一般汉执个平常心是道以为极则。天是天,地是地;山是山,水是水。僧是僧,俗是俗。大尽三十日,小尽二十九。并是依草附木,不知不觉一向迷将去。忽若问他我手何似佛手,便道是和尚手。我脚何似驴脚,便道是和尚脚。人人有个生缘,那个是上座生缘,便道某是某州人事。是何言欤!且莫错会!凡百施为,只要平常一路子以为稳当,定将去合将去,更不敢别移一步,怕堕落坑堑。长时一似生盲底人行路一条杖子,寸步抛不得,紧把着凭将去。"晦堂和尚谓学者曰:"你去庐山无事甲里坐地去!而今子孙门如死灰,良可叹也!"(《宗门武库辑释》《禅学典籍丛刊》四,临川书店,2000 年,第 408 页上;《大正藏》第 47 册,第 948 页上)

我们以引文中省略部分(《圆觉经》的引用)为界,分成前后两段来读一读。

照觉禅师自沩潭移虎溪,乃赴王子淳观文所请。开堂后,百废并举,升堂小参入室无虚日。尝言:"晦堂真净同门诸老,只参得先师禅,不得先师道。"师曰:盖照觉以平常无事不立知见解会为道,更不求妙悟。却将诸佛诸祖,德山临济,曹洞云门真实顿悟见性法门为建立。《楞严经》中所说"山河大地皆是妙明真心中所现物"为膈上语,亦是建立。以古人谈玄说妙为禅,诬罔先圣聋瞽后昆。眼里无筋,皮下无血之流,随例颠倒,恬然不觉。

真可怜悯!

照觉禅师即东林常总(嗣黄龙慧南)从渤潭移居到虎溪(庐山东林寺),是受到了观文王子淳(名韶,嗣法于黄龙慧南的居士)的邀请。开堂后,百废并举,上堂、小参、入室,等等,无有宁日。照觉禅师曾这样说:"晦堂祖心也好,真净克文也好,我同门诸禅师,都只是学得了先师黄龙慧南禅师的'禅',但未得其'道'。"(也就是说,在众多同门中,得先师之"道"的,只有我自己一人)

对此,大慧禅师曾说——他很可能是以平常无事而不立知解,以此为"道",放弃对妙悟的追求。而且,相反的,德山、临济、曹洞、云门等历代佛祖们认为,真实的顿悟见性法门不过是一个"建立"而已(为了方便而假设的言教),认为《首楞严经》中所说的"山河大地皆是妙明真心中所现物"(卷二,大正藏 19 册,第 110 页下)的说法,也是"膈上语"(不详,疑是"胸臆"语之意),也不过是"建立"而已。如此,就把说玄谈妙的古人之言看做是"禅"(非"道",充其量不过是"禅"),造成诬陷先人的罪孽,陷害后人耳目的结果。受其影响,既无眼力,又无活力之流,将一举颠倒,且恬然自觉。实在可怜!

东林常总、真净克文、晦堂祖心等,都是黄龙慧南的法嗣。然而,常总却说,其他人只得到了先师的"禅",而未得到先师的"道"。也就是说,得慧南之"道"者,只有自己。不过,大慧却说,常总所说的"道",不过是废除阐说"心性"、"玄要"的"佛道"、"禅道",不求开悟,自我陶醉于平常无事的一种做法而已。

大慧的话还有后续——

所以,真净和尚小参云:"今时有一般汉,执个平常心是道以为极则。天是天,地是地。山是山,水是水。僧是僧,俗是俗。大尽三十日,小尽二十九。并是依草附木,不知不觉一向迷将去。忽若问他我手何似佛手,便道是和尚手。我脚何似驴脚,便道是和尚脚。人人有个生缘,那个是上座生缘,便道某是某州人事。是何言欤!且莫错会。凡百施为,只要平常一路子以为稳当,定将去合将去,更不敢别移一步,怕堕落坑堑。长时一似生盲底人行路一条杖子,寸步抛不得,紧把着凭将去。"晦堂和尚谓学者曰:"你去庐山无事甲里坐地去!而今子孙门如死灰、良可叹也。"

所以,真净克文在小参上这么说:"近来有一些人以平常无事为终极一点而执著,他们这么说:天是天,地是地,水是水,僧是僧,俗是俗。月大三十天,月小二十九天(即一切都如是这样)。这类家伙,就像依草附木的幽灵一般,不知不觉地被迷惑下去。这类人(举所谓'黄龙三关'),若问他:'我手与佛手相比如何?'回答说:'和尚手';若问:'我脚与驴马脚相比如何?'回答说:'和尚脚。'若问:'人各有生家,你老家在何处?'便回答:'某人是某州人事。'这是什么话!

总之,我们不能误解!他们不管何事,但求'平常'一条路以为稳当,与此相符,唯恐偏离一步,掉入沟坑。其状如盲人,一刻也不放过(所谓平常无事)那根拄杖,紧紧抱住,不愿离开。"(以上真净语见《古尊宿语录》卷44《住金陵报宁寺语录》,中华书局点校本,第848页)

另外,晦堂祖心禅师也对门下修行者说:"你们去庐山'无事甲罗'(东林常总无事禅)那里坐好了!由于有了你们,而今祖师的法孙彻底断绝了,实在可叹!"(出处未查)

被东林常总断定为不知道先师之"道"的真净克文和晦堂祖心,相反地倒过来批判常总紧紧抱着平常无事一点不放,说他只不过是一种无事禅的见解而已。

以东林常总为对象的上述真净克文的无事禅批判,后来对圆悟和大慧的禅的形成,给予了极大的影响,这一情况,在土屋太祐的下述论文中有详细论述。

1.《真净克文の无事禅批判》(《印度学佛教学研究》51—1,2002年)

2.《北宋禅宗の无事禅批判と圆悟克勤》3.（《东洋文化》第83期,〈特辑 中国の禅〉东京大学东洋文化研究所,2003年)

3.《公案禅の成立に关する北宋临济宗の思想史》(《驹泽大学禅研究所年报》第18期,2007年)

当下,我们若从这些研究中抽出与当前的讨论相关连的问题,并列举其要点进行简约地概括,大致可总结为这样的情况:

(一)据西口芳男《黄龙慧南の临济宗转向と泐潭怀澄》(《禅文化研究所纪要》第16期,1990年),云门下四世怀澄的法,丧失了无限向上这一云门本来的精神,将"如然现成、天然自然的状态"堕入到了所谓"轻率的落脚点"的无事禅的宗风,这促使了黄龙慧南由云门宗向临济宗的转向。

(二)由于这样的背景,造成了在慧南本人身上同时并存着无事禅宗风和无事禅批判观点的两种情况。

(三)其中,无事禅的倾向,被慧南下的东林常总所继承,变成了被称为"照觉平实之旨"的宗风;另一方面,后者的论点,同样地被慧南的法嗣真净克文所继承,以对东林常总的激烈批判而展开下来。

(四)圆悟年轻时曾一度被无事禅的宗风深深地感染,但由于受到了真净克文和五祖法演的影响而得到克服,获得了对无事禅进行批判的观点。

(五)然而,圆悟并非单一地放弃无事,而是将无事提高到所谓历经大悟之后回归于"本来无事"的圆环逻辑,给北宋禅以高层位的总结。

圆悟把真净的言说修改并建构成前述第二则颂评唱所讨论的形式,可以认为,这集中地反映了上述这一历史经纬的情况。

真净把"山是山,水是水"的立场视为云门的语句而予以批判,但在云门的语录中,我们并没有发现如他所批判的语句("尽大地是个解脱门"句,倒是作为雪峰语而常常被人引用的)。如果我们结合西口论文所考证的时代背景来考量,该语句很可能是为了批判同时代的"无事"禅风潮,由真净假托于云门的一种言说。另外,圆悟一方面继承了这一观点,同时另一方面又勉强地将"山是山"云云这一云门的言说(严格地说是假托于云门的言说)与"有时见山不唤作山"云云这一真净的言说相连接而当做了一位"古人"的观点。这是圆悟针对无事禅批判与真正的"无事"的整合这一北宋时期禅门中的共同课题,为了试图作出自我解决而煞费苦心的一种结果。

四、圆悟的经历与"无事"

那么,圆悟为何企图要克服这两者困境呢?其实,对圆悟来说,这并不是一般理论上的问题,而是与自己的修行经历密切相关、切实而又深刻的自身个人的问题。在《圆悟心要》卷下《示悟侍者》中,圆悟亲自记叙了自己的修行过程。虽与真净的引用相比,文字上、内容上都有差异,但在云门的说法之中,也有"山是山,水是水"云云的语句;圆悟就是由此来论述自己修行经历的。

> 云门示众云:"和尚子莫妄想。山是山,水是水。僧是僧,俗是俗。"时有僧问:"学人见山是山,见水是水时如何?"云门以手面前划一划,云:"佛殿为什么从个里去?"旧时在众参,见说无事禅底相传云:"山是山,水是水。平实更无如许事。拨去玄妙性,免得凿空眬挠心肠。所以云门慈悲,开一线路指示。者僧便领览得出来问,云门便用后面高禅荼糊鹘突伊,遂以手划云:'佛殿为什么从者里去?'此乃移换它也。所以,大凡只说实话是正禅。才指东划西是换你眼睛。但莫信它。"但向道"我识得你"。苦哉!苦哉!顿却山僧在无事界里得二年余,然胸中终不分晓。后来蓦地在白云桶底子脱,方猛觑见这情解死杀一切人,生缚人家男女,向无事界里胸中一似黑漆,只管长无明业识,贪名取利,作地狱业,自谓我已无事了也。细原云门意,岂只如此哉!将知

醍醐上味遇此翻成毒药。若是真实到云门田地,安肯如此死杀!则其提振处并将佛祖大用大机显示,则以手划云"佛殿为什么从者里去?"千圣应须倒退,便是具大解脱知见底,也须饮气吞声。山僧抑不得已,聊且露些,只知音知耳。大凡参学须实究到,绝是非,离得失,去情尘,脱知见,然后可以入此流矣。参!(新文丰出版公司影印本,下册,第67页左;《禅宗全书》第41卷,第690页)

从文章脉络看,这是一篇一气呵成的文章。因篇幅较长,这里也分成四段试着解读。开头引自云门语句。

> (1)云门示众云:"和尚子莫妄想。山是山,水是水。僧是僧,俗是俗。"时有僧问:"学人见山是山,见水是水时如何?"云门以手面前划一划,云:"佛殿为什么从个里去?"

云门示众说:"大众,莫妄想!山是山,水是水;僧是僧,俗是俗(一切都是原样)。"这时,一位僧人问:"学人见山是山,见水是水,如何?"云门用手在眼前划一划,说:"那么,佛殿为何从这里走去?"

字句虽有出入,但这句话确实见于云门本人的语录(《古尊宿语录》卷15,中华书局点校本,第261页)。最后一句,在语录中作"三门为什么从这里去?"《联灯会要》卷24以及《五灯会元》卷15等各类云门章均作"三门为什么骑佛殿从这里过?"又,《碧岩录》第62则本则评唱的引文则将此作"三门为什么从者里过"?(下册,第38页)总之,云门首先呈示"山是山,水是水"这一无事的境界,在此基础上,接着再自己提出所谓佛殿由此通过,或三门像马骑佛殿一样,从此处通过的反转境界——天为地,山为水的"心性"、"玄要"的境界。

引用此语句后,圆悟回顾了与此相关联的自己的修行经历:

> (2)旧时在众参,见说无事禅底相传云:"山是山,水是水。平实更无如许事。拨去玄妙理性,免得凿空聒聒心肠。所以云

门慈悲,开一线路指示,者僧便领览得出来问。云门使用后面高禅茶糊鹘突伊,遂以手划云:'佛殿为什么从者里去?'此乃移换它也。所以,大凡只说实话是正禅。才指东划西是换你眼睛。但莫信它。但向道'我识得你'。"

然而,以前,我(圆悟)还是一名修行僧的时候,有一位倡导"无事禅"的人。他曾这么说——山是山,水是水。但是,"平实",别无其他许多的事情。如果舍去"玄妙理性"的世界(即天为地,山为水的所谓"心性"、"玄要"的境界),心就不会被空穴来风的道理所扰乱。因此,云门以慈悲心开示这个道理,该僧也深解其意,便前来提问了。

不过,云门为此突然拿出了高格调的禅,让僧人发呆,用手划一线,说:"佛殿为何从这里通过?"这无疑是强制性地试图"移转"(改造、变换)僧人的面目。所以说,"实在"(无事、平实)是正确的禅。像云门那样,只是东划西划,其目的就是为了换一换你的眼睛(强迫地"移转"你的面目)。总之,千万不要相信这种做法。

于是,该人一味地向我说:"我已识破了你的面目!"

"平实"与"无事"同义,意指无任何奇特,理所当然。东林常总的禅,曾以带有批判性的意味被称为"照觉平实之旨",而且,圆悟曾一度似乎参访过常总。这在上述土屋论文中已有详细的论述(尤其参照前揭第二篇论文)。从这种立场来看,令人费解的云门的语言等,无疑是强制性地试图"移转"本来无事的自己面目。"移转"一语,接下来还常出现,意指勉强地改造和变换本来如此、无须再做评论的平常无事的自己,是来自无事禅一方,以修行和开悟为一种不自然的行为而予以批判的语句(先前引用的第 98 则评唱中出现的"热瞒"语是作为与此同义来使用的)。

如上所述,圆悟曾是一名修行僧的时候,浑身全是一个"平实"禅风的倡导者,然而,后来因为参访五祖法演,其观点被打破了。

（3）苦哉！苦哉！顿却山僧在无事界里得二年余，然胸中终不分晓。后来蓦地在白云桶底子脱，方猛觑见这情解死杀一切人，生缚人家男女，向无事界里胸中一似黑漆，只管长无明业识，贪名取利，作地狱业，自谓我已无事了也。

啊，苦哉！苦哉！托他的福，山僧两年被落到"无事界里"，胸中始终不得明白。后来，在五祖法演禅师那里，突然体会到像桶底穿破似的大悟，由此才得以突破情识，始知基于情识的理解（"无事""平实"）是如何杀死一切人，活活地束缚无辜的自己，他们是如何因此而在"无事界里"使自己的胸中如漆黑一般的无明业识增长，以至于贪图名利，种地狱业果，却自己以为"我已是无事"！

由此，圆悟便明白了云门话语的真意。

（4）细原云门意，岂只如此哉！将知醍醐上味遇此翻成毒药。若是真实到云门田地，安肯如此死杀！则其提振处并将佛祖大用大机显示，则以手划云"佛殿为什么从者里去？"千圣应须倒退，便是具大解脱知见底，也须饮气吞声。山僧抑不得已，聊且露些，只知音知耳。大凡参学须实究到，绝是非，离得失，去情尘，脱知见，然后可以入此流矣。参！

其实，如果认真地去深究，云门的意思岂止这么一个程度！上等的醍醐在这类人面前却变成了毒药！如果真正到达了云门的境界，不可能这样（由"无事"束缚）就让人死去。云门在第一义的开示时，发挥佛祖传来的大用大机，既然用手划一线而说"佛殿为什么从这里通过？"那么，毫无疑问，千圣也会退避下去，即便具足大解脱知见的人，也只能哑口无言了。然而，已悟解其意的我，忍不住便披露了其中之一端，明白其意思者，只不过是一部分知音而已。

参禅者，必须实参实究，远离是非得失，从情识、知解中解脱出来。只有如此，才能与此源流汇合。参！

在开头列举的云门语句中,不管比重如何,无事(0 度)与超越(180 度)这两方面都得到了开显。据上述回忆,圆悟首先深入地探究前者,接着一转而领悟了后者。

从以上的自述可知,0 度与 180 度的升华,并非单单地来自理论上的需要,而是来自圆悟本人的修行经历。然而,这种转换,其实并非仅限于圆悟一人的偶然经验,在《宗门武库》中,还载有如下的文字。

> 圆悟和尚尝参蕲州北乌牙方禅师,佛鉴和尚尝参东林宣秘度禅师,皆得照觉平实之旨。同到五祖室中,平生所得,一句用不着,久之无契悟。皆谓五祖强移换他,出不逊语,忿然而去。祖云:"汝去游浙中,着一顿热病打时,方思量我在。"圆悟到金山,忽染伤寒困极。移入重病间,遂以平生参得底禅试之,无一句得力。追绎五祖之语,乃自誓曰:"我病稍间,即径归五祖。"佛鉴在定慧,亦患伤寒极危。圆悟苏省,经由定慧,拉之同归淮西。佛鉴尚固执,且令先行。圆悟亟归祖山。演和尚喜曰:"汝复来耶!"即日参堂,便入侍者寮。……(《辑释》第 397 页下;《大正藏》第 47 册,第 946 页上)

圆悟和尚参蕲州北乌牙方禅师,佛鉴慧懃和尚参东林宣秘度禅师,都会得了"照觉平实"的宗旨。然而,当他们一起去参五祖法演禅师禅室时,之前所学到的东西,无一句能用得上,一直没有获得开悟的契机。为此,他们以为是法演禅师在试图"移转"他们的本来面目,便提出了批判等不逊的言语,愤然离去。

临别时,五祖法演说:"到浙江一带若是患上热病之类,你们便会想起我来的"("……在",断定的语气词)。果然,圆悟到了金山,患上了伤寒病,身体彻底衰弱;被转移到重病房间后,圆悟想以平生修得的禅来克服其苦境,可就是苦于没有一句有用的语句。这时,他想起了法演禅师的话,私下发誓:"此病稍有痊愈,将立即直奔五祖山去!"

此外，慧懃到了定慧寺，同样也患上了伤寒病，危在旦夕。圆悟经过定慧寺，想带慧懃一起回去，慧懃依然固执，叫圆悟一人先回去。圆悟直回五祖山。法演见到后，欣慰地说："你又回来啦！"圆悟即日获得了挂单的许可，马上被任命为侍者之职……

接下来是一段有名的记载圆悟以"频呼小玉元无事，只要檀郎认得声"这一题名为《小艳诗》的一节作为契机而获得充满戏剧性大悟的诗句，这里从略。

佛鉴慧懃、佛眼清远，以及佛果禅师圆悟克勤三人，后来成为五祖法演门下的代表性禅宗名匠，并称"三佛"。不过，年轻时候，无论是圆悟还是慧懃，都深参"照觉平实"之禅旨；当其不被五祖法演所承认，便反目成仇，以为是法演禅师试图强迫性地"移转"他们的面目，甚至为之愤慨。这里所谓"照觉平实"，自然是指东林常总的无事禅。圆悟和慧懃在这里的说法，与前述《心要》回忆中所见的"无事禅"的观点，极其相似。他们这些人同样也阐说"平实"，并批判云门所谓"佛殿为什么从这里通过"的语句是所谓试图"移转"世人面目的伎俩。

关于圆悟与佛鉴慧懃，宗门《武库》中有如下的记载；从另一角度记述了与上述相同的背景。

> 佛鉴平时参平实禅，自负不肯五祖，乃谓："只是硬移换人。"圆悟云："不是这道理。有实处，你看。我从前岂有怎么说话来。"徐徐稍信。后来因举"森罗及万象，一法之所印，"蓦然便道："祖师西来，直指人心，见性成佛。于今诸方多是曲指人心，说性成佛！"（《辑释》第448页下；《大正藏》第47册，第956页下）

佛鉴慧懃平素参"平实"之禅，以其自负之心的缘故，否定五祖法演的接化，断定圆悟不过是强迫他人"移转"而已。然而，业已提前摆脱无事禅陷阱的圆悟，向慧懃提出了如下忠告，所谓"不是这个道理。确有实处（实参实悟处），你应该好好看准。我以前说过这种话吗？"（"……来"，是曾经有过的意思。意指如果是我的话，绝对不会

这么说的）

经这么一番说服,慧懃开始慢慢地相信圆悟所说的话了。一天,他听到五祖法演说"森罗万象,一法之所印"(《法句经》语),突然大叫起来,说:"祖师西来,直至人心,见性成佛。而今诸方大多曲指人心,说性成佛。"

只是单独地看这一段,我们对最后慧懃大叫的意思,难以揣测。不过,若是与上述以来的考察相结合来探讨,我们似乎可以了解,它是一种将主张"平实"的无事禅的见解断定为不了解"祖师西来意"的所谓空口无凭的说教。这里,构成慧懃回心转意契机的"森罗及万象,一法心印"这句《法句经》的语句,很可能与在前面的引文中大慧所谈到的所谓《首楞严经》中的"山河大地皆是妙明真心中所现之物"句,是以相同的意图被提出来的。山河大地,森罗万象都不外乎是一心之所现。因此,如能取去既成的分节界限,那么便能现示出天为地,山为水这种 180 度大反转的世界——"心性"、"玄妙"的世界,"佛法"、"禅道"的世界——而传递这样的世界,就是"祖师西来"的真意。

沉迷于被称为"照觉平实"的所谓东林常总等人的无事禅,之后又通过五祖法演的钳锤,终于转向于大彻大悟的禅,这样的经历,其实并非圆悟一人所独有,我们通过佛鉴慧懃也能找到。当然,因是同门同辈弟子之间的事情,我们据此便立刻承认这就是北宋时期禅门的一般性倾向,也未免过于草率。不过,与此同时,这里也启示着这种回心转意并非限于一次性的偶然事件,而是某种必然性的原委。因此,并不仅限于圆悟一人的体验,同时具备了其他人也可以进行相同体验的一般性特征[①]。

[①] 以上的经纬,在《嘉泰普灯录》卷 11 佛鉴慧懃章,有如下概述:

往来五祖之门有年。惠祖不为印据,与圆悟相继而往。及悟在金山染疾,因悔过,归白云,方大彻证。师忽至,意欲他迈。悟勉令挂锡,且曰:"某与兄相别始月余。比日相见时何如?"师曰:"我所疑者,此也。"遂参堂。一日,闻祖举"僧问赵州,如何是和尚家风?曰:老僧耳聋,高声问将来。僧高声问。州曰:你问我家风,我却识你家风了也",即大豁所疑。曰:"乞和尚指示极则。"祖曰:"森罗及万象,一法之所印。"师展拜。(《续藏经》第 137 册,第 89 页左上)

"三佛"之中,剩下的另外一人佛眼清远也有如下的上堂:

> 上堂。"三日不相见,莫作旧时看。山僧近来非昔人也。天是天,地是地,山是山,水是水,僧是僧,俗是俗。别也! 非昔人也。"有人问:"未审已前如何?""山僧往时,天是天,地是地,山是山,水是水,僧是僧,俗是俗。所以迷情拥蔽,翳障心源。如今别也。或有人出来道'某甲亦如和尚,天是天,地是地,山是山,水是水,僧是僧,俗是俗,还得否?'不可! 直是未在。还有拣辨得么? 若拣得,是上座道眼圆明;若拣不得,'丝竹喧天船上乐,绮罗照水岸边人'。珍重!"(《古尊宿语录》卷27《舒州龙门佛眼和尚语录》,中华书局点校本,第508页)

上堂说:"三日不相见,不要作旧时的看法。山僧近来并非往昔人。现在天是天,地是地;山是山,水是水;僧是僧,俗是俗。今非昔比!"

这时,有一人问:"既然如此,那么以前是什么样子呢?""山僧往昔天是天,地是地,山是山,水是水;僧是僧,俗是俗,因此而被迷妄所覆,心源被遮。然而,现在不同。如果有谁出来问:'某甲与和尚相同,天是天,地是地;山是山,水是水;僧是僧,俗是俗,又如何?'这还不行,这样毕竟还是不行。

有人能够分辨其中的差异吗? 若能分辨出来,那说明你的道眼是明朗的;如果不能分辨,便是'丝竹喧天船上乐,绮罗照水岸边人'——有幸目睹美丽的风光却不能为自己受用的可怜的旁观者——只有退下了。珍重!"

单独看来,这表面上似乎是一段莫名其妙的话语。然而,如果结合前述的圆环逻辑来理解,所讲的内容,自然分明。也就是说,从这一段,我们同时可以看到,圆悟的问题意识,其实,不仅限于他一人,而是同时代的禅者们曾经所共有的。

圆悟总结他们自己的这种体验和问题意识，最终提出了上述的圆环逻辑。我们如果从前述青原惟信的语句推测，上述圆环逻辑并非圆悟一人之所独创。不过，圆悟并不是为了便于说明而简单地借用了既成的图式。没有以总结性的图示表示该圆环逻辑，而是依照各自不同的脉络，自由自在地运用其逻辑，便客观地说明了这一点。首先深刻地体会无事（0度），在此基础上，透彻于另外一方的超越（180度），以此而确立自己立场的圆悟，结合自己的体验，试图扬弃其两极，从而选择了如此圆环逻辑，并积极地进行了运用。这个圆环，与由沉溺于"无事禅"→在五祖法演门下获得大悟→对高层位"无事"的回归这一圆悟本人的经历密切地发生着重叠，同时又不仅限于圆悟个人的问题，甚至还发展成为关于一般性问题的一种解答。反过来说，圆悟对于同时代的问题，并不是作为一般性的理论，而是作为他切身的问题去克服，反倒成为代表北宋时期禅门的一种前沿性的宏观动向了。

无事与大悟，对现实的肯定与超越——两者的扬弃，是北宋时期禅宗的共同课题；圆悟的圆环逻辑，被视为与其相对抗的最有说服力的一个解答，在后来的禅门中得以扎根下来。而且，它甚至被20世纪关于禅的言说所继承；序论中曾讨论过的井筒俊彦的"分节（Ⅰ）→无分节→分节→（Ⅱ）"的说法，以及第三章将要论述的铃木大拙的"般若即非的逻辑"，其实都是运用此圆环逻辑的现代版的一种拓展。文意虽不清楚，但道元《正法眼藏》山水经卷如下的结尾，也应该看做是沿袭了上述宋代禅关于这一问题争论的内容。

　　古佛云："山是山，水是水。"
　　此道取，非谓（凡眼所见之）山是山，乃谓（慧眼所见之）山是山也。是故，须参究山；若参学、穷究于山，则是山中功夫也。如是之山水，自为贤，自作圣也。（岩波文库，第二册，第204页。译者按：中译参照了何燕生译注《正法眼藏》，第271—272页，宗教文化出版社，2003年）

第五节 《碧岩录》中的活句说

一、公案禅与看话禅

关于圆悟反对无事禅,要求学人彻底大悟的主张,以上我们进行了考察。不过,其大悟体验如何才能实现,圆悟对其并未作明确的说明。不单单是依赖于求道者个人的天资和偶然降临的机缘,而是对于所有人都行之有效,且能寄予甚高成功率而将开悟进行一种"方法"化,则有待圆悟的弟子大慧宗杲的"看话禅"去完成。关于这一过程,当然有种种的背景和经过,我们自然不能将其原因归结于圆悟——大慧这一禅法系谱的关系上。不过,另一方面,在看上去大异其趣的《碧岩录》的评唱中,似乎出现了逐渐向看话禅成长的萌芽迹象,这需要引起我们的注意,且值得我们深入研究。这里,作为大慧看话禅的前史之一,我们拟对《碧岩录》评唱关于公案的处理方法,作一考察。

说起来,宋代禅,一言以蔽之,是"公案禅"的时代。唐代的禅问答,是一种所谓在修行当处偶然发生的一时、一次性的活泼泼的问答。与此相对,宋代禅门中,先人的问答被当做大家共享的古典——作为公案被选择、编辑,以此作为题材进行参究,被视为修行的一种重要项目(其萌芽业已见于《祖堂集》)。参究方法虽多种多样,但大致可以整理为如下两种形态。

(一)通过付以"代别语"、"颂古"、"拈古"、"评唱"等语句,对"公案"进行批评和再诠释,即所谓"文字禅"的风格。

(二)通过对特定"公案"全神贯注的参叩,将意识逼到极限,这时发生意识爆炸,以期获得"大悟"体验的所谓"看话禅"的技法。

"公案禅"这一称呼,迄今用于广狭多种含义,往往给我们的讨论带来了混乱——常常表现出将"公案禅"与"看话禅"以相同含义进行使用的情况——不过,依笔者个人看来,将以"公案"为内容的禅,用广义的"公案禅"之名进行总称,而作为其下层的区分,设立"文字禅"

和"看话禅",似乎最为妥当。就时代区分而言,其流传情况是:宋代禅为"公案禅"时代,其中,北宋时期,"文字禅"占主流,不久自北宋末期至南宋初期,大慧宗杲的"看话禅"加入其列。("看话禅"以其强大的势力,席卷禅门,但"文字禅"的运动并未因此被淘汰。如《无门关》无门慧开,由"看话禅"而获得开悟。用"文字禅"进行表达,是南宋以来的总趋势。而且,当事人大慧本人,也是留下文字作品最多的一位禅僧)①。

如果套用上述流传情况,那么《雪窦颂古》可以说是"文字禅"的精华,其评唱录《碧岩录》也可以算做是"文字禅"最为代表性的作品之一。不过,在其论述中,明显地可以看到超越了对过去"公案"的解释和论评范围的一种强烈实践的愿望,这也是不可忽视的。对作用即性和无事的再三批判,不只是限于对同时代风潮的一种忧虑,同时还构成了对大悟的追求这一实践目标的前提,这一点才具有至关重要的意义。反过来说,正因为试图打破现在的自己,以期获得大悟的实际体验,对如实地肯定当下现在自己的所谓唐代禅思维的克服,才是不可回避的课题。《碧岩录》中,这些论点尚未归结到一个明确的焦点上。不过,只要逐渐汇合为一个自觉性的"方法",必然就会向看话禅靠拢的一些迹象,其实在圆悟的评唱中就业已萌芽,以下将对此进行考察。

二、参活句,莫参死句

在以上本章的考察中,我们曾列举了《碧岩录》如下几则公案。

第一节　第 98 则"天平行脚"公案
第二节　第 53 则"百丈野鸭子"公案
第三节　第 45 则"赵州七斤布衫"公案

---

① "文字禅"一语,来自觉范惠洪的《石门文字禅》。详见周裕锴《禅宗语言》(浙江人民出版社,1999 年)、《文字阐与宋代诗学》(高等教育出版社,1998 年)。

第四节　第9则"赵州四门"公案

从这些公案,我们可以了解到,如实地肯定当下自己的所谓地道的唐代禅的原意,其实,在圆悟时代,这种理解也曾普遍地得到推广。然而,圆悟对这种理解予以强烈的驳斥,始终要求不要拘泥于字句,应该直接参悟公案本身。

比如在前节讨论的第9则"赵州四门"的本则评唱(1)中,就有如下的一段话,希望能回想起来。

> 须是斩断言语,格外见谛,透脱得去,方可如龙得水,似虎靠山。……其实此事不在言句上。所以,云门道:"此事若在言句上会,三乘十二分教岂不是言句?何须达摩西来,直指人心,说教外别传?"

"斩断言语,格外见谛",这正是圆悟对公案的一个基本姿态;对于"此事不在言句上"的说法,我们在后面的讨论中将会反复地碰到(与此同时,上述云门语也极其频繁地被圆悟和大慧所引用)。然而,虽言断绝语言,当然不是说应该抛弃公案而固守在沉默之中。在第三节讨论的第45则"赵州七斤布衫"本则评唱(1)、(2)中,有如下的言说:

> "赵州布衫",若向者里一击便行处会,天下老和尚鼻孔一时穿却,不奈何,自然水到渠城〔=成〕。苟或踌躇,老僧在你脚跟底。佛法省要处,不在多言,不在繁语。
> 只如者僧问州道:"万法归一,一归何处,"他却答道:"我在青州作一领布衫,重七斤。"若向语上辨,错认定盘星。不向语上辨,争奈他怎么道。

"我在青州作一领布衫,重七斤",这句赵州的话,我们从"语句"

上,即依照语义和脉络去理解,当然是不行的。因为,"佛法省要处,不在多言,不在繁语。"但同时也并不能因此就否定此句的存在意义。因为,赵州这一句,作为不可否定的事实,业已存在于此了。那么,它到底想说明什么呢?圆悟说,不要有丝毫的"蹰躇","一击便行",不假思索地体得该句,仅此而已。

同样的说法,在第 65 则"外道良马鞭影"的本则评唱中,也是如下阐说的:

"此事若在言句上,三乘十二分教,岂不是言句?若道无言,何用祖师再来?作什么?"只如从上来公案,语会〔=话会〕者不少,有者唤作良久,有者唤作据坐,有者唤作默然不对,且惠摸索不着。此事其实不在言句,亦不离言句。若稍有拟议,则没交涉(下,第 44 页)。

最后的"拟议",在这里,与前述的"蹰躇"同义。对于本则,所谓进行合乎道理的各种有意义的"话会",是圆悟所予以驳斥的,说:"此事,其实不在言句,亦不离言句"——终极一事,其实不在言句上,但也不离言句。

那么,既不能向言句上求,又不能舍去言句,那该如何是好呢?为了直截了当地说明这一点,圆悟用得最多的,是"他(须)参活句,不参死句"这句成语。比如第 48 则"招庆翻却茶铫"本则评唱说:

若论此事,不在言句上,却要言句上辨个活处。所以道:"他参活句,不参死句。"(上,第 202 页)

"此事"并不在言句上。然而(并非因此就视言句为无用),又必须在言句中找到活生生的要点。所以,对于言句的这种立场,叫做"参活句,不参死句"("他",没有特定所指的对象,是一个泛指一般人的虚指用法)。

意思是说,应该不被语言所缚,但又不舍弃语言,彻底以"活句"去参究该语言。不过,从这里的行文可以看到,"活句"与"死句",对于语句本身来说,并没有固定的差别,而对于语句参究的方法上,则呈现出了差异。也就是说,如果通过"言句上"加以有意义的解释,其言句将堕入"死句"。然而,如果与意义无关,以一击看透"活处"之本身,同样的言句将成为一种"活句"。《从容录》中所引用的潭柘亨和尚的语句中有所谓"若会死句,也是活句也;若不会活句,也是死句也",似乎也阐说了这个道理(第六则颂评唱,禅文化基本典籍丛刊本,第 14 页上)①。

上述"参活句,不参死句"一语,也见于第一节所讨论的第 98 则公案"天平行脚"的评唱中。它作为公案解释中约定俗成的一句,是《碧岩录》评唱的各处被广泛引用的一句成句。比如在第 20 则公案"翠微禅板"的本则评唱中,就有如下一段:

> "如何是祖师西来意?"云:"西来无意。"你若怎么会,堕在无事界中。所以道:"须参活句,莫参死句。活句下荐得,永无忘失。死句下荐得,自救不了。"(上,第 97 页)

"祖师西来意是什么?""西来无意。"如果依照字面去理解此大梅法常的语句——并不存在什么由祖师第一次传来的西来意之类——我们将落入"无事"的圈套,所以,就有了这句话。必须参"活句",不能参"死句"。"若依活句而悟,未来万世将不忘失;若于死句而悟,连自己也不能得救。"②

这里所引用的,是该句的完整形式。在该脉络中,"活句"被看做是与所谓不存在理应领悟的"西来意"等"无事"观点相对立的立场而

---

① 关于"活句",也请参见前注所介绍的周裕锴的两本著作。
② "西来无意",意思是说,不管达磨西来不西来,自己本来是佛,因此,其实并不存在什么由达磨所传人的"西来意"。关于这个问答,请参见小川《语录のことば——唐代の禅》(禅文化研究所,2007 年)第三、四节。

提出来的。然而,重要的是,圆悟的"活句"之说,与他对无事禅所持的批判立场,是紧密联系在一起的。

关于"活句"的字义,年代较晚的明代永觉元贤语录以下的例子可作为参考。质问人提出的"宗师云"云云的一句,从其文章脉络高度一致的情况来推测,我们把它视为该句的另一种说法,应该不会有太大的出入吧。

> 问:"宗师云:参禅须是参'无义句',不可参'有义句'。从'有义句'入者,多落半途。从'无义句'入者,始可到家。是否?"曰:"参禅不管'有义句'、'无义句',贵在我不在义路上着倒而已。……"(《鼓山永觉和尚广录》卷29,《禅宗全书》第58卷,第774页下左)

这里,"无义句"和"有义句",当然相当于"活句"与"死句"。由此我们可以推测,所谓"死句",是指内含着可以理解的,具有逻辑意涵的"有义"的语句,而"活句"则是这种含义和逻辑脱落之后的"无义"的语句,我们姑且先可这样给它下一个定义。然而,对此,永觉元贤则说:"重要的,并不是这种语句的分类,而是自己本人不要被'义路'——逻辑、脉络——缠住双脚。这可以说是简洁而又恰当地表达了'活句'的本来旨趣的说法。"①

---

① 同样在明代云栖袾宏《竹窗随笔》中,也见有如下的语句。这里所见的"无义味语",与"无义语"亦同,这一段也可看成是对"活句"的一个很好的注解。
二笔(80)无义味语:
宗门答话,有所谓无义味语者。不可以道理会,不可以思惟通故也。后人以思惟心强说道理,则愈说而愈远。岂惟谬说,直饶说得极是,亦只是鹦鹉学人语而已。圆悟老人曰:"汝但情识意解,一切妄想都尽,自然于这里会去。"此先德已验之方,断非虚语。吾辈所当深信而力行者也。(荒木见悟监修、宋明哲学研讨会译注《竹窗随笔——明末佛教的风景》,中国书店,2007年,第266页)同书初笔〈二七〉宗门问答条中有:"古尊宿作家相见,其问答机缘,或无义无味,或可惊可疑,或如骂如谑,而皆自真参实悟中来,莫不水乳投,涵盖和,无一字一句浪施也。"(第87页)另请参见文后同语之注释。

云门花药栏　"参活句,不参死句。"此一对句在《碧岩录》中被多次引用,不胜枚举。这里,我们来看一看其中颇富特色的两、三例吧。第一例是第 39 则"云门花药栏",本则全文如下:

> 举僧问云门:"如何是清净法身?"门云:"花药栏。"僧云:"便与么去时如何?"门云:"金毛师子。"(上,第 171 页)

僧问云门:"清净法身是什么?"云门:"花药栏——芍药的篮子。""彻底达到这个地步,又该怎么办?""金毛狮子。"①

圆悟在本则评唱中这么说:

> 这个是屋里事,莫向外卜度。所以百丈道:"森罗万象,一切语言,皆归自己分上,令转辘辘地。"向活鲅鲅处便道。若拟议寻思,便落第二。古人道:"法身觉了无一物,本源自性天真佛。"云门验这僧。其僧是佗屋里人,自是久参。进云:"便恁么去时如何?"门云:"金毛师子。"且道!是肯佗不肯佗?是褒他是贬佗?岩头道:"若论战也,个个立在箭锋。""佗参活句,不参死句。死句下荐得,自救不了。"……将知此事不在言句上。何故?如击石火,似闪电光。构得构不得,未免丧身失命。(上,第 172 页)

这一问答所开示的,是指云门家中的事情,切忌由外部来推测与分别。因此,如百丈所说,"森罗万象,一切语言,皆归自己分上,令转辘辘地"(使其团团地来回转动),必须在活泼泼处(栩栩如生的跃动处)当即说出。若有拟议、思量,立刻落入第二义。古人说:"法身觉了无一物,本源自性天真佛。"(永嘉玄觉《证道歌》)

---

① 关于"花药栏",请参见入矢义高《禅语つれづれ》(《求道と悦乐——中国の禅と诗》,岩波书店,1983 年,第 121 页)、《语录の言语と文体》(《空花集——入矢义高短篇集》,思文阁出版,1992 年,第 159 页)。

在本则中，云门（以对"清净法身"的问话而回答"花药栏"）试图检点该僧人，该僧也是云门的家中人，而且是一位久参的禅者，所以反问道："正当到达这个地步时——'花药栏'当下成为'清净法身'时——如何？"云门于是回答一句："金毛的狮子。"

那么，这句话对该僧表示的是肯定，还是否定？是称赞，还是诽谤？岩头也曾说过："所谓战争，就是每个人都面对弓箭而站立的。"所以说，"参活句，莫参死句。若在死句上开悟，连自己都救不了。"……（云门其他问答的引用）……可知以上的事情。终极的一事，不在言句上，因为，"如击石火，似闪电光。不管你把握也好，不把握也好，都不免丧失生命。"①

如果总结这里所说的问题，那将是这样的——"此事"，并不在言句上。"花药栏"一语，不过是试探僧人的境界而已。接下来的"金毛狮子"一句，也并不是针对僧人判定是非和褒贬的评语。它是在"转辘辘"、"活泼泼"的"转处"，瞬间所吐露出来的，"如击石火，似闪电光"的一句——应该成为瞬间激发契机的"活句"。这里如果稍有踌躇和思议，不免将马上转落于"死句"，陷入第二义。

通身是手眼　下面，我们再看一下第92则"云岩大悲千眼"（通行本为第89则）的例子吧。首先，本则全文如下：

> 举云岩问道吾："大悲菩萨用许多手眼作什么？"吾云："如人夜间背手摸枕子。"岩云："我会也。"吾云："汝作么生会？"岩云："遍身是手眼。"吾云："道即太杀道，只得八成。"岩云："师兄作么生？"吾云："通身是手眼。"（下，第131页）

---

① 最后一句，据保福从展语。《明觉禅师语录》卷1，"举保福示众云：'此事如击石火闪电光。拘得拘不得，未免丧身失命。'僧便问：未审拘得底人，还未免丧身失命也无？"（《大正藏》第47册，第672页下）同书卷1，"保福有言，'击石火，闪电光。拘得拘不得，未免丧身失命。'"（第674页下）后来也被《联灯会要》卷24、《五灯会元》卷7各保福章所转载。《碧岩录》也被第16则公案的颂评唱所引用（上册，第7页）。

云岩问道吾:"千手千眼观音菩萨用这么多的眼睛做什么呢?"道吾:"就像人在黑夜中手背摸枕头。""是吗? 明白了!""你怎么明白的?""遍身是手眼。""说得很对。不过,只是说到了八成。""那师兄又是怎样理解的呢?""通身是手眼。"

这很可能是以"作用即性说"作为话题,把观音的千手千眼当作全身活泼泼的作用的一个问答。早期的例子,见于《祖堂集》卷 5 道吾章(第 206 页)、《景德传灯录》卷 14 云岩章(第 281 页上);两个记载之间虽在说话人的替换等几个地方有出入,但在结构上,极其单纯。比如《景德传灯录》所录的,是如下内容:

> 道吾问:"大悲千手眼,那个是正眼?"师曰:"如无灯时把得枕子,怎么生?"道吾曰:"我会也! 我会也!"师曰:"怎么生会?"道吾曰:"通身是眼。"

以《雪窦颂古》、《宗门统要集》卷 7 云岩章(第 149 页下)为首,至宋代,该话头被重新组织成了"遍(徧)身是眼"与"通神是眼"这一两者对立的形式。从这一改动,我们似乎可以了解到,是否应该以六根各自的作用分别与佛性相等同,或者应该视其为关于一元的、统一的佛性的全部发现,理论上出现了分歧,以及对后者表示了一种支持。不过,这种理论性的解析,当然并不是圆悟所能采纳的。圆悟在本则评唱中,是这样叙述该话头的:

> 如今人多去作情解云:"遍身底不是,通身底是。"只管去咬佗,古人言句上死却。殊不知古人意不在言句上,此皆是事不获已而用之。下江透此公案,多作罢参会。以手摸灯笼,换身浑换露柱〔=摸浑身,摸露柱〕,尽作神通话会。若恁么见,怀〔=坏〕他古人。所以,"他参活句,不参死句。"须是绝情尘意想,净裸裸地,方可见得此大悲话。(下,第 133 页)

最近,有些人大多渗入"情解",说什么"遍身是眼"不对,"通身是眼"正确。而且,不管三七二十一,死死地咬住这句话,就像在古人言句上死去一般。这些人根本不知道古人的真意并不在言句上,这些言句都不过是不得已才说出来罢了。长江下游的人透过此公案称为"罢参会——已经是修行无用的见解",如此赋予其意义。用手摸灯笼,摸浑身,摸露柱,说什么这就是神通等。这样的见解,有损古人真意。所以说:"参活句,莫参死句。"必须断绝情尘意想("情解"),一切变得干干净净的,这样才能读懂本则的真意。

"遍身是眼"、"通身是眼"句,依字面意义去理解,以论判其是非、优劣之类的解释,在这里被断定为"情解"。这是一种彻头彻尾地啃古人言句,死在古人言句上的愚蠢之辈。"遍身"、"通身"云云,其实不过是为了教化的方便,不得已才说出来的,因为,其真意并"不在言句上"——并不存在于字义的表面上。并非这样地去理解,而是"净裸裸地"断"绝情尘意想",直截了当地体悟此话头,这才是"参活句"。相反,"只管去咬它,古人言句上死却",这种做法,只能算是"参死句"。

这里所指责的"下江"的"罢参会"的实况,不甚清楚。不过,手摸周围的东西和自己的身体,称其为"神通",这种情形,一般与圆悟在第53则公案"百丈野鸭子"所批判的"作用即性"的说法相通。前述第20则公案"翠微禅板"本则评唱中,"活句"被视为与无事相对立的立场,而在这里被当做了与"作用即性"相对立了。"作用即性"与无事,都是构成唐代马祖禅的主要基调内涵,即便在"百丈野鸭子"的评唱中,两者曾被视为表里一致,而与之相配套的主张曾受到过批判。套用圆悟的圆环逻辑来说,便是"作用即性说"与无事禅,都是自我满足于当下 0 度地位的一种邪禅;而"活句"则被视为打破这种局面,带来 180 度翻转契机的一种东西(这个问题将在后面再叙)。

洞山麻三斤 对于从字面上理解公案,并且将公案归结到对当下自我的"现实态"予以肯定的各种通行解释,圆悟斥之为"俗解"——"话会"、"情解"、"情尘意想"——而予以驳斥；在此基础上，他要求用业已剥夺了语义、文脉而成为"净裸裸"的一个"活句"去理解公案。这是圆悟评唱中自始至终一贯的一种论述方式。其议论主旨和论述方法，即便在没有使用"活句"这一术语的情况下，也从未改变。比如第12则公案"洞山麻三斤"的本则是："僧问洞山：'如何是佛？'山云：'麻三斤'。"对此，圆悟的评唱，如下所示（洞山，非洞山良价，指云门的法嗣洞山守初）①。这是把上述讨论的论旨不用"活句"语言来展示的一段议论，相反，所谓"参活句，不参死句"这一既成的语句，其实是将如下详细阐说的论旨，简洁地汇集为一句之中的一句话语。

  洞山麻三斤公案，多少人错会！直是难咬嚼，无你下口处。何故？淡而无滋味。古人有多少答佛话？云："殿里底。"或云："三十二相。"又云："杖林山下竹筋鞭。"却到洞山云："麻三斤。"不妨直截。人多去言句下话会道："洞山是时库下秤麻，有僧问佗，所以如此答。"有底道："洞山问东答西。"有者道："你是佛，更去问佛。洞山绕路答佗。"更有一般道："只是麻三斤便是。"且喜勿交涉！你若恁么去洞山言句上寻讨，参到弥勒佛下生，也未见得在。何故？言句只是载道之器。殊不见古人意，只管去言句上作活计，有什么巴鼻！不见古人道："道本无言，因言显道"，见道即忘言。到这里，还我第一筹来始得。这麻三斤，一似长安大路一条相似，举足下足，无有不是。这个语与云门胡饼便是一对，不妨难会。五祖颂云："贱卖担板汉，怗〔＝贴〕秤麻三斤；千百年滞货，无处着浑身。"你但打迭得情尘意想，计校得失是非，一时净尽，自然会去（上，第58页）。

---

① 关于洞山"麻三斤"的问答，请参考入矢义高《麻三斤》，《自己と超越——禅·人·ことば》（岩波书店，1986年）所收。此外，在芳泽胜弘的《麻三斤·再考》和冲本克己的《禅宗の教团（六）》中，对入矢义高说法有过批判和讨论。载入《禅文化》第160期，1996年4月以及第161期，同年7月。

因引文较长,姑且分成三段,进行解读。

(1) 洞山麻三斤公案,多少人错会!直是难咬嚼,无你下口处。何故?淡而无滋味。古人有多少答佛话?云:"殿里底。"或云:"三十二相。"又云:"杖林山下竹筋鞭。"却到洞山云:"麻三斤。"不妨直截。

洞山的"麻三斤"公案,误解者该有多少人!这个暂且不论,总之,是一个难以咬嚼、无处下口的公案。为什么?因为此话头淡而无味!古人回答曰"佛"的言句,实在不胜枚举。曰"佛殿里是",曰"三十二相",曰"杖林山下竹筋鞭"。然而,到洞山守初,却说"麻三斤"。这是相当直截了当的了!

"淡而无味",早期的出处见于《老子》第 35 章"道之出口,淡乎其无味,"而直接的出处,很可能是依据于《肇论》物不迁论中的"夫谈真则逆俗,顺俗则违真。违真故迷性而莫反,逆俗故言淡而无味"。(《景德传灯录》卷 28 南阳慧忠国师语中也有引用)圆悟首先借用此语,指出"麻三斤"一语,是与分节的、逻辑的世俗思考系统——"常情"、"情解"、"情尘意想"——相反的大前提;而第 44 则公案"禾山解打鼓"的本则评唱中"所谓言无味,语无味……此话不涉理性,无议论处"(上册,第 189 页),也是与此相同旨趣的。

接下来,所谓"古人有多少答佛话",即回答"如何是佛"的问题的古人言句,也数不胜数;作为具体的例子,圆悟列举了如下的问答:

僧问:"如何是佛?"师云:"殿里底。"僧云:"殿里者,岂不是泥龛塑像?"师云:"是。"僧云:"如何是佛?"师云:"殿里底。"(《景德传灯录》卷 10 赵州章,第 155 页上)

问:"如何是佛?"师云:"三十二相天人仰。"……(《天圣广灯录》卷 17 潭州南岳山台院契旷禅师章,第 500 页上)

> 问:"如何是佛?"师云:"杖林山下竹筋鞭。"①(《天圣广灯录》卷15风穴延昭章,第476页下)

然而,从圆悟看来,这些都可以依照字义去进行合理性的解释,而且至少在诸方都是这样被看待的。因此,通过此则颂的评唱,圆悟这样叙述道:②

> 诸方多用作答话会。如古人道:"如何是佛?"云:"杖林山下竹筋鞭。"云:"丙丁童子来求火。"只管于佛上作道理。(上,第60页)

圆悟对诸方都把这些当做是针对"什么是佛"的问话所表示的一种回答来对待而予以批判,而与其相反,圆悟则说,洞山守初关于"麻三斤"的回答,是一句无论如何也难以抽出与所谓"佛"一语之间的逻

---

① 《景德传灯录》卷13对此提问作"如何是佛师"。(第255页上)此外,《景德传灯录》元版(大正藏本)在此处附有以下的细注:
《西域记》云:昔摩竭陀国有婆罗门,闻释迦佛身长丈六,常怀疑惑未之信也。乃以丈六竹杖,欲量佛身,恒于杖端出丈六,如是增高,莫能穷实,遂投杖而去。因植根焉,今竹林修茂被山满谷。(《大正藏》第51册,第303页下,台湾版排印本,第244页)
据此,"杖林山下竹筋鞭"一句,可以解释是回答佛身无相、无制约的意思。
② "丙丁童子来求火",是玄则参法眼文益时的问答,最早见于《景德传灯录》卷25玄则章。(第514页)因圆悟在《碧岩录》第7则"慧超问佛"本则评唱中举此公案,所以,这里从略。
法眼会下监院不入室。法眼问:"院主何不入室?"主曰:"某在青林和尚处问'如何是学人自己?'林云:'丙丁童子来求火。'从此有休歇处。"眼云:"是则是,你试说看。"主云:"丙丁是火,将火更求于火,便是。"眼不肯,主便辞。过江却自云:"他是五百人善知识,必有长处。"复回如前问。法眼云:"丙丁童子来求火。"〈丙丁是火将火更求于火便是〉主于言下大悟。
《景德传灯录》、《碧岩录》通行本都明确记载这是玄则的话,而对青林(青峰之误)的问话也是作"如何是佛"。总之,火神"丙丁童子"来求火,说明本来是佛的自己却更向外求佛;是劝诫的意思,我们姑且可以这么解释。然而,自不待言,圆悟对这种理解是持反对意见的。详细参见小川《〈碧岩录〉杂考(七)——汝是慧超②——》,《禅文化》第191期,禅文化研究所,2004年11月。另请参见考本章第3节相关注释。

辑关系,是难以解释的所谓"直是难咬嚼,无你下口处"的一句。

然而,甚至对于此"麻三斤",诸方所盛行的解释,尽是以"常情"、"情解"进行理论化的"话会"之辈。

> (2) 人多去言句下话会道:"洞山是时库下秤麻,有僧问他,所以如此答。"有底道,"洞山问东答西。"有者道:"你是佛,更去问佛。洞山绕路答他。"更有一般道:"只是麻三斤便是。"且喜勿交涉!你若怎么去洞山言句上寻讨,参到弥勒佛下生,也未见得在。何故?言句只是载道之器。殊不见古人意,只管去言句上作活计,有什么巴鼻!

尽管如此,多数人还是纠缠于此"麻三斤"的言句,以此进行"话会"。有的说:"洞山当时在仓库里称秤,这时有僧问,便回答说'麻三斤'。"有的说:"洞山是故意说东答西的。"[①]有的说:"你本人是佛,却更问佛。所以,洞山是绕路答他的。"更有甚者,说:"此麻三斤便是佛。"

真是太过于天真,离题甚远!如果以这种调子去向洞山的言句上求得意味,那即便修行到弥勒佛下生的时候,也不能透彻此语的真意了。为什么?因为言句只是"载道之器"而已!完全不知道古人的意思,光是在言句上作解释,能得到什么东西呢!

这里,同样列举了同时代盛行的"话会",并加以批判。他们都基本上对本则的字义进行了合理性的解释,而且,其观点,显著地表达了如实肯定当下现在的所谓唐代禅倾向的一般。而"麻三斤"一语之所以"淡而无味",是因为与这种"俗"的观点相逆,圆悟指责他们根本

[①] 关于"问东答西"的语义,第三十则"赵州大萝卜头"本则评唱中有以下的记载,可参考。"江西澄和尚判(云)之(赵州大萝卜头公案)为问东答西,唤作不答话,不上人卷缋。"(上册,第137页)意思是说,故意把话岔开,不作正面回答,以此才能巧妙地回避落入语言陷阱。

不明白道不在言句上——语言不过是"载道之器"而已——这个道理。

评唱继续——

（3）不见古人道："道本无言，因言显道，"见道即忘言。到这里，还我第一筹来始得。这麻三斤，一似长安大路一条相似，举足下足，无有不是。这个语与云门胡饼便是一对，不妨难会。五祖颂云："贱卖担板汉，怗〔＝贴〕秤麻三斤，千百年滞货，无处着浑身。"你但打迭得情尘意想，计校得失是非，一时净尽，自然会去。

因此，古人的话中不也说："道本无言，因言显道。"见道之后，必须当即忘掉语言。说到这里，还是应该把话题回到原初的一点上去。即此"麻三斤"，就像长安大道，举步下脚，没有哪一步是离开大道的。此语，与云门的"胡饼"话头（第82则，通行本是第77则）恰好成为一对，是不可解释的言句。五祖法演的颂中，也有"贱卖担板汉，怗〔＝贴〕秤麻三斤；千百年滞货，无处着浑身的语句。"总之，若能清除情尘意想，干干净净地扫掉是非得失的分别，自然就会领悟真意。

"道本无言，因言显道"一语，出处不详。澄观《大方广佛华严经随疏演义钞》卷8有"故生公云：'理本无言，假言而言'"的说法；这是目前可查的最早的用例。① 圆悟在这里对自己所列举该句的意思，在第25则"莲花峰拈拄杖"本则评唱中进行了引用，并加以如下说明，将是一个最好的注脚。

---

① 此外，澄观《华严经疏》卷13有"理本无言，假言而言"。（《大正藏》第35册，第587页下）同样在卷42中有"理本无言，假言显理"。（第824页中）此外，比这些要早的道宣的《续高僧传序》有"原夫至道无言，非言何以范世"（《大正藏》第50册，第425页上）；接下来在《景德传灯录》卷25永明寺道潜章录有如下的问答："僧问：'至道无言，借言显道。如何是显道之言？'师曰：'切忌拣择。'"（第513页下）

况此事虽不在言句中,若非言句却不能辨。不见道:"道本无言,因言显道。"(上,第119页)

要言之,它与前面引用的"此事其实不在言句,亦不离言句"(第65则"外道良马鞭影"本则评唱)相同。"道"不在"麻三斤"的字义上,但离开此语也不能了解它。要求以"麻三斤"语作为一个契机,但又与"麻三斤"的字义无关而体悟其"道"。圆悟就是这样阐述的(第92则"云门大悲手眼"评唱的"古人之意不在言句上,此皆是事不得已用之",也是同样的含义)。所以,接下来,"麻三斤"被比喻作如同长安大道,一步一步,无一步不在大道上。第45则"赵州七斤布衫"的评唱认为,赵州的一句在逻辑上虽不能解释,但其存在本身则不能否定,是俨然存在的一句。同样地,这里将"麻三斤"一语,也试图表达为与字义和实际数量毫无关连的、作为无限大而又无分节的绝对的一句。

接下来,作为旁证被引用的,是五祖法演的偈子。但遗憾的是,其含义不甚明了(《古尊宿语录》卷2,中华书局点校本,第416页。语录"秤"作"称",意思相同。"贴秤"乃至"贴称"的语义不详)。这里姑且这样解释——僧人走在路上廉价出售"佛",这时,洞山以其相称的价格将"麻三斤"放在了秤上。由此,千百年来一直没有遇到过正经买主的储存货的"佛",终于再也没有地方存放了。真正的含义虽不太清楚,但一般认为,由于有了"麻三斤"一语,"佛"终于永远地变成了难以处理的存货了;是以相反的说法予以赞叹的一种表达。

于是,圆悟最后说,如此清除"情尘意想",是非得失的分别被扫得干干净净——"净裸裸,赤洒洒"地——一扫而空,自然就能"会去"。

这里,虽未使用"活句"一语,但话题的旨趣和进程,都与以上所探讨过的评唱完全一致。上述看似难解的一段,其实就是要求把"麻三斤"当做"活句"去参究,不外乎想说明这一点罢了。圆悟使用"参活句,莫参死句"这个成句,往往是在省略如这里所详细讨论的道理,用一句话直截了当的话予以解决的时候。

三、宋代禅中的"活句"说

德山缘密 以上,如我们已经讨论过的,"活句"之说——包含未使用"活句"术语情况在内的所谓"活句"的思想——在《碧岩录》评唱中,构成了对待公案的一个核心。不过,这种观点,绝不是圆悟的独创。因此,为了宏观地理解这一情况,这里我们暂且离开《碧岩录》,看一下宋代禅中的"活句"说。

圆悟非常频繁地引用"他参活句,不参死句"一句,但他没有明确说明它是谁的语言。大慧宗杲《正法眼藏》卷中,将其看做云门法嗣德山缘密(生卒年不详,五代宋初人)的语言,他是这样记载的:

> 德山圆明和尚示众云:"但参活句,莫参死句。活句下荐得,千劫万劫永无凝滞。一尘一佛国,一叶一释迦,是死句。扬眉瞬目,举指竖拂,是死句。山河大地,更无淆讹,是死句。"时有僧便问:"如何是活句?"曰:"波斯仰面看。"僧云:"恁么则不谬也。"圆明便打(《禅学典籍丛刊》4,第173页上)。

"一尘一佛国,一叶一释迦";"扬眉瞬目,举指竖拂";"山河大地,更无淆讹"。这些语句,虽难以用世俗的逻辑理解,但作为禅的逻辑,可以说是极具常识性,能够予以说明的。然而,这些言句,在这里被当做了"死句",相反地,像"波斯仰面看——波斯商人抬头走路"这类不可解的语言,却被当做了"活句"。但是,当提问的僧人听到该语后,同时又把它当做模范式的解答来看待。缘密当即打了他。

一般以这个记载为根据,将该句话归于德山缘密。《碧岩录》的各种注释类书籍,也都是这样来注解的。但同样的记录,虽然见于年代稍后的《联灯会要》、《五灯会元》的缘密章,而在《景德传灯录》、《宗门统要集》等圆悟、大慧以前的早期灯录的缘密章中,则找不到。我们如果结合《碧岩录》自始至终没有指出其出处的事实来考察,那么,我们可认为,该语句到底是否一开始就是传为德山缘密的语句,其实是难以判断的。当然,我们并不能因此就有理由否定这是他的语句,同时也没有这个必要。不过,至少据管见所及,明确指出它是缘密语句的,似乎是上述《正法眼藏》之后的事了。

洞山守初 除目前讨论的一句之外,作为"活句"、"死句"的出处,另一个不应被忘记的,是洞山守初(910—990)的语言。在前面引用的,"麻三斤"的问答中,我们可以知道,洞山守初其人,与德山缘密同为云门的法嗣。觉范慧洪(1071—1128)对他的语录,在《林间录》卷1中,是如下记载的:

> 予建中靖国之初,故人处获洞山初禅师语一编,福岩良雅所集。其语言宏妙,真法窟爪牙。大略曰:"语中有语,名为死句。语中无语,名为活句。未达其源者,落在第八魔界中。"又曰:"言无展事,语不投机。乘言者丧,滞句者迷。"于此四句语中见得分明,也作个脱洒衲僧,根橼片瓦粥饭因缘,堪与人天为善知识。于此不明,终成莽卤。……(《禅宗全书》第32卷,第31页下,《续藏经》第148册,第299页右下)

这里所引用的两句话,常被人们引用,是一句有名的语句。"语中有语,名为死句;语中无语,名为活句"——意思与所谓"有义句"、"无义句"相同。但如此一针见血地说透"活句"与"死句"的语句,此外似乎不曾看到。慧洪特别重视这一说法,在《禅林僧宝传》卷8《守初传》中,同样将其作为他住持洞山时的主要说法而记录(《禅学典籍丛刊》5卷,第25页下。后来也被大慧《正法眼藏》卷上所采用。《禅学典籍丛刊》5卷,第27页下)。

接下来引用的"言无展事"云云语句,同样认为不具有实际内容和意味关连的语句,才是真正的语句;"言无展事,语不投机——不表达事由之言,与对方话不投机",将与"语中无语"的活句相对应;"乘

(＝承)言者丧,滞句者迷——按照字面意思理解语言的人,纠缠于语句而不动的人",将与"语中有语"的死句相对应。该句早在《祖堂集》卷10、《景德传灯录》卷18中,作为与云门同门的鼓山神晏的语言,曾出现过,但宋代禅门则专门把它作为洞山守初的语句而传载下来。《无门关》第37则"庭前柏树"中,该四句原原本本地被当做该则公案的颂来借用了(此外,关于宋代各种例子,可参考无着道忠《五家正宗赞助桀》)。

觉范慧洪 作上述记载的慧洪本人,也使用"语中无语"之说,并展开了饶有兴趣的讨论。这是一段继荐福承古(？—1045)批判巴陵颢鉴(生卒年不详,五代宋初人)语句之后,慧洪通过"活句"说所进行的一种再批判。巴陵颢鉴也是云门的法嗣,而荐福承古,则以云门语为契机获得了开悟。他与云门相隔一个世代,是一位具有未获得面授,自称云门法嗣经历的人物①。

慧洪首先在《禅林僧宝传》卷12《承古传》中记录了如下语句:

> 且如亲见云门尊宿,具大声价。如德山密,洞山初,智门宽,巴陵鉴,只悟得言教,要且未悟道见性。何以知之? 如僧问巴陵提婆宗,答曰:"银椀里盛雪。"问吹毛剑,答曰:"珊瑚枝枝撑着月。"问佛教祖意是同别? 答曰:"鸡寒上树,鸭寒下水。"云"我此三转语,足报云门恩了也"。更不为作忌斋。大众! 云门道:"此事若在言句,一大藏教,岂无言句?"岂可以三转语便报师恩乎!(《禅学典籍丛刊》5,第38页上)

德山缘密、洞山守初、智门师宽、巴陵颢鉴这些云门的弟子,名声虽高,但其实不过是领悟了言句的教导而已,对于真正的见性悟道,

---

① 关于荐福承古的最近的研究,有土屋太祐《玄沙师备三句纲宗与荐福承古三玄的比较——禅宗思想在唐宋之际的变化的一个例子》(《普门学报》第33期,2006年5月)。

并未获得。承古作谴责时,作为实际的例子,引用了巴陵颢鉴的三个问答。我们这里引用的三则,被称为"巴陵三句"(《人天眼目》卷2)等,享有盛名。《碧岩录》第13"巴陵银椀里雪"的本则评唱中,也介绍了与此基本相同的话题(不过,与佛教祖意一则不同的是,加上了"如何是道?明眼人落井"的问答。上册,第64页)。承古批判它违背了云门的真意,仍停留在言句程度。而慧洪则在关于承古的生平传记的"赞"中,断定这一批判是"罪巴陵三语,不识活句",并如下替巴陵进行反驳:

> 何谓"罪巴陵三语,不识活句"耶?曰巴陵真得云门之旨。夫语中有语,名为死句;语中无语,名为活句。使问提婆宗,答曰:"外道是。"问吹毛剑,答曰:"利刃是。"问祖教同异,答曰:"不同。"则鉴作死语,堕言句中。今观所答三语,谓之"语则无理",谓之"非语",则皆赴来机活句也。古非毁之过矣。

本来,语中有语是"死句",语中无语是"活句"。问提婆宗,答"外道是";问吹毛剑,答"锐利刀是";问教义与禅的异同,答"不同"等等。如果是这样(依照这种通常的逻辑进行有意味、可理解的回答),那么,不得不断定他们都是堕入言句的"死句"。然而,巴陵的三句,并非如此。这三句都是结合对方及其情况,自由自在地予以应对的"活句";虽语而无理(语则无理),可以称之为非语之语("非语")。这才是获得云门真意的语句;不对的,应该是承古的批判。

推想一下,巴陵其实未必就是不会理解。从"鸡寒上树,鸭寒下水"的回答,理应引出所谓佛教与祖意是同一内容的正好相反的表达这样的理解。然而,这种理解,当然不为慧洪所取。慧洪通过将巴陵的三个回答彻底地把握为一个去意义化的"活句"——"语则无理"的"非语"——试图为云门派下的立场,代其辩解和支持。

汾阳善昭与琅玡慧觉 无论是德山缘密,还是洞山守初,他们都是云门的法嗣。从上述例子,我们可以发现,"活句"这一思想似乎诞生于云门派下。不过,这个观点曾在北宋初期被临济宗的禅僧们所采用,但其起源则难以确定。比如琅玡慧觉(生卒不详,北宋人)把"须参活句,莫参死句"当做师汾阳善昭(947—1024)的语句来引用,且如下指出说:

> 上堂。举汾阳先师云:"夫学般若菩萨,须参活句,莫参死句。"如今人便道:"函盖乾坤是活句。截断众流是死句。"湿么会,莫辜负他汾阳也无?众中有一般禅客商量道:"如何是活句?""今日好天晴。""如何是死句?""万里崖州。"若湿么会,学到驴年也即是死句。山僧与你一时注破了也。作么生是活句?遂卓拄杖,便下座。(《古尊宿语录》卷46,中华书局点校本,第901页)

当然,我们不能以此就立刻承认该句就是汾阳的语言。不过,我们至少可以知道,该句并非从一开始就确定是德山缘密的语言。顺便提一下,汾阳本人的语录中虽不见有该句,但作为使用了"活句"、"死句"的例子,我们可以发现有:"问'如何是活句?'师云:'仰面苦苍天。此犹是死句。'师云:'入地更深埋'"这样一则问答。(《汾阳无德禅师语录》卷1,《大正藏》第47册,第595页下)

然而,从上述琅玡慧觉的语言,我们可以窥察到,所谓"活句"、"死句",业已作为语句分类的一个基调被固定下来,且作为修行僧们得意洋洋的话柄遭到玩弄的情形。该处所用的"函盖乾坤"、"截断众流"两句,原来都是云门的语句,因德山缘密结合"随波逐浪"句而综合成了三句,从而以"云门三句"的形式流传下来。所以,上述的批判,其实主要是将云门派下作为对象的[①]。

[①] 关于"云门三句",见《云门广录》下、《景德传灯录》卷22德山缘密章;《碧岩录》第14则公案本则评唱等。

从字面来推想,其见解似乎是将带有全面肯定意涵的语句定义为"活句",将带有全面否定意涵的语句定义为"死句",而"今日好天晴,"则变成了带有日常性意涵得到肯定的一种"活句"的例子;"万里崖州"("崖州"是广东的地名),则被视为表达无依所靠意涵的"死句"例子了。总之,只要预设一个"活句"、"死句"的基调,然后与其相应而进行语句的分类和运用,那么,可以说,这就与"活句"相去甚远了。因为,不被任何意义所界定,瞬息之间将所有的定义和秩序进行解体,进行无意义化,这样的语句应该算是所谓的"活句"。为此,慧觉拿起挂杖,"咚"地在地上撞了一下。通常的"活句"之谈,这时化为一张白纸,回到"活句"的原点——不被任何线上所定位的唯一的一点——当下表达了这个道理。此一击,不与任何语言脉络发生关联,也不被任何意义体系所组合。

关于此一击,黄龙新和尚(死心悟新,1243—1114)如下的语句为我们作了一个最好的注脚。

> 参玄上士须参活句,莫参死句。何也?若向活句下明得,死却天下衲僧。若向死句下明得,活却天下衲僧。且道!不落死活一句,作么生道?……(大慧《正法眼藏》卷下,第 104 页上)

这里,悟新的引用,同样也未说明该句是谁的语句,他说:"活句"让修行僧死,"死句"让修行僧活。当然,这不是一句贬低"活句",称赞"死句"的话。很明显,它是想说明被规范化了的"活句"反倒让人死,以试图颠覆这一现状的一句相反的说法。所谓"不落死活一句",即启示了不适用于所谓"活句"、"死句"这一既成的分类框架,是唯一真正的"活句"的道理,而这也就是慧洪通过挂杖一击所要直指的内涵。

从上述数例,我们应该能够了解到,"活句"之说,诞生于五代至北宋初期的云门宗;在相当早的时期,被临济宗的禅僧们所接受。当然,明确的起源和经纬,不甚详细,但至少"活句"之说,自北宋较早时期在禅门中被广为采用,并奠定了与唐代禅相异的宋代禅独自的倾向,这是毋庸置疑的事实。

然而,就像在唐代禅中曾是一个崭新思想的"无事",却不知不觉地堕入了一种惰性地带有对现实肯定意涵之中一样,"活句"之说,也免不了走向了草率地放弃思考和对不可解释进行全幅依赖的方向。以下引用的例子虽晚于《碧岩录》,但它记载了南宋时期对"活句"风潮的偏向及其通俗化的弊害,是同一时代的一个证言。这将有利于我们从另一个侧面理解"活句"的思想特质。

正理与颠倒 首先,大慧《宗门武库》中,有如下的言说。

> 师云:今时人,只解顺颠倒,不解顺正理。"如何是佛?"云"即心是佛",却以为寻常。及至问"如何是佛?"云"灯笼缘壁上天台",便道是奇特。岂不是顺颠倒?(《禅宗全书》32卷,第253页下;《续藏经》142册,第467页d)

师(大慧)说,最近一些人只知道顺从"颠倒",而不知道顺从"正理"。当问"佛是什么?"如果回答"即心是佛"(尽管这是堂堂正正的"正理"的开示),却认为不过是平凡的见解。如果问"佛是什么?"回答"灯笼缘壁上天台",则当即被称赞是奇特见解,等等。这不是顺从"颠倒",是什么?

"正理"是由正面所呈示的第一义,"颠倒"是颠倒逻辑,颠覆真实所启示的东西,两者即与"表诠"和"遮诠"相对应。不过,"颠倒"在这里专门被作为一种批判性地指示被通俗化的"活句"的语句而使用的①。

这种情况,我们可以通过南宋《枯崖漫录》卷1,进一步地得到证明。

> 金华元首座,刚峭简岩,丛林目为饱参。见等庵于白云,始了

---

① 关于"表诠"与"遮诠",请参见入矢义高《禅语つれづれ——禅臭》(《求道と悦乐》第123页),同氏《表诠と遮诠》(《自己と超越》)。

大事。僧问:"如何是佛?"曰:"即心是佛。"问:"如何是道?"曰:"平常心是道。"问:"如何是祖师西来意?"曰:"赵州道底。"闻者皆笑。后有僧问:"如何是佛?"曰:"南斗七,北斗八。"问:"如何是道?"曰:"猛火煎麻油。"问:"如何是祖师西来意?"曰:"龟毛长数丈。"传者皆喜。噫!若如此辨验答话,不惟埋没己灵,抑亦辜负前辈(《禅宗全书》第32卷,第583页下;《续藏经》第148页,第77页右下)。

众所周知,"即心是佛"、"平常心是道"是马祖的语言。《赵州录》以"柏树子"一则公案为首,收录了许多关于"祖师西来意"的问答。元首座的这些回答,作为禅宗本来的思想,每一个都很妥当;即便年代发生变化,它们作为禅的"正理",并未曾动摇。然而,那些业已习惯了"活句"风格的修行僧们,把这种妥当的回答当作傻瓜来嘲笑。为此,当元首座改为如"活句"一般的、逻辑"颠倒"的、不可解的回答时,修行僧们却欢喜若狂,当作笑柄来玩弄。这种风潮,不仅埋没了自己的本分事,而且也辜负了古人的用心。作者枯崖圆悟发出如此哀叹,以结束此段文字。

无理会话 如下《正法眼藏》山水经卷中所见的道元的批判,也是以这种风潮作为背景的;只有这样理解,我们才能明白该卷的意思。这是南宋时代道元基于他远涉宋土求法时的经历而记述的。

> 现今大宋国有一类杜撰之徒,今已成群,小实所不能击。彼等曰:"如今东山水上行话,及南泉之镰子话者,是无理会话也。其意旨者,谓关乎诸念虑之语话者,非佛祖之禅话;无理会话,是佛祖之语话也。是故,黄檗之行棒及临济之举喝,皆理会难及,不关念虑,以之为朕兆未萌已前之大悟也。先德之方便,谓多用葛藤断句者,即无理会话也。"(岩波文库第二册,第189页。译者按:中文译文参照了何燕生译注《正法眼藏》,第265—266页,宗教文化出版社,2003年)

这里所说的"理会难及,不关念虑"的"葛藤断句"、"无理会话",就是所谓"语中无语"的"活句";而其相反的所谓"关乎念虑语话",当然是所谓"语中有语"的"死句"。对此,道元在该文后半部份谴责道:"秃子所言之无理会话,唯汝无理会也,佛祖则不然。虽言不为汝等所理会,然不可不参学佛祖之理会路。"因此,我们可以了解到,这是道元针对前面已经讨论的所谓对"活句"带有习惯性依赖风潮的一种严厉的批判。

上述三条虽都未使用"活句"的称呼,但似乎说明了在宋代禅中,禅问答逐渐向着去意义化、无逻辑化的方向发展;而在南宋时代,这种草率的通俗化弊害,已经比比皆是了①。同时可以认为,这种类型的禅问答的解读方法,在今天仍然拥有巨大的影响力。

四、从活句到看话

仰山名什么　这里,我们再回到《碧岩录》。以上的弊害,毕竟是后世形成的。在《碧岩录》中,"活句"仍被作为一个促使颠覆话头解释的崭新技法继续得到使用。正如已列举的几个例子所看到的,所谓"他参活句,不参死句"一句,作为公案解释一个定型的一句,是《碧岩录》评唱不可或缺的内容。第70则"仰山汝名什么"(通行本是第68则)的本则评唱,也是其中的一个,该本则的问答如下:

举仰山问三圣:"汝名什么?"圣云:"慧寂。"山云:"慧寂是我。"圣云:"我名慧然。"仰山呵呵大笑(下,第59页)。

---

① 袁中郎《珊瑚林》中也见有"无义语"。这也与上述同样,可以解读是对过于简单的"活句"滥用风潮的一种批判。问:"某子甲平生未曾做工夫。忽参一公案,一日自谓透悟了一切公案,都评品得来。后复寡廉鲜耻,依然如常人,何也?"答:"此如不会作文人因苦思之极,忽尔文机通。然所通者,止于文义,挐来,自己身上受用不得。故依旧如常,无所不为去也。其所评公案,非真能会祖意,不过谓公案乃无义味话,遂以无义味言语铨饤来评之耳。"(荒木见悟监修、宋明哲学研讨会译注《珊瑚林——中国文人的禅问答集》ぺりかん社,2001年,〈186〉第224页,译注同第117页)。

这是关于仰山问三圣慧然的名字,三圣却说自己是"慧寂"的一段对话。圆悟在评唱该问答的过程中,如下叙述道:

> 这里公案,仰山不可不知他名,却更恁么问他。所以作家要验他人得知子细。"汝名什么",只似等闲,无道理计较。何故却不云"慧寂〔=然〕",却与么对?他具眼者,自然不同,他又不是颠。三圣搀旗夺鼓,意在仰山之外。此语不堕常情,难为摸索,却活得人。所以道:"他参活句,不参死句。"若顺常情,则歇人不得。他古人用尽精神,所以大悟了,却问〔=同〕未悟。随分一言半句,不得常情……(下,第60页)

在这个公案中,不应该不知道三圣之名的仰山,但却故意地去问他的名字。这是精明的禅师确认对方实情的一种手腕。"汝名什么?"只是随便一问,也没有值得考量的道理。然而,尽管如此,为什么三圣不回答自己的名字,却相反地回答仰山的名字呢?这个具眼汉(三圣),当然不同于一般的禅者,也不是因为他头脑不清晰。他夺取了仰山的名义,意在仰山之外。其语言不堕"常情",难以摸索,所以反而能让人活下。因此而说:"他参活句,不参死句。"若是堕入"常情",则永远让人不得休歇;古人(三圣)在这里因其(以最后一句)用尽了精魂,大悟之后还同未悟。因此即便随便说的一言半句,也不可堕入"常情"……①

三圣被仰山问到名字,他不答自己的名字,却回答仰山的名字。圆悟称赞这是不堕"常情",难以捉摸,正因如此,却能使人活下的语言——即"活句"。而且,接着,当三圣理所当然地改口说"我名慧然"时,圆悟认为这是用尽"活句"之后的休歇,即大悟之后的"同未悟"。

---

① "精神"在汉语中指身体性和生理性活力、精力,这在前节已经讨论过了。"随分",是指随随便便,大大咧咧,与现代汉语中的"随便"相同。

也就是说，圆悟在这里，一边以前述圆环逻辑作为前提，另一边以通过"活句＝大悟"（180度）去打破"死句＝常情"（0度），最后再返回到"休歇＝同未悟"（360度）境地，以试图说明本则公案的。

这里，值得注目的，是"常情"一语的重复使用。不过，该语句在前节注释所引用的第76则"金牛饭桶"的评唱中，如下得到了采用。

祖师西来时题目道什么？"教外别传，单传心印。"古人方便，也只要教你会去。有者道："那里有许多事？热则承凉，寒则向火。饥则吃饭，困则打眠，"即落在常情。不知古人向二六时中，要明此事（下，第77页）。

这里，"常情"与无事禅同义，而且，是二六时中究明"此事"——即祖师西来意——的对立概念。这既与在第9则"赵州四门"的评唱中无事禅被断定为"情识计较"的情况相吻合，同时又与前面引用的第20则"翠微禅板"的本则评唱中"活句"被视为无事禅的对立概念相符。它还更与第92则"云岩大悲手眼"的评唱中"死句"的解释被贬低为"情尘意想"以及与此相对的"活句"之说是为了对所谓"作用即性说"的批判相通。也就是说，在《碧岩录》评唱中，"常情"与"情识计较"、"情解"、"情尘意想"等同义，这些语句，都指"死句"＝"无事禅"＝"作用即性"的0度情况——对现状的自我满足。而为了与此相对决，以打破这种情况的，无疑是"活句"＝"大悟"＝"祖师西来意"的180度大反转。若更加简单地说，在《碧岩录》评唱中，的确潜在着由"活句"打破"无事"而达到"大悟"的所谓对禅的一种希求。

然而，评唱并未明确说明这种情况。这些道理，是我们通过综合圆悟的言说可以重新建构的内容。而它被汇集为一种自觉性的方法，且明确地被指示出来，则有待于弟子大慧"看话禅"的确立了。当然，如开始我们所声明的那样，看话禅是大慧本人在饱经风霜的种种经历中形成的产物，绝不是按照五祖法演—圆悟—大慧这样的法系传授而来的。当然，认为其中完全不存在由这种师承关系所带来的影响，也是很不自然的事情。这里，作为发展成为大慧看话禅的一个重要的流传情况，我们想一边追寻该系谱，一边来考察一下由"活句"发展为"看话禅"的连续性情况。

五祖法演的无字 所谓将公案当作"活句"参究，就是指将公案中的语句，与字义和文脉相断绝的，作为绝对的一语一句来看待的意思。作为其方法，最为简便的，是首先将公案本文以无脉络和无结构的片断形式进行所谓的压缩，或者彻底将其切断。前节引用的土屋太祐论文《公案禅の成立に関する试论——北宋临济禅の思想史》（《驹泽大学禅学研究所年报》第18期，2007年）也已指出了北宋时期禅门中的这种动向；作为其例子，该文探讨了五祖法演关于赵州无字禅的解读情况。自不待言，赵州的无字，是一个后来发展成为大慧看话禅的主要公案①。

> 上堂。举僧问赵州："狗子还有佛性也无？"州云："无。"僧云："一切众生皆有佛性，狗子为什么却无？"州云："为伊有业识在。"师云："大众！你诸人寻常怎么生会？老僧寻常只举无字便休。你若透得这一个字，天下人不奈你何。你诸人作么生透？还有透得彻底么？有则出来道看！我也不要你道有，也不要你道无，也不要你道不有不无。你作么生道？珍重。"（《古尊宿语录》卷22《黄檗东山演和尚语录》，中华书局点校本，第416页）

法演禅师上堂，首先提出了这一公案——僧问赵州："狗子有没有佛性？"赵州："无。""一切众生都有佛性，为什么狗子没有？"赵州："因为它有业识。"

对此，法演说——各位，你们平常是如何理解这个公案的？我平

---

① 关于赵州"无字"话头的历史性演变，请参见平野宗净《狗子无佛性の话をめぐって》，收入《一休と禅》（春秋社，1998年）所收。

常只是提出此"无"字,便休止。你们如果突破此一字,天下所有人也不能把你怎么办。你们如何突破它?有没有彻底突破此公案的人?如果有,请来我这里,说给我看看!但既不能说"有",也不能道"无",更不能道"不有不无"。那你们到底该怎么说呢?珍重!

这里,法演所引用的赵州无字问答,与《赵州录》等所列举的内容大体相同,是由两次会话构成的较长的体裁。不过,二人的对话,并未认可任何道义。法演提出说,自己平生以来只参叩其中的一个"无"字,然后就休止,并且还要求在场的修行僧们,也应该突破此"无"字。语录中,此外还有一节,证明了他的这番话。

> 师室中常举"赵州'狗子还有佛性也无?'州云:无"。僧请问,师为颂之。"赵州露刃剑,寒霜光焰焰;更拟问如何? 分身作两段。"(同前,第420页)

公案的本文本身,已经被浓缩为短短的一问一答的形式了;"无"之一字,显得格外的突出。法演常常是以这种形式提出本则公案,并付上如此偈语的——赵州的"无"字,露出寒霜的光焰,如同抽出了的刀剑,若有丝毫思议,当即斩成两段。

对无字的这种态度,构成了大慧如下言说的滥觞,我们一读便可明白。

> 僧问赵州:"狗子还有佛性也无?"州云:"无。"只这一字,便是断生死路头底刀子也。妄念起时,但举个无字。举来举去,蓦地绝消息,便是归家稳坐处也。(《大慧普觉禅师语录》卷22,法语《示妙心居士(孙通判长文)》,《禅宗全书》第42卷,第394页上;《大正藏》第47册,第903页下)

"僧问赵州:狗子还有佛性也无? 州云:'无'。"此一"无"字,是斩断生死轮回之路的刀子。妄念生起时,但举此"无"字! 举来举去,如果思考的消息突然被切断,那就是你应该归宿的安稳的家。

圆悟与"德山小参"话头 接下来,关于圆悟,土屋论文指出《罗湖野录》卷一中载有如下极有趣味的一段记录。

> 西蜀表自禅师参演和尚于五祖,时圜悟分座摄纳,五祖使自亲炙焉。圜悟曰:"公久与老师法席,何须来探水?脱有未至,举来品评可也。"自乃举德山小参话。圜悟高笑曰:"吾以不堪为公师。观公如是。则有余矣。"遂令再举,至"今夜不答话"处,圜悟蓦以手掩自口,曰:"止!只恁看得透,便见德山也。"自不胜其愤,趋出,以坐具搋地曰:"哪里有因缘只教人看一句!"于是朋侪竞勉,自从圜悟指示,未几有省。(《禅宗全书》第32卷,第206页下;《续藏经》第148册,第487页左)

西蜀表自禅师于五祖山参访法演禅师。当时圆悟已经是首座,担任法演的助理。法演让表自接受圆悟的亲自指导。圆悟说,"师长久以来列入法演禅师的法席,不至于要来我这里试什么佛法境地之深浅。不过,如果说尚有未究明的地方,那你不妨举话头让我们品评一下。"于是,表自口述"德山小参"公案,圆悟大笑起来,说道:"我原以为不及您的师父,今看你这么一说,觉得尚有余地了。"

接着,让他再一次口述该话头,当口述到"今夜不答"一句时,突然将手塞住表自的口,说:"别再说了,如果是这样看得透,便可见到德山的真面目了。"表自颇为愤怒,跑出去,用坐垫拍地说:"哪里有公案只教人看一句?"

于是,同参道友们都过来竞相勉励表自,表自依照圆悟的指示,不久便有了省悟。

圆悟也出生于蜀地,所以,法演让表自师事圆悟,也许是因为是同乡,出于特别的关爱。表自在这里作为尚未解决的问题而举出的所谓"德山小参",是众所周知的如下一段对话:

鼎州德山宣鉴禅师,小参,示众云:"今夜不答话。有问话者,三十棒。"时有僧出礼拜,师便打。僧云:"某甲话也未问,为甚打某甲?"师曰:"你是甚处人?"云:"新罗人。"师云:"未跨船舷,好与三十。"(《宗门统要集》卷7《德山章》。《禅学典籍丛刊》1,第161下)

德山最后的语句,我们可以这么理解:不用说今天这个场合的提问,就连从当初想到渴求神圣价值的那一刻起,你早就做错了——因为根本就没有什么值得可渴求的东西。然而,当第二次举此公案时,圆悟不是在说话的中途,而是在仅仅开口的第一句就当即封上表自的口了。这时,就没有公案的道理,也没有公案的内容。只是毫无脉络地被裁剪下来的"今夜不答话"这一语言的碎片,凶猛地刺在了心上。

大慧的柏树子 这种基于杜绝理路和去脉络化而形成的语言的零碎化,可以说是为了通过现场教化所使用"活句"的一种必然性的手法;而将其作为一种修行方法予以实用化,则是大慧的看话禅。其中使用最多的,众所周知是赵州的无字公案,但大慧对其他许多公案也用于相同的目的。比如,关于我们在序论中所考察的赵州"柏树子"的话头,大慧曾这么说:

所以五祖师翁有言:"如何是祖师西来意?庭前柏树子。怎么会,便不是了也。如何是祖师西来意?庭前柏树子。怎么会方始是。"你诸人还会么?这般说话,莫道你诸人理会不得,妙喜也自理会不得。我此门中无理会得理会不得。蚊子上铁牛,无你下嘴处。(《大慧普觉禅师语录》卷16《悦禅人请普说》,《禅宗全书》第42卷,第355页下;《大正藏》第47册,第881页中)

因此,我的师翁(师父的师父)五祖法演禅师这么说:"如何是祖师西来意?庭前柏树子。"这么理解是不对的。并非如此,"如何是祖师西来意？庭前柏树子。只有这样地理解才是对的。"

如何？大家明白了吗？这么说，不仅你们，就连我也弄不清楚。在我们法门中，其实既无明白，也无不明白的事情。就像蚊子飞到了铁牛上，无有下嘴——即语言的地方。

"柏树子"，如序论所讨论的，本来是由几个对话组成的问答。不过，这里却被裁剪成了单纯的一问一答的形式，而且是拒绝解释可否、分节之不能的一个顽固不化的碎块了。

关于"柏树子"，大慧还说：

> 所以，此事决定不在言语上。若在言语上，一大藏教诸子百家遍天遍地，岂是无言？更要达磨西来直指作么？毕竟甚么处是直指处？你拟心早曲了也。如"僧问赵州：如何是祖师西来意？州云：庭前栢树子"。这个恁杀直。又"僧问洞山：如何是佛？山云：麻三斤"。又"僧问云门：如何是佛？门云：干屎橛"。这个恁杀直。你拟将心凑泊，他转曲也。……这个如何将知见解会，计较得失玄妙是非底心去学得。你要真个参，但一切放下。如大死人相似，百不知百不会，蓦地向不知不会处，得这一念子破，佛也不奈你何。不见古人道，"悬崖撒手自肯承当，绝后再苏欺君不得。"（《大慧普觉禅师语录》卷13《到雪峰值建菩提会请普说》，《禅宗全书》第42卷，第324页下；《大正藏》第47册，第863页中）

因此，"'此事'绝对不在语言上。如果在语言上，那么佛教的大藏经和中国的诸子百家的书籍，遍布天下，其无语言？哪里还要达磨西来直指的呢"？（也就是说，语言不能记载的"此事"，达磨为了指示其是事，所以西来了）

那么，"直指"的"直"，到底指何处？你们如果在这里（以思考、判断）去用心，那就不是"直"，而是"曲"了。比如，僧问赵州："如何是祖师西来意？"州云："庭前柏树子。"这是得到大家公认的"直"。又，"僧问洞山，如何是佛？"山云："麻三斤。"或者，"僧问云门：如何是佛？

门云：干屎橛。"这些也是颇有定评的"直"。然而，如果你们用心去对待（思考、判断）它，它们也将落入"曲"中。

那么，如何以思量、计较得失、玄妙、是非的那种知见会解的心来学得呢？如果要想真正探究这个问题，归根结底，是要放下一切。如大死的人一样，什么也不知道，什么也不理解。当什么也不知，什么也不能理解的时候，突然此一念被突破，佛也不能把你怎么样。所以，古人说道："悬崖撒手自肯承当，绝后再苏欺君不得。"

开头的语句是圆悟经常引用的云门的语言，大慧也常常引用它。最后的"悬崖撒手"云云，作为云门的弟子苏州永光院真禅师的语言，见于《景德传灯录》卷 20 等，也被《碧岩录》第 41 则评唱等所引用（上册，第 179 页）。

在上述一段引文中，大慧举"庭前柏树子"、"麻三斤"、"干屎橛"三个话头，主张不应该思量分别，而是"直下"去承当，而且，在放下一切，什么也不知，什么也不解这种"不知不会"的状态下，若能"得这一念子破"——也就是如能发生意识的激发和突破——那佛也拿你没有办法，所谓无条件的开悟了。这里，既没有对"柏树子"、"麻三斤"、"干屎橛"作解释，也没有进行任何说明，只是断绝逻辑思维的思路，作为提供大悟契机的无分节的语言片断，即作为"活句"而使用了。

看个话头　总之，如果一切都能够成为"语中无语"的所谓"活句"，无论举多少公案，也都一样。举哪一个公案并不是问题，问题只是通过任何一个公案如何能够激发大悟的实际体验。因此，所有的公案，众所周知，最终将回收到赵州"无字"公案上来。①

---

①　前川亨《"看话"のゆくえ——大慧から颜丙へ》（《专修大学人文科学年报》第 37 期，2007 年）有以下的观点：

"比如，大慧的师圆悟克勤（1063—1135 年），对公案的使用法，大致说来，是远心式的；仅通读《碧岩录》，便可知道，将公案群按照一定的原理进行整理，试图组织成为一个统一体系的意图较为淡薄。与此相对，见于大慧著述中的公案使用法，却反倒呈现出（转下页）

若要径截理会,须得这一念子㘞地一破,方了得生死,方名悟入。然切不可存心待破。若存心在破处,则永劫无有破时。但将妄想颠倒底心,思量分别底心,好生恶死底心,知见解会底心,欣静厌闹底心,一时按下。只就按下处看个话头:"僧问赵州,狗子还有佛性也无? 州云:无。"此一字子,乃是摧许多恶知恶觉底器仗也。不得作有无会,不得作道理会,不得向意根下思量卜度,不得向扬眉瞬目处垛根,不得向语路上作活计,不得扬在无事甲里,不语向举起处承当,不得向文字中引证。但向十二时中四威仪内,时时提撕,时时举觉,"狗子还有佛性也无? 云:无",不离日用。试如此做工夫看。月十日便自见得也。(《大慧普觉禅师语录》卷26《答富枢密》,《禅宗全书》第42卷,第425页上;《大正藏》第47册,第921页下)

如果想直截了当地去领会,此一念,务必猛地一破。只有这样,方能了脱生死;只有这样,才可叫做悟入。然而,并非因此就可等待着突破的那一刻。如果心放在突破处,将永远也不可能有突破的时候。总之,将妄想颠倒的心,将思量分别的心,将好生恶死的心,将知见解会的心,将欣静厌闹的心,瞬时按住。就在按住时,看一个话头——"僧问赵州:'狗子还有佛性无?'州云:'无'。"此"无"一字,即

(接上页)一种向心式的态势;对于构成中心的公案,往往让其他的公案从属于它,试图组织一个统一的公案体系的意图非常强烈。对大慧来说,所谓'中心的公案',无疑是'赵州无字'公案('狗子无佛性'或者单单称为'无字'公案)。'僧问赵州,狗子还有佛性也无? 州云:无。'当然,'干屎橛'、'柏树子'、'麻三斤'等,大慧并不是完全不使用这些'无字'以外的公案。但这里重要的是,对'无字'以外的这些公案群的使用,并未让这些公案显现出任何个性和特征。对'无字'以外的公案的使用,通过在语言的表层赋予一种多样性,将多少具有缓和因只是收敛于'无字'所带来的一种难以忍受的单调感。不过,其基调依然最后还是归结到'无字'。'看话始于大慧(原文)。所谓看话,是指看赵州无字。此外没有公案。即便多少使用其他的公案,但一切都是无字的代用,但真正意义上能够代替无字公案,是没有的。'柳田圣山的这个见解,正说明了大慧"无字"公案的特殊性位置。"(第106页。旁点和括号内注记均为前川所加。所引柳田论文是《无字的周边》,见《禅文化研究所纪要》7,1975年,第3页)

是打碎一切坏知识、分别的强有力的武器。

　　对于此一字,不能进行有无的理解,不能进行合理的解释,不得在分别意识下进行思考和推量,也不能对"扬眉瞬目"的作业做是非分辨,从字义、脉络上进行思考也不行,也不能放在"无事"甲里,也不得自问自答,也不得向古典中寻求论据。总之,二六时中,行住坐卧,一切活动中,时时刻刻提撕此话题,常常让心觉醒。"狗子有无佛性?州云:'无'。"不离日用。如此下工夫试试看,十日或一月,便能见分晓。

　　这里的"径截",与之前引文中的"直"相对应;"这一念子㘞地一破",与"蓦地向不知不会处得破这一念"相对应①。

　　这里,赵州的"无"一语,自不待言,并不是"没有"的意思。种种否定性的说法,虽然重复地说既不是这个,也不说那个,但其主旨,归根结底就是说不要陷入概念性、逻辑性的思路,应该参叩作为"活句"的"无"本身。在一个一个地数着不能这样去参叩的事相之中,所谓"向扬眉瞬目处垜根",可知是"作用即性"的见解;"向语路上作活计",可知是"死句"的解释;"飙在无事甲里",可知是安住于"无事禅"的境界;各有所指,是圆悟理论的一种延续。不过,圆悟只是阐说以一击而开悟,但并未说明以如何一击而开悟。然而,在这里,则说"但二六时中,向四威仪内,时时提撕,时时举觉","不离日用"这一

---

① 序论所引用的大慧关于"柏树子"的以下一段言说,与此处的行文相一致。
　　若卒讨巴鼻不着,但只看个古人入道底话头。僧问赵州:"如何是祖师西来意?"州云:"庭前柏树子"。僧云:"和尚莫将境示人。"州云:"我不将境示人。"僧云:"既不将境示人,却如何是祖师西来意?"州只云:"庭前柏树子"。其僧于言下忽然大悟。伯寿但日用行住坐卧处,奉侍至尊处,念念不间断,时时提撕,时时举觉,蓦然向柏树子上心意识绝气息,便是彻头处也。(《大慧语录》卷23·法语"示太虚居士",《禅宗全书》第42卷,第405页上)
　　最后的"心意识绝气息",与"这一念子㘞地一破"、"蓦地向不知不会处得破这一念子"相对应。此外,一看便知道,上述"但日用行住坐卧处,奉侍至尊处,念念不间断,时时提撕,时时举觉"与本文引用中所见的"但十二时中,向四威仪内,时时提撕,时时举觉……不离日用"相似。如前注前川论文所指出的,该处所举的公案到底是"无字"还是"柏树子",对此我们并不能发现有什么意涵的不同。

具体的参究方法——作为所谓"看话头"的方法被提示出来了。前述圆悟的几个论点,可以说,在这里被一元化为"看话"这一实践性的技法了。

同样的语句,在大慧录中,不胜枚举。我们再举一个看看吧。

> 若有进无退,日用二六时中应缘处不间断,则喷地一下亦不难。然第一不得存心在喷地一下处。若有此心,则被此心障却路头矣。但于日用应缘处不昧,则日月浸久,自然打成一片。何者为应缘处?喜时怒时,判断公事时,与宾客相酬酢时,与妻子聚会时,心思善恶时,触境遇缘时,皆是喷地一发时节。千万记取,千万记取。世间情念起时,不必用力排遣。前日已曾上闻,但只举"僧问赵州:狗子还有佛性也无?州云:无"。才举起这一字,世间情念自怗怗地矣!"多言复多语,由来返相误。"千说万说,只是这些子道理。蓦然于无字上绝却性命,这些道理亦是眼中花。(《大慧普觉禅师语录》卷21《示鄂守熊祠部(叔雅)》,《禅宗全书》第42卷,第386页上;《大正藏》第47册,第899页上)

如果一直向前而不退转,于二六时中"应缘"处无有间断,得到"喷地一下"的激发,并不困难。然而,绝对不能将心存放在"喷地一下"处。如果有此心,其心将障碍出路。如果于日常"应缘"处,不使心暗,随着日月顺序渐进,一切都将自然打成一片。

那么,所谓"应缘"处,是什么意思呢?欢喜时,愤怒时,判断公事时,接待来客时,与妻儿团聚时,心中思考善恶时,对待一切事态、情况时,这些都是"喷地一发"的好时节。千万记取!千万记取!当世俗性的妄念生起时,不必用力去排遣它。日前曾经说过,总之只是参究:"僧问赵州,狗子还有佛性也无?州云:'无'。"一经举起此"无"一字,世俗的凡情虑念,自然放下。所谓"多言复多语,由来返相误"(赖赞《乐道歌》)。千言万语,都不过是想说明这个道理。然而,蓦然间于"无"字上断绝性命,这些道理也毕竟只是幻影罢了。①

---

① 所谓集朱子学之大成的南宋大儒朱熹,留下了以儒学为正统立场对佛教、禅宗进行批判的大量言说。不过,众所周知,朱熹本人在年轻时有过亲自参访大慧弟子开善道谦的经历。朱熹以下的证言,因是基于批判立场的提纲,不可否认地带有夸张其无意涵的口吻,但可以认为,它充分地把握了大慧看话禅的特征。该处所见的"无话头",与以上业已讨论的"无理会话""无义味语"是同义,即"活句"。

因语禅家,云:"当初入中国,只有《四十二章经》。后来既久,无可得说,晋宋而下,始相与演义,其后又穷。至达磨以来,始一切扫除。然其初答问,亦只分明说。到其后又穷,故一向说无头话,如'干矢(原文)橛'、'柏树子'之类,只是胡鹘突人。既曰不得无语,又曰不得有语;道也不是,不道也不是,如此则使之东亦不可,西亦不可。置此心于危急之地,悟者为禅,不悟者为颠。虽为禅,亦是蹉蹊径,置此心于别处,和一身皆不管,故喜怒任意。然细观之,只是于精神上发用。"(《朱子语类》卷126,中华书局点校本,第3028页)

谈及禅家时,先生(朱子)这样说:"佛教传入中国的当初,只有《四十二章经》一本而已,后来在漫长的时间中,没有什么可以值得说的东西。到晋宋以后,终于在教理上取得了进展,但不久之后也无建树。到了达磨的禅宗,这些教义虽被一扫而空,但开始时,只是做了一些显而易懂的问答而已。然而,这些不久也行不通,便专门说'无话头'、'干屎橛'、'柏树子'之类,只能让人(忘记思虑)茫然而已;又要求既不许无语,也不许有语,说也不行,不说也不行。因此,东也不行,西也不行;置心于此危急处,悟者是禅,不悟者为颠。然而,虽为禅者,只是错到了(与大道无缘的)蹊径,将心置于别处,全身都不顾,因此,喜怒任意,但仔细观察,不过是发挥了一点心理上的作用罢了。"("胡鹘突",不详。"胡突""鹘突"都相当于现代汉语的"糊涂"。这里姑且以此三字理解其意思。关于"精神上",可参照第四节)

这里所说的"无话头",也称"无头当底说话"(第3029页)。也就是意指没有实质内容的语言,无法把握的语言,它也与所谓"语中无语"的"活句"同义。这段言说,充分证明了正因为公案超越了一切意味和逻辑,成为唯一的一点,所以,通过对公案的持续性的意识集中,就可以发生杜绝分节性的思考系统和意识的爆破这一大悟的体验。朱熹对大慧的看话禅,还这么评价:

禅只是一个呆守法。如"麻三斤"、"干屎橛",他道理初不在这上。只思量这一路,专一积久,忽有见处,便是"悟"。大要只是把定一心,不令散乱,久后光明自发。所以不识字底人,才悟后便作得偈颂。悟后所见虽同,然亦有深浅。某旧来爱问参禅底,其说只是如此。其间有会说者,却吹嘘得大。如果佛日之徒,自是气魄大,所以能鼓动一世,如张子韶,汪圣锡辈皆北面之。(《朱子语类》卷126,第3029页)

所谓禅,只是一种呆守法——保持茫然而无思量的方法。说什么"麻三斤"、"干屎橛"之类,说什么道理不在其语言上。只是一味地思量它,若长时间地集中继续下去,忽然出现见地,这就是所谓"悟"。也就是说,只是紧紧地把握住一心,不让它散乱,若长时间继续下来,自然会出现光明。因此,不识字的人,不管开悟否,都可作偈颂(指六祖慧能故事)。开悟后的见解虽相同,但也有深浅之别。我以前常向参禅者提问,其说法大都不出此范围。在这方面也有善巧说法的人,而这种人却异常地豪言壮语,大慧的门下弟子等,当然都气魄大,因此而能鼓动一世,张子韶、汪圣锡等人之辈,都进入了大慧的门下。

由于有了"看话"方法的确立,之前依赖于优越的根机和偶然的机缘才能获得"开悟"的可能性,终于向更多的人开放了。特别是认为不离日用,常常提撕"无字"的大慧的主张,受到了士大夫阶层的欢迎,这是不难想象的。不过,与此同时,"悟"变得无有生机,成了一个均匀的理想,禅的充满个性的生命力走向衰退,这也是不可否定的事实。① 禅在其后的中国本土几乎未能得到新的思想性发展,但在另一方面却越过固有的语言和文化传统,普及到了东亚各地,甚至在20世纪被传播到了欧美社会;此两方面的情况,作为"看话"方法的结果,似乎可以得到一个说明。

具有单一的一种活生生意涵的唐代禅问答,在北宋时期"文字禅"的运动中,一律被作为"语中无语"的"活句"来看待,在实践上加以方法化而形成"看话禅"。如实地肯定现实自己的所谓唐代禅,在其演变过程中,重新建构为追求"大悟"体验的禅了。从今天来看,《碧岩录》可以说是在这一历史演变过程中,占有重要转折位置的一部著作。它是一部将唐代禅问答向宋代禅的思维表达进行改读的一部著作,同时又是在集北宋时期"文字禅"之大成的同时,打开向"看话禅"转化之路的一部著作。《碧岩录》即是一部所谓文字禅的目标,同时又是看话禅的起点的著作,如实地记载了唐代禅向宋代禅演变的情况。其后关于禅的大量言说,是将这一宋代禅的现状与禅的本身视为相同,而且,在几乎没有留意这种现象的情况下,再一次繁衍出来的产物。

---

① 在与"看话禅"形成的相同时期,禅业已达到了思想发展的临界点,溶解到民间信仰之中,关于该问题,前川亨《禅宗史の终焉と宝卷の生成》(《东洋文化》第83气特集《中国の禅》,东京大学东洋文化研究所,2003年)以及前注所列举的《"看话"のゆくえ——大慧から颜丙へ》等文章,进行了精细而又精彩地考察。

第三章 胡适与大拙
——20世纪的禅学

第一节 胡适的禅宗史研究

前言

禅宗自身的历史虽然悠久,但作为"近代"学问的禅宗史学研究,毫无疑问,是20世纪的产物。由于对所谓"客观"的、"合理"的学问方法的引进和由欧洲探险队对敦煌文献的发现这两个"西方的冲击——Western impact",以传灯系谱所叙述的传统的禅宗历史,从根本上遭遇到了被重写的局面,发生了剧烈性的变化。其变化的起点应该确定在什么年代,这是一个比较棘手的问题,但我想将其起点寻求于胡适的《神会和尚遗集》一书。这是因为,无论是"客观"的、"合理"的研究方法,还是对于敦煌文献的关注,在胡适之前,尽管我们可以隐隐约约地发现一些先例,然而,以禅宗史研究作为前提,有意识地将两者联系在一起,且呈现出与传统的"宗学"和"禅学"迥然相异的"近代"禅宗史研究形态,第一次以明确的形式予以提示出来的,即是此书。

胡适的禅宗史研究,在许多地方,的确显得武断;一些论文所得出的结论,不少也已被后来否定了。尽管如此,这里,我们之所以要回顾胡适的禅宗史研究,试图对其整个倾向与特征或者说对其功绩与局限性,进行考察,是因为发现今天我们的禅宗史研究尽管事实上受惠于胡适,但我们仍然没有彻底地从曾经束缚着胡适研究工作的时代局限性中超脱出来的缘故。因此,对胡适的禅宗史研究进行再检讨,想必为我们反省仍然处在其影响圈内的20世纪禅宗史研究中存在的这种无意识的前提,能够提供一个积极的契机①。

以下,为了论述方便,首先列举胡适的大致年谱。胡适的活动涉及诸多方面,而且往往又与同时代的政治、思潮发生深厚的关联。不过,这里并不是网罗其活动的各个方面,而是作为确认以下论述的先后顺序的一种标志,极其简单地列举最小限度的事项。

1891年(1岁)——上海生

1904年(14岁)——于上海就读新式学校。受到严复译《天演论》进化论的启发由"适者生存",改名"适之",后使用"适"。

1910年(20岁)——留学美国康奈尔大学。先学农科,后转入文科。

1915年(25岁)——于哥伦比亚大学研究生院学习,师从杜威,专攻哲学。

1917年(27岁)——于《新青年》杂志发表《文学改良刍议》。以"A Study of the Development of the Logical Method in Ancient China"(《中国古代哲学方法之进化史》)获哲学博士学位。归国,任北京大学教授。

1919年(29岁)——出版《中国哲学史大纲》上卷。五四运动。

1926年(36岁)——因交涉"庚子赔款"(义和团事件的赔偿金)赴欧。在巴黎、伦敦调查敦煌文献。发现与神会有关的文献。

1928年(38岁)——出版《白话文学史》上卷。

1930年(40岁)——出版《神会和尚遗集》。

1937年(47岁)——任中华民国驻美国全权大使(至1942年52

---

① 本章以下的论述,参考了如下诸位学者的研究。柳田圣山《胡适博士と中国初期禅宗史の研究》(《胡适禅学案》,中文出版社,1975年)、楼宇烈《胡适禅宗史研究平议》(小川译《宗学研究所纪要》,创刊号1988年,原载《北京大学学报》1987年第3期)、葛兆光《中国禅思想史——从六世纪到九世纪》导言《关于中国禅思想史的研究》(北京大学出版社,1995年)、山口荣《胡适思想的研究》第六章《胡适の禅学研究》(言丛社,2000年)。

岁),后住纽约。

1946年(56岁)——归国。担任北京大学校长。1948年末,乘坐蒋介石准备的专机到南京。

1949年(59岁)——到台湾。同年赴美,住纽约。

1954年(64岁)——大陆"胡适思想批判运动"开始。

1958年(68岁)——返台湾。任"中研院"院长。

1962年(72岁)——因心脏病突然逝世。

关于贯穿于胡适一生的自由主义、个人主义立场,胡适本人在《介绍我自己的思想》(1930年)一文中,如下进行了概括。

> 从前禅宗和尚曾说:"菩提达摩东来,只要寻一个不受人惑的人。"我这里千言万语,也只是要教人一个不受人惑的方法。被孔丘、朱熹牵着鼻子走,固然不算高明;被马克思、列宁、斯大林牵着鼻子走,也算不得好汉。我自己决不想牵着谁的鼻子走。我只希望尽我的微薄的能力,教我的少年朋友们学一点防身的本领,努力做一个不受人惑的人。(葛懋春、李兴芝编辑《胡适哲学思想资料选》(上),华东师范大学出版社,1981年,第350页)

基于这一立场的胡适的反共姿态,这里被鲜明地表达出来了。所以,这一段文字,同时在"胡适思想批判"的脉络中,常常被当做罪证,被广为引用。总之,对于我们来说,耳熟能详的《临济录》(岩波文库,第124页)的语言,在这里被当做证据提出,颇富趣味。

关于因其反共立场而未能定居于中国本土的胡适的晚年,铃木大拙的《东西杂感》(1959年)一文,如下记叙了铃木当时的印象。

> 可怜的是,胡适先生说他最近做了外科手术,因此形象枯槁,看不到一点昔日的影子。虽与我的观点不相符,但我非常喜欢他的为人,每次见到他,总是觉得我们又能见面而感到非常的高兴!我私下心里想,下次还能在什么地方见到他?有时也感

到有点胆怯。

中国学者不能安心地住在中国本土,不得不分散在世界各国,真是太难为他们了。每当我见到这些人,私下里为他们感到伤心:不能想一点办法吗? 由此来看日本,虽输了那场战争而吃了大亏,但还能勉强地生活下去,应该说是幸运的。不幸的人群,不仅在东方,在西方也随处可见。(《铃木大拙全集》卷20,1982年,第260页)

正因为是一篇与政治问题毫不相干的朴素的印象记,胡适作为一位丧失故乡的孤独者的形象,跃然纸上。

胡适——一位轰轰烈烈地活跃在民国时期思想界的近代合理主义和西方自由主义的言论家,一位以实际行动从学术层面打破传统文化的桎梏,在思想史、文学史等各领域开拓众多新局面的学者,一位同时在国民党政权曾经担任过驻美大使和最高政治顾问的政治家,其存在价值,曾遭到否定。我们还能列举出关于胡适的其他各个方面。不过,这里的目的,并不是在于研究胡适本人,而是通过胡适,以回顾20世纪禅宗史研究的情况。因此,以下与其说是关于个别问题的观点,倒不如说为了考察贯穿在这些个别问题研究中始终如一的思维方式和研究手法,来对胡适的禅宗史研究进行初步的回顾和分析。

一、胡适禅宗史研究的特征

胡适的禅宗史研究,大体分为两个时期。1922年至1935年,为第一时期。其后,由抗日战争,经国共合作,到人民共和国的成立时期为空白;1952年胡适再次开始撰写禅宗史方面的札记与论文。自此开始,直到1962年逝世之间,是胡适禅宗史研究的第二时期。虽然由于战争的缘故,分为两个时期,但就胡适本人的研究方法和禅宗史观本身来说,我们并不能发现其间有着本质性的区别。

1-1 对通史的建构

白话文学史与禅宗语录　胡适在因他与铃木大拙之间发生的

"争论"而被大家所熟知的"Ch'an (Zen) Buddhism in China — It's History and Method"(1953年)一文中,如下叙述说①:

> 禅学运动是中国佛教史中一个不可分割的部分,而中国佛教史又是中国整个思想史中一个不可分割的部分。我们只有把禅放在它的历史背景中去加以研究,就像中国其他哲学流派都必须放在其历史背景中去予以研究、理解一样,才能予以正确的理解。

贯穿于胡适禅宗史研究的特色,即是对通史的建构所表现出来的一种强烈的愿望。这里所说的对通史的建构有两重意思。第一是指他的研究从一开始就是希望完成一部禅宗通史,第二是指他的禅宗史常常被作为中国思想史的一部分来考察。

不过,他对禅宗的关切,当初并非来自对思想史的兴趣,而是基于文学史的考量。胡适在中国思想界、文化界一举成名,受到众人瞩目,并作为五四新文化运动的先驱,其契机是著名的《文学改良刍议》(1917年)一文。在该文中,我们可以发现有如下一段文字:

> 盖吾国言文之背驰久矣。自佛书之输入,译者以文言不足以达意,故以浅近之文译之,其体已近白话。其后佛氏讲义语录尤多用白话为之者,是为语录体之原始。及宋人讲学以白话为语录,此体遂成讲学正体。(姜义华主编《胡适学术文集·新文学运动》,中华书局,1993年,第27页)

这里所说的"佛氏讲义语录",无论从该文的脉络,还是从后来的著述看,明显地是指禅宗的语录。"刍议"的建议,发展成为打倒空洞僵化

---

① 原文再录于柳田编《胡适禅学案》。以下,据小川译《中国の禅——その历史と方法论》(《驹泽大学禅学研究所》第11期,2000年)。

的文言文学,创造自由的白话(口语)文学的一种文学革命,诞生了鲁迅的《狂人日记》等作品。胡适本人后来将这个走向,界定为"国语文学,文学国语",而禅宗语录从一开始作为这一白话文学运动、国语文学中的珍贵的先例,一直受到他的重视。

胡适的这种兴趣,后来也一直保持下来;在1921年至1922年的讲义记录《国语文学史》(出版于1927年)第二编第三章《中唐的白话散文》中,他如下记叙说:

> 当那个时代,禅门的和尚已经用白话做"语录"了,白居易常同和尚往来,也许受了他们的影响。但纯粹的白话散文我还须向禅宗的语录里去寻。平民的白话虽不曾影响到文人的散文,却早已影响到这一班大和尚了(《胡适学术文集·中国文学史》(上),1998年,第51页)。

接下来是所谓"禅宗是佛家的一个革命的宗派,云云"的论述,相继是从《六祖坛经》、《马祖语录》、黄檗《宛陵录》中所引用的一段长篇文字。此外,在第四章《晚唐的白话散文》中,胡适从《临济录》中同样引用了相当长的一段文字之后,这样说道:

> 这种白话,无论从思想上看或从文字上看,都是古今来绝妙的文章。我们看了这种文章,再去看韩愈一派的古文,便好像看了一个活美人之后再来看一个木雕美人了。这种真实的价值,久而久之,自然总有人赏识。后来这种体裁成为讲学的正体,并不是因为儒家有意识模仿禅宗,只是因为儒家抵抗不住这种文体的真价值。(第60页)

依次,在第三编第六章《两宋白话语录》中,胡适引用圆悟克勤和大慧宗杲的语录,对他们精彩的口语表达,予以赞赏,同时,指出这种文体后来被儒家的语录所继承的情况(第117页)。而且,在同一时期,胡适将此三章的内容结集成《禅宗白话散文》(1922年)一文,并将其发表(《胡适学术文集·中国佛学史》1997年,第1页)。胡适计划将这些研究更加深入地拓展下去,后来完成了有名的《白话文学史》(1928年)一书。但遗憾的是,该书在尚未涉及禅宗语录的情况下就搁笔了。不过,不管如何,胡适对于禅宗的关注,最初始于白话文学史的事实,是毋庸置疑的了。正因为如此,其研究的着眼点,与稍前一代的清末民初时期的思想家们——比如章太炎、康有为、谭嗣同、梁启超等——的佛学研究潮流之间,可以说并不具有直接性的关联。其实,对于构成这些学者主要研究对象的法相唯识学和华严学、《大乘起信论》等,胡适在后来鲜少论及;尽管从中国古代思想史的研究角度,我们可以发现它们之间存在着千丝万缕的种种交涉和影响关系。

中国思想史上的禅宗 胡适对禅宗的这种关注,不久便从文学史的内容上转移到思想史的层面了;自《从译本里研究佛教的禅法》(1925年)发表之后,胡适特别推进着把禅宗史视为中国思想史中的一部分的研究了。作为胡适的思想史研究领域的代表性著作,有名的是《中国哲学史大纲》(1919年),但该书也只是写到以古代诸子百家的思想为对象的上卷就搁笔了。不过,胡适一直构思的中国思想史的整个架构,在其第一编《导言》中已极其明确地被表达出来了。在这里,胡适将老子至韩非子的"诸子哲学"时代称为"(一)古代哲学",依次把汉代至北宋称为《(二)中世哲学》;而且,胡适还将它们进而又分为由汉至晋的《(甲)中世第一时期》,由东晋到北宋的《(乙)中世第二期》;将其后称为《(三)近世哲学》。这里,所谓《中世第二时期》所叙述的是如下一个时代:

> 自东晋以后,直到北宋,这几百年中间,是印度哲学在中国最盛的时代。印度的经典,次第输入中国、印度的宇宙论、人生观、知识论、名学、宗教哲学,都能于诸子哲学之外,别开生面,别

放光彩。此时凡是第一流的中国思想家,如智顗、玄奘、宗密、窥基,多用全副精力,发挥印度哲学。那时的中国系的学者,如王通、韩愈、李翱诸人,全是第二流以下的人物。他们所说的学说,浮泛浅陋,全无精辟独到的见解。故这个时期的哲学,完全以印度系为主体。(《胡适学术文集·中国哲学史》1991年,第12页)

其后,相继论述了经过对印度哲学的咀嚼、消化,从而诞生了宋明理学,并通过清朝考据学,转向为古学的复兴——中国的文艺复兴——所谓"近世哲学"。也就是说,胡适应用了古代→中世→近代这一西方史的三分法,以建构原中国→对印度思想的吸收→中国思想的再生这样三段的发展模式(胡适在这里虽提到文艺复兴旧译是"文艺复兴时代",但他特意译作"再生时代")①。

继此《大纲》之后,为了论述中世哲学阶段而着手执笔的,是《中国中古思想史长篇》(1930年)。该书实际上写到前汉,就搁笔了,也是一部未完的书稿。不过,我们通过自1931年至1932年的北京大学讲义录《中古思想小史》,可以窥知胡适后来计划继续撰写的思想史的一个梗概(《胡适学术文集·中国哲学史》所收)。胡适在其第一讲开头,对"中古思想的特色",列举如下:

(一)思想的宗教化
    (甲)黄老之学 (乙)汉及其以后的儒学 (丙)道教 (丁)佛教
(二)人生观的印度化。从贵生重己变到佛教的焚身臂骨;从忠孝变到"出家""出世";由朴质的"皆悟为治"变到冥想静观。

---

① 此三段说法,在 Religion and Philosophy in Chinese History(1931年)中,以更加明确的形式进行了论述:一、"中国文化时代"(the Sinitic Age),二、"佛教时代"(the Buddhist Age),三、"中国的文艺复兴时代"(the Age of Chinese Renaissance)。周质平《胡适英文文存》第一册再录,远流出版社,第439页。

（三）中国思想与印度思想的暗斗
　　一、印度思想的胜利
　　二、中国思想的反抗
　　三、中国思想在中古佛教下逐渐抬头起来，但带着极大的伤痕

基于这种观点，实际的讲义，是以如下的章节结构来进行的。

　　1 中古时代　2 齐学　3 统一帝国下的宗教　4 道家　5 儒教　6 王充　7 中古第一期的终局　8 佛教　9 佛教的输入时期　10 佛教在中国的演变　11 印度佛教变为中国禅学　12 禅学的最后期

接着，最后以如下一文做了总结。

　　禅学的衰歇，最大的原因只是自身的腐化，禅太多了，逃不出去，终于死在禅下！后来理学起来，指斥禅学为"心学"，这就是说，禅学太主观了，缺乏客观的是非真伪的标准。

在《大纲》导言阶段，胡适还是将"中古第二时期"单单定义为印度哲学吸收时期，但到了《小史》，则指出首先是印度思想席卷中国思想，依次是中国思想相反地克服印度思想而演变为禅学，最后又被宋明理学所代替，是作为一个动态的过程来描述的。换言之，胡适提出了经过对印度思想的吸收与抵抗，不久便诞生了将其彻底中国化的禅学，且开启了近世以后中国思想再生的端绪这样的主张。

《大纲》与《小史》之间，挟有 20 世纪 20 年代的 10 年时间，而这个时期，恰好相当于胡适禅宗史研究得以开启的时期。这一时期，以前述《禅宗的白话散文》、《从译本里研究佛教的禅法》为开端，禅宗方面的论文相继被发表出来了。而自 1926 年胡适在英法两国调查敦

煌文献,1930年发表《神会和尚遗集》以来,其禅宗史研究,蔚然可观。将中世思想史以印度思想即佛教作为唯一的代表,而且将佛教思想收敛为唯一的禅学,这种大胆的构想模式是否妥当,另当别论,但从《大纲》导言到《小史》这段时间,将独自的观点予以具体化,尽管它基于了这一时期胡适自己的禅宗史研究的进展,但未必就是一种自私自利的做法。

《白话文学史》(1928年)虽写到了唐代,但以诗词而告终,也就是在涉及敦煌变文、禅宗语录的时候就中断下来了(通过与前述《国语文学史》相比,我们可以推测其后理应撰写的项目)。另外,《中国中古思想史长篇》(1930年)也是写到中世第一时期的中途,并未完稿,但后来理应继续撰写的,也是以禅为最终目的的中世第二时期的思想史(如前所述,同样可以通过《中古思想小史》窥知其构想)。而且,实际上,胡适在中断这两部著作的几乎同一时期,发表了《神会和尚遗集》(1930年);在调查当时几乎无人问津的敦煌禅宗文献的同时,胡适对尚未开垦的初期禅宗史的领域,进行了拓荒式的探索。这里,我们如果将发表于不同时期的两篇回忆文章,依照如下的顺序排列看看,便可以大概地窥知到以上的经过情况,尽管在年代上有些出入。

> 禅宗史的一个新看法,也是二十多年前常常想到的一个题目。禅宗史,从前认为没有问题;等到25年以前,我写《中国思想史》,写到禅宗的历史时,才感觉到这个问题不是那样简单。(《禅宗史的一个新看法》,《胡适学术文集·中国佛学史》,1953年,第142页)

> 民国十三年,我试作《中国禅学史》稿,写到了慧能,我已很怀疑了;写到了神会,我不能不搁笔了。我在《宋高僧传》里发现了神会和北宗奋斗的记载,又在宗密的书里发现了贞元十二年敕立神会为第七祖的记载,便决心要搜求关于神会的史料。但是,我们向何处去寻唐朝的原料呢?当时我假定一个计划,就是

向敦煌所出的写本里去搜求。(《神会和尚遗集》序,1930年,同上书第363页)

这样,从1930年的《神会和尚遗集》到1935年的《楞伽宗考》,构成了胡适禅宗史研究的黄金时期。这是一段为了独自完成中国思想史而不可回避的必经之路。上述所谓25年前的《中国思想史》,很可能是指《中国思想史长篇》,而在与此互为前后的《论禅宗史的纲领》(1928年寄给汤用彤的书信)、《中国思想小史》(1931—1932年),以及Development of Zen Buddhism in China(1932年)、《中国禅学的发展》(1934年,北京师范大学演讲稿)等论著中,当时所构想的禅宗通史蓝图业已呈现出来了;进入第二时期之后很快撰写的《禅宗史的一个新看法》(1953年)、"Ch'an (Zen) Buddhism in China—It's History and Method"(1953年),也都完全是遵循该蓝图撰写而成的。

然而,不能满足于此阶段的历史观的胡适,在第二时期撰写了各种个别性的文献研究论文和与其相关的大量的札记。这看上去对第一时期的通史的构想似乎是倒退下来了,但当我们目睹一下最晚年的《与柳田圣山论禅宗史纲领的信》(1961年给柳田的书信)以及因突然逝世而未完稿的《跋裴休的唐故圭峰定慧禅师法碑》(1962年),便可发现,胡适一直有一个想基于这些个别性的研究,试图再一次地为其具有独创性的禅宗史的完成而努力的宏大设想(皆收入《胡适学术文集·中国佛学史》)。

胡适关于禅宗史研究方面的各种论文,自不待言,本来都应该是作为他所构想的禅宗史的一部分而撰写出来的。在建构中国思想通史的同时,作为其主要的一部分,他构想了禅宗通史;为了建构禅宗通史,从而积累了一些专题性的研究,这就是胡适的禅宗史研究。实际上,因为禅宗史并未完成,从而,不得不造成文学史、哲学史也以半途而废而告终的相反的结果。不过,考虑到今天仍然没有一部完整的禅宗通史出现的研究现状,我们不能把这个半途而废的责任归结于胡适一人就算了事吧。

竹内好曾这样评价胡适学术方面的工作：

> 胡适这个人，似乎是一位着手于新鲜事物倒是很快，但马上就腻味而放弃这一性格的人。（无论是《中国哲学史》还是《白话文学史》都未刊）他的哲学史，只是在冯友兰出现之前，文学史只是在郑振铎出现之前，发挥了极其短暂的传递性作用而已。无论是小说的考证，还是民俗研究，国语运动也好，都是同样。

从一个从事禅宗史研究的人的立场来看，这种评价，忽视了胡适在禅宗史研究中所做出的果断而又地道的开拓性努力，因此不得不让人感到是一个太过于冷酷的评语。

1-2 "科学"的研究——实用主义与清朝考据学

胡适在学术研究中一贯主张的，是所谓"科学"的研究。"大胆的设想，小心的求证"，"评判的态度，科学的精神"，"历史的眼光，系统的整理，比较的研究"——此外，他对于"科学"的方法所提出的口号，不胜枚举。包括批判与反驳在内，带给后世的影响是不可计量的。但实际上，说到底，就是所谓"实验主义——pragmatism"的精神和清朝考据学的手法。

对于从恩师杜威那里继承下来的实验主义，胡适本人在《杜威先生与中国》（1921年）一文中，进行了如下的概括：

> 杜威先生不曾给我们一些关于特别问题的特别主张——如共产主义，无政府主义，自由恋爱之类——他只给了我们一个哲学方法，使我们用这个方法去解决我们自己的特别问题。其哲学方法总称为"实验主义"，可以分成以下两段来说明。（1）历史的方法——"祖孙的方法"。他从来不把一个制度或学说，看做一个孤立的东西，总被他看做一个中段；一头是他所以发生的原因，一头是他自己发生的效果；上头有他的祖父，下头有他的

孙子。捉住了这两头,他再也逃不出去了!这个方法的应用,一方面是很忠厚宽恕的,因为他处处指出一个制度或学说所以发生的原因,指出他历史的背景,故能了解他在历史上的地位和价值,故不致有过分的苛责。一方面,这个方法又是很严厉的,最带有革命性质的。因为他处处拿一个学说或制度发生的结果,来评判他本身的价值,故最公平,又最利害。这种方法,是一切带有评判(Critical)精神的运动的一个武器。(2)实验的方法——实验的方法,至少注重三件事:(一)从具体的事实与境地下手;(二)一切学说理想,一切知识,都只是待证的假设,并非天经地义;(三)一切学说与理想,都须用实行来试验过。实验是真理的唯一试金石。

胡适在实施这一精神时,所采用的是清朝考据学的手法。比如在与此同一年发表的《清代学者的治学方法》一文中,胡适指出,"中国旧来的学术中,只有清代的'朴学'确实具备了'科学'精神,"而作为其内容,胡适列举了文字学、训诂学、校勘学、考订学(对古书的真伪、作者进行考证的学问)四个学术领域。(同上《资料选》第 191 页)

这种精神和手法,当然被贯穿到了胡适的禅宗史研究之中。比如在《中国禅学的发展》一文开头,胡适对旧来的禅研究,如下进行批判:

> 凡是在中国或日本研究禅学,无论是信仰禅宗,或是信仰整个的佛教,对于禅学,大都用一种新的宗教态度去研究。只是相信,毫不怀疑,这是第一个缺点。其次则缺乏历史的眼光,以为研究禅学,不要注意它的历史,这是第二个缺点。第三就是材料问题。禅宗本是佛教一小宗,后来附庸蔚为大国,竟替代了中国整个佛教,不时髦的竟变成了时髦的。不过中国现在所有关于禅宗的材料,大都是宋代以后的;其实禅宗最发达的时代,都当西元 7 世纪之末到 11 世纪——约从唐武则天到北宋将亡的时

候,这400年中间,材料最重要,可是也最难找;正统派的人,竟往往拿他们的眼光来擅改禅学的历史(《胡适学术文集·中国佛学史》,第61页)。

继此之后,胡适指出利用日本古老的传世资料和敦煌文献的必要性;其行文中,出现有"怀疑"、"历史的眼光"、"材料(资料)"等这些带有胡适特色的"科学方法"词语;胡适禅宗史研究的基本姿态,极其明快地被表现出来了。另外,关于以唐代《曹溪大师传》所创作的《中宗召曹溪慧能入京御礼》(《全唐文》卷17),胡适在《〈全唐文〉里的禅宗假史料》一篇札记(1960年)中,如下记叙了他的愤怒:

> 编纂《全唐文》的官儿们收采这样的假诏敕,真可说是荒谬。日本的现代学人,如宇井伯寿教授,还引此假文件作史料,那更是不可宽恕的荒谬了。(《胡适学术文集·中国佛学史》,第195页)

在日本的中国学领域,清朝考据学的手法很早就被所谓京都学派所采用。然而,至少在战前的禅学研究中,并未对史料本身的真伪、价值进行斟酌,而是依次记述某本书中有如此记载的一种研究,这是极为普遍的一种做法。而指出甲的一本书中虽如此记载,但其实它是下一个时代的乙以如此目的所假托的东西,或者在某一本书中,甲的部分虽属于年代久远的东西,但乙的部分,可以认为是由后人补充或者改写的,等等这类研究,就禅宗史来说,可以说始于胡适。作为一些个别的结论,已经被否定的考证虽也不少,但今天理所当然地以文献批判为主轴的所谓实证的历史研究的方法,在胡适之前的禅宗研究中,几乎是不存在的。与传统的"宗学"、"禅学"相区别的"禅宗史"这一学术专业的成立,说是以胡适的研究开其端绪,应该不算言过其实吧。不过,对今天的"禅宗史"研究方法,直接地给予最大影响的,应该算柳田圣山的《初期禅宗史书の研究》(法藏馆,1967

年)。然而,柳田的研究方法,很大程度上带有胡适方法论的继承的一面。所谓基于严密的史料批判的实证研究,在今天,也许有人会感到是一件理所当然的事情,没有必要在这里强调它。然而,禅宗史研究引进这种手法,而且全面地运用作为其材料的敦煌文献和唐代的碑文资料,不可否认地,它始于胡适,其后,经柳田圣山而传到今天①。

1-3 对方法的关注

然而,在胡适的这种研究中,不可否认地存在着正因为如此而产生的一种偏向和局限性。我们先来看看余英时《中国近代思想史上的胡适》第六章《方法论的观点》(经联出版事业公司,1984年)如下的言说吧。

> 这里应该指出,胡适思想中有一种非常冒险的化约论(reductionism)的倾向,他把一切学术思想以至整个文化都化约为方法。所以,他在《中国哲学史大纲》中认定古代并没有什么"名家",因为每一家都有他们的"名学",即"为学的方法"。后来他更把这一观念扩大到全部中国哲学史,所以认为程、朱和陆、王的不同,分析到最后只是方法的不同。一部西方哲学史在他的理解中仍然是哲学方法变迁的历史。他所最重视的"民主"与"科学"也还以化约为方法。在他晚年讨论民主与科学的一篇残稿中,他说"科学本身不是一个方法,一个态度,一种精神"。"民主的真意义只是一种生活方式。"但是,"这种生活方式的背后也还是一个态度,一种精神。"据他自己说,他特别强调"方法"是受了杜威的影响。这也许是事实,因为杜威的实验主义的确是以

---

① 江灿腾《中国近代佛教思想的争辩与发展》(南天书局,1998年)第13章《胡适禅学研究的开展与争辩》严厉谴责胡适在研究神会之际尽管不少地方依据了忽滑谷快天的《禅学思想研究史》,但他却隐瞒了这个事实。不过,忽滑谷的研究是指出传世资料中的相关记载,而江氏的批判,对于胡适的特别是在敦煌禅宗文献发现以后的研究中的划时代的观点和崭新的手法,并未充分地予以恰如其分的评价,让人觉得空洞乏味。

方法为中心的。他所重视的永远是一家或一派学术、思想背后的方法、态度和精神，而不是其实际内容（第49页，旁点由引用者所加）。

意思是说，在胡适的思想史研究中，有一种只关注于"方法"而忽略了思想内容本身的倾向，而且，这不是他本人不曾意识到的缺陷，而是基于他本人对"实验主义"的一种信念。事情还不限于学术研究，曾作为五四运动时期打破传统论调风潮中的一位突出人物，胡适在不久之后的激荡的历史潮流中，并未能指出一个国家、民族的整体方向，他始终坚持渐进的改良主义，因而造成他不得不急速地退居到政治舞台的后方，这与他的这种思维模式似乎不无关系（参见同书第8章《胡适思想的内在限制》）。

认为胡适比起思想内容，更加关注于方法，这一批评，其实也特别地与他的禅宗史研究相吻合。胡适从思想史方面致力于禅学的研究，《从译本里研究佛教的禅法》（1925年）一文是其开端。该文是一篇以汉译佛典作为材料，讨论禅定的方式和过程的作品，我们可以了解到胡适与其说是对思想、教义，倒不如说首先曾对佛教的实践方法抱有兴趣。另外，在第一个时期之后，经过十几年的空白，于50年代重启禅宗研究时，胡适最初撰写的札记，是《朱熹论禅家的方法》，这也是从朱子的《语类》和《文集》中收集了有关禅宗开悟方法论记载的文章。胡适对禅宗的思想史的关注，两个时期都从方法论上着手，绝不是一件偶然的事情。

如前所述，20世纪30年代前叶（第一个时期），胡适曾将当时初现端倪的禅宗史的构想，通过几个场合予以发表了。它们是《中古思想史》（1931—1932年）、*Development of Zen Buddhism in China*（1932年）、《中国禅学的发展》（1934年）等；进入第二个时期后，早期的"Ch'an (Zen) Buddhism in China—It's History and Method"（1953年），也不外乎是重新探讨了与这些作品几乎相同的内容。这些作品的最后，都以关于禅宗"方法"的章节作为结尾，特别是"Ch'an

(Zen) Buddhism in China"一文所附上的"It's History and Method"("其历史与方法")的副题,把胡适禅宗史研究的基本原则明快地表达得淋漓尽致了。而且,胡适在讲《小史》时,在学期末给听课生布置的报告论文中,附有当时布置的作业题目(《中古思想史试题》),要求学生从 7 个题目中选择一题,作一篇论文,而其中最后的两题,是如下关于禅宗的内容。

　　(六)试以六祖《坛经》为底本,以神会遗集为参考,叙述南方顿悟宗一派的根本思想。参考书《坛经》、《神会和尚遗集》。或参照胡适《坛经考》之一(武汉大学《文哲季刊》第一期)。

　　(七)试以宗杲的《宗门武库》以及《正法眼藏》二书为资料,看禅宗和尚有否方法。《宗门武库》有单行本。又《续藏经》二编·二十五套·第五册。《正法眼藏》是《续藏经》二编二十三套第一册(《北京大学日刊》1931 年 6 月 10 日,《胡适学术文集·中国哲学史》,第 469 页,间隔号由引用者所加)。

对此,当时学生们到底提出了什么样的答案,的确饶有兴趣。总之,可以断定,上述两个问题,是曾经被胡适本人视为讲义最重要的关键部分;而特别值得我们留意的是,后者是关于禅宗"方法"的问题。

顺便一提的是,(七)中所指定的大慧宗杲的《宗门武库》,好像是胡适爱不释手的禅籍,在现在北京大学收藏的胡适亲自加注的该书中,保留了许多手写的内容。其中,教导弟子希望能像猫抓老鼠那样的晦堂祖心的语句,以及被抛弃在房屋内的夜间行窃的儿子,最后通过自己的力量终于体会到了盗窃奥秘的所谓五祖法演的说法,这两段尤其为胡适所关注,两处都留有"此乃方法论也"的眉批。而且,前者在《从译本里研究佛教的禅法》、《朱熹论禅家的方法》中,后者在《中国禅学的发展》、"Ch'an (Zen) Buddhism in China"中,分别以饶有兴趣的语调予以引用,可以窥知到,胡适对于禅学的"方法"论的考察,是他长期且具有计划性的一项工作①。

那么,胡适所构想的禅宗的"方法",到底是一个什么样的内容呢?上述各篇中所阐述的内容基本上一致,从不同的禅籍中引用许多实例,生动地予以说明。这里,我们仅从《中国禅学的发展》第四讲《中国禅学的方法》一章中摘选其中的项目看看,内容如下(《胡适学书文集·中国佛学史》第89页以下):

一、"不说破"。师不用语言谈论真理。
二、"疑"。因此,修行者起疑。
三、"禅机"。于是,师便不依语言给予启发,所以出现有看似意思不明确的言行。
四、"行脚"。但是,修行者因此而更加被推到了疑团之中,不得已而出去行脚,经历各种辛酸苦辣,以加深体验。
五、"悟"。如此一来,机缘成熟,不知不觉便得到激发的机会,达到瞬间的大彻大悟。

而且,相同的内容,在 Ch'an (Zen) Buddhism in China 中,更加明确地重新分成了三段。(第99页)

一、"不说破→疑"
二、"禅机"
三、"行脚→悟"

这里,我们简单地节选其中的几个片段来看看。第一段便是:

首先,是一般"不说破"原则。禅师对于初学者的责任是:

---

① 据楼宇烈《胡适禅宗史研究平议》以及同氏《胡适读禅籍题记、眉批选》(《胡适研究丛刊》第一辑,北京大学出版社,1995年,第28页)。

不将事情弄得太易,不把问题说得太直,鼓励学者们自行思考,自寻真理。禅宗大师之一法演(1104年卒)曾经吟过两句出处不明的偈语:"鸳鸯绣取从君看,莫把金针度与人。"还有一位伟大的禅者也常这么说:"我不重先师道德佛法,只重他不为我说破"。(洞山良价)

接着,到第二阶段——

其次,第二,为了实行"不说破"的教学原则,9—10世纪的禅师们想出了多种多样的奇特方法去答复问题。如有初学者来问:"如何是真理?"或"什么是佛法?"他们如非当下给以一记耳光,就是给他一顿痛棒,再不然就是默然休歇去。有些比较温和的禅师,则教问话者到厨房去洗钵盂。另外一些禅师,则用似是毫无意义,或似非而是、或全然矛盾可疑的话去作答。

比如,当有人问云门宗的初师云门文偃(949年卒)"如何是佛"时,他便答道:"干屎橛。"

最后,经过第三阶段而达到大彻大悟——

但初学的人很可能不会懂得这句话的意义,因此只好回到厨房去洗碗碟。他感到了疑惑,因为不能了解到老师的答话而感到惭愧。他疑了一段时间之后,老师便叫他到别的地方去碰碰机缘。于是,他踏上了学习的第三个阶段——整个教学方法中最重要的一环,这叫做"行脚"。

现在且让我们回到行脚僧的话题。作为一位云水僧,他要用自己的脚步行所有的行程。身上只带一根挂杖,一只钵盂,然后就是穿一双草鞋。沿途中,一切食物和住宿都得向他人乞讨,有时也不得不去找路旁的破庙、洞窟或被弃的破屋歇脚。他忍受风霜雨雪的肆虐,有时还得忍受俗人的冷酷。

他见到了世面,遇到了各式各样的人。他在当时许多伟人门下参叩,学习发问,发生大疑。他与同学讨论问题,交换意见。就这样,他的经验日见广阔,理解日见加深。然后,某天,当他偶然听到一个女工的闲聊,或听到一个舞女的艳歌,或闻到一朵无名小花的幽香时——这时便恍然大悟了! 多么真实! "佛就像一个干屎橛!"原来"佛就是三斤麻!"现在一切了如指掌了。"桶底已经脱落,"奇迹终于发生了!

这是一段颇富魅力的文字。然而,这里有一个值得注意的问题,即胡适所指出的这个修行过程,其实是把由宋代大慧宗杲所确立的"看话禅"的所谓"公案→疑团→大悟"这一形态,往上回溯,套用在唐五代禅上的一种做法(前揭《中古思想史试题》,作为思考禅宗"方法"的原始资料而指定大慧宗杲的《宗门武库》和《正法眼藏》,是最明显的标志之一)。

正如前章所探讨的那样,其实唐五代的禅与宋以后的禅之间,存在着极大的断裂和飞跃。其中,大慧的"看话禅",发明了通过使用公案达到开悟的"方法"(method),首次将禅予以方法化,这是禅学史上划时代的一件大事。然而,关于禅学在时代背景上的这种差异,这里并未得到充分的考量。在这里,唐五代的禅问答,统统地被当作宋代看话禅风格的"方法"一律地被处理掉了,即被看做了"活句"、"无义句"、"无理会话"了。也就是说,禅者的问答,从一开始就仅仅被看做是非逻辑的,所以它是剥夺修行者的概念性思维,将修行者的意识逼迫到无有出口的疑念之中的东西,由此,以期达到极限,便发生戏剧性的大悟体验。这如前述《朱熹论禅家的方法》一文中所表白的那样,胡适对于禅的"方法"的理解,大多受到了朱熹学说的影响,而朱熹对禅的理解,则主要基于他参叩大慧系看话禅的经验;胡适的理解,与这种情况不无关系(关于朱熹的学说,参见第二章第五节相关注释)[①]。

---

① 小川译《胡适〈中国の禅——その历史と方法〉》,译注(58)(59)(60)。

当然,这绝不限于胡适一人。大慧之后,禅的主流由看话禅所占领,其传统,至今延绵流传。战后,在由入矢义高所推进的禅宗语录的思想解读之前,对看话禅的这种理解——即认为是不能理解的理解,或者说于不可理解处认为有意义的一种理解——几乎是唯一的禅问答的解读方式。其影响,至今仍然不小。禅宗文献中,拥有敦煌文献＝初期禅宗,传世资料＝马祖以后的禅宗这样的断裂,但不知为何,作为发现者而一直专门致力于有关前者的开拓性研究的胡适,对于马祖以后的理解,却未能超出一般性的常识。站在今天的角度来看,这既不是不可思议的事情,同时也是不应该受到谴责的事情。

不过,如果说胡适在当初是以对白话文的研究兴趣而关注于禅宗语录的话,那么他率先着手于禅问答的语言学的解读,也是理所当然的事情,对此,我们不免为之感到遗憾。其实,作为基础性的研究,法国马斯培罗早在1914年,中国高名凯于1948年分别发表了以禅宗语录为材料的唐代口语研究①。尽管如此,胡适的兴趣并未面向这种方向,而是始终坚持着看话禅式的、活句式的禅学理解,这不仅仅只是由于研究史上的局限性和受到一般常识的束缚的缘故,其中,与胡适本人的思维模式,似乎还有着密切的关联。也就是说,这是因为,看似拥有着"方法"的形态——进一步说,拒绝对内容的理解,只是作为开悟的一种"方法"而发挥着作用——大慧以后的看话禅,对于试图把它看做不是作为一种内容,而是作为一种"方法"以把握其思想的胡适的思维模式来说,似乎是最为适合的、贴近的禅学了②。

1-4 否定传统,破坏偶像与"全盘西化"

胡适曾站在基于"近代"主义对传统予以强烈否定、破坏偶像的

---

① Maspero:"Sur quelques texts anciens de chinois parle."(BEFEO14),高名凯《唐代禅家语录所见的语法成分》(《燕京学报》第34期)。

② 丸尾常喜《鲁迅——"人""鬼"の葛藤》(岩波书店,1993年,第109页)对于胡适的《红楼梦》研究,指出:"虽然对构成作品背景的作者曹雪芹的家族史的考察比较热心,但对作品本身的文学上的探讨和价值评价,几乎不太关心。"因与这里叙述的禅宗史研究的特征非常相符,可一并参考。

立场,而且这与他极端的"全盘西化",即全面西方化的主张构成了一个整体,这是我们最熟知的事情。这也是在讨论胡适其人的全貌时,不可回避的一个问题,林毓生的《中国の思想危机》(丸山松幸、陈正醒译,研文出版社,1989 年,原著 The Crisis of Chinese consciousness,1973 年)等研究,对此进行了详细的论述。问题单就禅宗史研究而言,不可忽视的是,胡适的这种动机,也曾强烈地发生过一定的作用。比如在晚年的自传(英语口述,唐德刚翻译整理,1979 年)中,胡适这样口述说:

> 我把整个佛教东传的时代,看成中国的"印度化时代"(Indianization period)。我认为这其实是"中国文化发展上的"大不幸也! 这也是我研究禅宗佛教的基本立场。我个人虽然对了解禅宗,也曾做过若干贡献,但对我一直所坚持的立场却不稍动摇:那就是禅宗里百分之九十,甚至或百分之九十五,都是一团胡说、伪造、诈骗、矫饰和装腔作势。我这些话是说得很重了,但这却是我的老实话。就拿神会和尚来说吧。神会自己就是个大骗子和作伪专家。禅宗里大部分经典著作,连那套《传灯录》都是伪造的故事和毫无历史根据的新发明。关于这种不幸,可证明的方式实在太多了。这里我不想深入讨论。我只是坦白地招认,我的任务之一,便是这种"耙粪工作(muckraking)"(把这种中国文化里的垃圾耙出来)罢了(《胡适自自传》第 12 章,现代学术与个人收获《揭穿认真作假的和尚道士》,《胡适哲学思想资料选》(下),第 263 页)。

这种言论,此外可谓不胜枚举。即便在前述《中国禅学的发展》(1934 年)的"导言"中,胡适对自己的禅宗史研究的基本立场,曾说:"从前许多大师,对于禅宗的材料,都爱作假。所以经我揭穿之后,有许多人不高兴。不过,我不是宗教家,我只是拿历史的眼光,用研究学术的态度,来讲老实话。"(《胡适学术文集·中国佛学史》第 62 页)

胡适谈论自己的禅宗史研究时，喜欢使用"假"与"揭穿"这些词语。对胡适来说，所谓"科学"地、"历史"地研究禅宗史，其实就是为了揭穿禅宗的传承之为虚构的事实。前面我们说过，柳田圣山的研究带有继承胡适方法论的一面。但这不是单线式的接受，而应该说是类似于从古代史研究中的"疑古"转向为"释古"的一种批判性的继承。笔者认为，不将"虚构"视为一种非历史予以切割抛弃，而是相反地把"虚构"之所以被编造出来的过程当做一个鲜活的历史予以诠释，这种观点的转换，正是柳田《初期禅宗史书の研究》(1967年)最具划时代意义的地方。在该书第一章第一节所记述的如下一段文字，虽让人觉得语气有些强硬，但这也许恰恰就是带有向胡适挑战的意味的缘故吧。

> 这样，灯史书籍绝不单单只记载了历史的事实，毋宁说是一种关于宗教信仰传承的表达。它们与其说是被编造出来的，倒不如说是一种历史的产物。也就是说，对于流传下来的每一个传说，我们如果一定要说是虚构的话，那么，其中必然内含着被虚构的必然性的理由。因此，在这里，相反地可以说，包括历史事实本身在内，其实已经就是以一种传说的意涵而被记录下来的。所谓以非史实作为理由，一味地一概否定掉这些传说的话，其实，应该说，他不具备阅读灯史的资格了。因为，灯史并不仅仅是传递史实，实际上这已成为一个不宣自明的前提了。倒不如说，我们在对被虚构的每一个记录进行认真的阅读过程中，反而能够弄清楚虚构这些事实的人们的本质，弄清楚历史社会的、宗教的本质；有别于史实的另一层面的史实，相反地能够被洗涤出来！灯史的虚构，毕竟是灯史的本质，而不是一种简单的方便和一种偶然的表达(第17页)。

相当于最晚的1961年，胡适得到了柳田圣山赠送的《灯史の系谱》一文(1954年，是一篇成为后来的《初期禅宗史书の研究》基本构想的论文)和其他著述,以回信的方式,胡适极其详细地记述了当时自己所构想的禅宗史的梗概(《与柳田圣山论禅宗史纲领的信》,《胡适学术文集·中国佛学史》第 198 页)。这是一篇很难让人相信是一封私人的信函的文章,从这篇充满激情的长篇文章,我们可以了解到,胡适对柳田的禅宗史研究给予的不同寻常的评价以及高度的期许。不过,尽管如此,在开头部分,胡适如下申明说:

> 先生似是一位佛教徒,似是一位禅宗信徒,而我是一个思想史的"学徒",是不信仰任何宗教的。所以,我与先生的根本见解有些地方完全不能相一致。

柳田提出的不同观点,胡适并没有把它看做是一种新的历史观的出台,倒是一味地以传统的宗教信仰与客观的学术研究这样两种对立的图式来看待。这一点,从今天来看,说是胡适的局限性,也许无可奈何。但有趣的是,胡适一方面如此谴责传统禅宗史的虚构性,另一方面,又基于同样的价值观——即基于反传统和打破偶像的立场——对过去的禅者,进行评价和表彰。如前所述,胡适在《介绍我自己的思想》(1930 年)中,为了表明自己的个人主义和反共立场,曾引证了临济的"不受人惑底"一语。还有,在《菏泽大师神会传》(1929 年)的结尾,胡适高度赞扬神会的地位,说:"南宗的先锋,北宗的毁灭者,新禅学的建立者,坛经的作者——这是我们的神会。在中国佛教史上,没有第二个人有这样伟大的功勋,永久的影响。"这也是经常被人引用的地方。所谓"北宗的毁灭者",在这里,与所谓传统的破坏者同义;而在第二个时期,则是换成了如下的说法。

> 这个"南阳和尚"是一个了不起的人。在三十年前,我曾这样介绍他:"南宗的急先锋,北宗的毁灭者,新禅学的建立者,《坛经》的作者——这是我们的神会。"在三十年后,我认识神会更清楚了,我还承认他是一个了不起的人:"中国佛教史上最成功的

革命者,印度禅的毁灭者,中国禅的建立者,袈裟传法的伪史的制造者,西天二十八祖伪史的最早制造者,《六祖坛经》的最早原料的作者,用假历史来做革命武器而有最大成功者,——这是我们神会。"(〈神会和尚语录的第三个敦煌写本〉,《胡适学术文集·中国佛学史》,第 440 页)

此外,在以上反复提及的"Ch'an (Zen) Buddhism in China——It's History and Method"(1953 年)一文中,中国禅在思想史上的价值,是以"偶像破坏性(iconoclastic)"、"革命性"(revolutionary)这样的词语来表述的。胡适首先如下概括神会对北宗禅的批判运动。

至此,革命成功的时机已经成熟了。而各派之争祖涌向前导队伍,只不过是这个胜利之为各宗自由派、激进派和"异端"分子所欢迎的另一个证明罢了。对他们而言,这个胜利无疑是一大解放,将他们的思想和信念从传统和权威的桎梏中解放出来(第 91 页)。

接下来,胡适以宗密的《圆觉经大疏钞》为基础,概括性地介绍了 8 世纪禅宗各派的思想,并如下进行总括:

这就是宗密所记的 9 世纪初期中国禅宗各派。保唐派是公开的偶像破坏主义者,甚至是反佛主义者。其他三派依同样激进,以其哲学含义而言,也许较前者更富偶像破坏主义的色彩(第 94 页)。

胡适继续引用有名的丹霞烧佛的公案和庞居士的"但愿空诸所有,慎勿实诸所无"一语,予以赞赏,并以如下的文章来结束该段话题。

拿它来斩尽杀绝中古时代的一切鬼、神、佛、菩萨、四禅、八定,以及瑜珈六通,等等。这就是第八世纪的中国禅,正如我在前面已经说过的一样:根本算不得禅,只是中国佛教内部的一种革新或革命。

用基于对宗教权威的中世纪式咒符的毁灭者来评价禅学,这很可能是胡适试图为了将禅学看做是对紧继其后的"近世哲学"=中国式的文艺复兴得以实现的一个突破口的缘故。将禅宗的传统看做是虚构的产物而予以声讨,与从反传统的立场评价禅宗的思想之间;或者说,认为禅宗对于传统,强行地毁灭偶像,与作为偶像毁灭者的系谱而彰显禅宗的历史,他们之间应该是一个极为矛盾的关系。然而,胡适本人是否认识到这是一个矛盾,我们不得而知。或者也许是以基于五四以来所谓对传统的否定和偶像的毁灭这一信念而发现了禅宗,从"实验主义"的立场,评价理应评价的,否定理应否定的缘故吧。不过,关于神会,胡适在前面引用的口述自传中,用了"大骗子,伪造专家"这样贬低的语言来评价,而在《菏泽大师神会传》末尾,则用"南宗的急先锋、北宗的毁灭者"云云这样带有热情的赞词予以评价;我们将其两者并列起来看,说它公平,却语调也太过于两极分化了,因此,只能让我们感到,胡适对于神会关于禅宗的评价,其实一直以来是呈现出一种分裂状态的。这种矛盾,不仅限于禅宗史的研究,对于孔子、儒教的评价,则表现得更加深刻,我们可以认为,这蕴含着与胡适的思考方式本身相关联的本质性的问题(前揭林毓生著书第132页)。对胡适的这种矛盾进行考察,并不是这篇小文所能做得到的。不过,若单就禅宗的情况而言,必须指出的是,正是因为基于了所谓禅宗思想只是反传统的、毁灭偶像的这样的价值观来评价禅宗,所以,胡适的理解不免走向了片面的一面。诚如胡适自己所言,禅宗否定一切外在的权威,但并不仅仅是否定了,就算万事大吉,而是这种否定,与原原本本地对自己的日常生活予以当下的肯定,是表里一致的。如果以庞居士为例,胡适只是看到了"但愿空诸所有",而没有看到"神通妙用,运水搬柴"的另一面。就这一点而言,不得不说是胡适禅宗理解中的一大缺陷。①

胡适在禅宗史研究的草创时期,其引进实证性、批判性的研究手法,为禅宗史的研究作出了巨大贡献。今天的禅宗史研究,也基本上处在其延长线上。然而,他在标榜客观实证主义的同时,引导其实证的价值观,则把胡适流的"近代"主义——实证主义与破坏传统——当做了前提,所以,胡适对禅学的看法,不免偏颇,显得单调;不得不说,他面向研究对象所表现出的那种批判和怀疑的态度,最终并没有反过来把它面向研究主体的自己本人。

但是,在人们的行为之中,是否可以存在着完全免于主观制约的所谓纯粹的客观性呢?再者,即便存在,那它对人们来说,到底具有什么意义呢?人文研究中所谓保持客观性与保持主体性,也许是一个永远带有矛盾的课题继续存在下去。站在目前的角度,批判胡适研究的局限性和偏向性,是一件很容易的事情,但这是因为胡适极其自觉且纯朴地把自己的思考模式和研究手法表明出来的缘故。胡适禅宗史研究中所表现出来的这种矛盾,其实,在今天我们的研究中也同样地被反映出来了,尽管是以极其原初的形态。

二、胡适与大拙

2-1 关于所谓的"论争"

如前所述,胡适 1953 年发表的"Ch'an(Zen)Buddhism in China — It's History and Method"是一篇与铃木大拙之间所进行的、有名的"论争"的文章,与大拙的反驳论文 Zen: A Reply to Dr. Hu Shih 同期刊登在夏威夷大学的 Philosophy East & West 杂志上(Vol. Ⅲ, No. 1)作为这方面的总结,坂东性纯的《铃木大拙との出会

---

① 参看小川译《胡适〈中国の禅——その历史と方法论〉》,译注(42)(46)。

い》一文中如下的一段文字,可以说是公平而极其妥当的。①

> 关于禅学,在纽约,两人之间展开了激烈的争论。所谓其争论,胡适的立场认为,不以禅的文献学研究作为依据的抽象性思辨,于学问毫无价值。对此,大拙先生的立场则是,不具有禅的体验而对禅籍的字句进行解释、讨论,与禅是毫不相干的。这场争论经过几个回合后,最后英国东方学者阿瑟·威廉判定以胡适为胜利者而暂时告终。但这并非限于禅学,其实广泛地涉及所谓学问与信仰、科学与宗教这一自古以来的根本问题之中的一种争论,所以,可以说是一个没有终结的问题。(《柏树》第 343 期,1996 年 8 月,这里转引自上田照闲、冈村美穗子编《铃木大拙とは谁か》,岩波现代文库,2002 年,第 324 页)

这场"争论"绝不是发自个人的恶意。坂东记叙说:"在两人一步都互不相让的思想争论中,其实两人之间非常亲和,丝毫也没有丧失人与人之间应有的相互敬爱之情。"(第 329 页)这也与开头引用的,大拙本人叙述的"虽与我的观点不相符,但我非常喜欢他的为人"云云的言语相吻合。更之,我们还可以通过曾担任大拙秘书的冈村美穗子如下的回忆得到证实。

> 胡适博士与大拙先生,大约在 1953 年,曾同住纽约市。胡适博士造访当时在哥伦比亚大学讲学的大拙先生,看上去非常愉悦。一般情况,总是在附近的一家中国餐厅"大上海饭店"招待用餐。饭后不久,话题渐渐转向热烈,之前一直使用着英语,但博士由于过于兴奋而忘记场所,开始是用餐巾纸,餐巾纸不够用后,接着在浆过的白色桌布上用汉文书写了大量凭着记忆溢

---

① 大拙的文章,现在被收入在小掘宗柏翻译《铃木大拙全集》卷 12,岩波书店,1969 年。

满出来的一个接一个的禅宗语句。与此相应,大拙先生也不甘示弱,用汉文书写予以回答。真可谓陶醉在有似于只有两个人才知道的神迷的境地了。我感到有趣的是,在用文字书写之外,凡是到会话时,彼此又转换成使用英语。由此可知,两人每次见面,都是度过了一个充实的时光。在纽约的天空下,来自东方的贤者二人,用汉文和英语彼此讨论禅学的光景,我感到其"妙"无比!(《铃木大拙とは谁か》,第 329 页)[①]

以上是常常被人引用的关于禅学"争论"的两篇文章。今天,我们虚心地回顾这段内容,便可发现,虽然随处插入了一些充满华丽的谴责性语句,但两人之间的论点本身,实际上并没有碰撞到一起。以前的研究,为了说明两者的对立点而从该两篇中抽出的语句,其实只是表明双方各自作为前提的一种立场,并不是这种前提所展开的一种具体性的论点。胡适说:"他最使我失望的是,根据铃木本人的和他弟子的说法:禅是非逻辑的,非理性的,因此,也是非吾人知性所能理解的,"围绕大拙的批判,胡适提出了他的论点。不过,实际上,接下来所写的内容,其实是将第一期以来胡适本人的禅宗史的观点,用颇富精彩的笔调,重新予以概括一番罢了。对此,大拙则批判说:"胡适先生对于禅的历史拥有非常多的知识,但对于禅的历史背后扮演着主角的东西,却一点儿也不知道,""所谓禅,应该从其内部进行理解,绝不是从外面能够理解得到的。也就是说,首先应该达到我所说的'般若直观'。"大拙基于这样的立场,论述了从"内部"理解禅的观点。然而,这种研究,与其说是对于过去的禅的一种理解,倒不如说是生活在当下的大拙本人的一种禅思想的表白;其中,虽然歌颂了禅宗独特的禅意和丰富多彩的启示,但这并不能说因此就颠覆和修正了胡适的历史记述。总之,二人并不是围绕共同的问题交换意见,

---

① 阿瑟·威廉的论评,载 *Philosophy East & West* 杂志(Vol. V, No. 1)。Arthur Waley "HISTORY AND RELIGION (Comment and Discussion)", 1955 年。

而是从一开始就是在各自的领域陈述各自平常所关切的问题;说得不好听,是离题;说得好听,是互补。也就是说,他们对立的焦点,不是在于争论的内容,而是在于争论以前的立场。

如果出于修行上的,或者出于哲学上的兴趣来阅读二人的争论——可以认为,以大拙的著述为首,有关禅的书籍,多半都是以这样的兴趣来阅读的——毫无疑问,大拙的著作会得到强有力的支持和产生强烈的共鸣。[①] 然而,对这些人来说,他们并不是不满于胡适所写的作为历史的历史,而只是从一开始对于历史记述本身并不感兴趣而已。把禅当做历史研究的对象看待的胡适,与以活生生的开悟的宗教讨论禅的大拙,如果我们只是一味地作为一种"争论"去追究的话,其结果将会偏离此两篇文章的内容,只会遭遇所谓宗教与学问哪一个有意义这一不可能得到解决的两者对立的问题——坂东所说的"学问与信仰,科学与宗教这一古老的根本问题"——上罢了。可是,两者的对立点,果真就是表现在这个问题上了吗?

2-2 大拙的立场

纯粹以与胡适的"争论"来观察,似乎大拙是在以体验对抗知识,以传统对抗近代。但是,大拙平时的理论,绝不是可以归纳到传统的体验主义这样的范畴。倒不如说,大拙本人对于日本禅门中的这种倾向,很早以来就是持一种批判态度的;在在处处,他都强调应该确立"知识"、"思想",以打破传统。比如,我们来看一看《今北洪川》(1944年序,1946年出版)中的如下主张:

> 自昔以来,所谓学习大道,第一是大愤志,第二是大疑团,第三是大信根;的确如此。这些,少了哪一个也都不能完成大事。但这并不是说,谁都平等地具备了这些,其比例,当然因人而异。第一的愤志,对于意志型的人来说要多;第二的疑团,对于知识

[①] 比如傅伟勋《胡适、大拙与禅宗真髓》,可以说是持这种立场的代表性成果之一(《从西方哲学到禅佛教》,三联书店,海外学人丛书,1989年)。

型的人要多;第三的信根,对于情绪型的人要多,这是很自然的事情。修禅者首先最应该重视第一,但创造性的意识发展,则来源于第二的疑团。因此,意志型而不再加上知识型,那么修禅而要想超出传统型之上,或许是不可能的。与此相对,第二的心理型,以其本质,多少缺乏一定的安定性,但反而其中蕴藏着理应打破某种新型事物的可能性。传统从这一点而崩溃,与此同时,从其崩溃的地方,则使新的种芽萌生出来(《铃木大拙全集》卷26,岩波书店,1970年,第26页,重点号由引用者所加)。

再者,在与胡适进行"争论"的第二年,即1954年,在寄给抱石居士久松真一的信函中,有如下一段话:

一、从这一点来看,日本的佛教徒,不管如何,也必须立足于坚定的见识上,不能一个人得意就感到满足,特别是如果不好好地考察西方人的思想和背景、传统,而只是依赖于传统的禅,是没有用的。无论如何需要有坚实的思想背景。这是从我过去三年来的讲义所得来的结论。二、不要只是说白隐禅,从今开始,我深信不倡导世界禅是不行的。为此,我们必须立足于世界性的见地,除脚踏实地地修行之外,还必须要有思想,但它不能是贫弱的;仅仅基督教是不能拯救世界的,而无论如何,大乘佛教才是急急如律令的(《新编・东洋的な见方》,岩波文库,1997年,第306页,间隔号由引用者所加)。

同样是大拙关于禅的言说,面向国内所写的东西,与面向外国所写的东西,有相当大的径庭。概言之,即用英文写的东西,强调超越西方近代的合理主义;用日文写的东西,则有一种强调应该超越传统,与西方近代互动这样的倾向。不过,总体来说,主张大拙的立场是拒绝接受西方近代合理主义思维,固守于禅的传统与体验之中的说法,的确完全有悖事实。

虽说如此，上面大拙所说的"知识"、"思想"，绝不是大拙将西方的近代思维套用于禅的一种诠释，一种给禅加进了面向西方人的佐料。大拙最终希望的，是试图建立超越西方近代的东西，或者包含禅与西方近代两者在内而使其发扬光大的东西——"世界禅"的确立。因此，他强调首先必须将禅确立在与西方近代相对等的平台上，这就是上面引用的言说的含义之所在。

基于这样的理由，以西方社会为对象的大拙的禅学论述方式，并不是从禅学中寻找与西方思想可以同等的内容，相反地变成了阐述禅学与西方的合理性思维在本质上如何相异的情况（下村寅太郎《我々の思想史における大拙博士の位置》1961年，《新版铃木大拙禅选集》别卷，1992年所收）。换句话说，如果以西方近代这一反面镜子来重新表达禅学，就能掌握一个既能面向因"近代"的局限性而困惑的西方进行诉求的东西，同时又能拥有一个面向业已受到近代西方影响的日本知识分子所诉求的东西。因此，大拙所阐述的禅学，尽管看似与西方近代如何的相异，但在本质上毕竟是以西方近代作为基准而重新建构的一种禅学。爱伦斯特·本兹（1907—1978）认为，大拙通过心理学的诠释，将禅从传统中切割开来，从而得以成为西方人可以接受的东西；他所作的如下的评语，将为这一观点提供一个证据。

> 他自己把禅译成英语，付以西方式的诠释，使禅推广到了欧洲世界。铃木教授是一位临济宗中处于领导地位的禅宗哲学家之一，同时又是最精通禅佛教史的人物。尽管如此，深深受到临济禅的出家传统熏陶的当事人的他，最为尽力的，是将禅从佛教的传统中分离出去，认为只有这样，禅才能够被西方人所接受。（《禅东から西へ》第7章《铃木大拙——禅の心理学的解释》，柴田、榎木译，春秋社，1984年，第30页，原著系1962年刊）

2-3 胡适・大拙与西方近代

如上所述,大拙与胡适的对立焦点,并非在于"争论"的内容,而是在于争论以前的立场。表面上看起来,这似乎是学问对宗教,理性对体验的一种对立。但在其背后,真正使两者对立的,可以认为,其实是两人对待西方近代的不同态度。两人对于禅学的不同理解,其实并不是什么历史学、开悟之类的不同,倒不如说是两人虽同样站在西方近代的基点上,但一个是试图通过西方近代的思维来切割禅学,一个是试图以西方近代这一反面镜子来重塑禅学的不同的立场①。若更加单纯地说,即所谓顺从抑或倒逆的不同;更进一步地说,是所谓从西方输入"近代",还是向西方输出"反近代"这样的差异。这似乎从一开始就是两人意料之中的事情。大拙于昭和8年(1933年)在横滨与胡适会谈。在战后投稿给《文艺春秋》杂志的《胡适先生》(1948年)一文中,他如下回忆说:

> 该年(昭和9年)的初夏,我访问了中国。然后,在北平大学与胡适先生以及其他的学者们见面了。我与胡适,在其头一年,利用他返回故国的途中,顺访横滨的机会,在横滨见过一面。当时,我们就日本与中国的关系讨论了许多问题。现在还记得的是,胡氏对于中国的科学思想的普及抱有极大兴趣。强调自己应该在世界上大大地宣传东方思想,为世界思想的发展做出贡献。但我说,正因为如此,我认为无论中国还是日本,不应该一味地追捧西方发达的东西;东方有东方的环境,有东方的情况,

---

① 柳田在《胡适博士と中国初期禅宗史の研究》中如下指出:"总之,胡适是历史学家,大拙是佛教学者。胡适对于中国现代的佛教发生过什么样的交流,不太清楚,大拙则为了向日本以及欧美现代的思想界寻求禅或佛教的市民权而孜孜不倦。胡适归根结底是一位近代欧洲式合理主义者,铃木大拙则以其对近代合理主义的一种批判、超越的东西来定位禅学。铃木大拙的兴趣,在于禅的本身,佛教的本身,有时甚至超越历史,而胡适则将这些视为神秘主义、非合理主义而予以摈弃;两者的立场,从根本上是互不相容的。"这个对比极其恰当,不过,这里需要注意的是,这种对比毕竟是建立在西方近代这一相同的基础上的事实。

有东方的心理。所以,日华两国的年轻人必须首先深入学习东方思想的传统。然而,胡氏却说,事情虽然如此,但对于现在的中华国民来说,比什么都重要的,是必须从古老的传统中觉醒起来。因为各有各的立场,所以对于这一点,我们没有取得一致的意见。我相信胡氏至今仍然是这么认为的。我自己十分理解胡氏的立场。

从见面的最初开始,胡适就强调着前述"科学思想的普及"与"从古老传统"的觉醒,这与大拙认为"应该深入学习东方的传统"的主张相左,观点没有取得一致。不过,大拙虽站在相反的立场,却"十分理解胡氏的立场";1953年发生的那场"争论",虽然彼此观点相异,但他们二人早已心知肚明,甚至老早就握手言和了①。

那场"争论",其实不过是"来自东方的贤者"二人,将二十年来的台词,面向西方人再一次演示给西方人看的东西而已,因此,对于当事人来说,他们二人一边品尝着中国菜,一边温和地清谈问题,并没有任何不和谐的感觉。他们的这种立场之别,我们并不能单单只是把它归结于二人的个性、思想信条的差异。从上述大拙的回忆中也可了解到,在物质的近代化(=富国强兵)的表面上取得成功的反面,却遭遇到了精神困惑的明治日本的思想家,与为了推进物质的近代

---

① 这里我们分别列举表达二人相同立场的例子看看。大拙《东洋学者的使命》(1961年)说:"也许是基于某种原因吧,我特别地想强调'东方的看法'这件事。想让它与时下所谓西方的、科学的、逻辑的、概念的东西相对抗;东方民族,自不待言了,我还想向欧美一般大众进行推广,宣传东方文化的意义。以此使它为创造一个未来的世界文化,发挥一定的作用,这是我的主张。"(《东方的な见方》,《铃木大拙全集》卷20,岩波书店,1970年,第217页)胡适《介绍我自己的思想》说:"这三篇里,我很不客气地指摘我们的东方文明,很热烈的颂扬西洋的近代文明。人们常说东方文明是精神的文明,西方文明是物质的文明,或唯物的文明。这是有夸大狂的安人捏造出来的谣言,所以我说:这样受物质环境的拘束与支配,是懒惰不长进的民族的文明,是真正唯物的文明。反过来看看西洋的文明,这样充分运用人的聪明智慧来寻求真理以解放人的心灵,来制805天行以供人用,来改造物质的环境,来改革社会政治的制度,来谋求人类最大多数的最大幸福——这样的文明是精神的文明。这是我的东西文化论的大旨"。(《资料选》第344页)

化（＝产业化与民主化），主张首先需要精神上的近代化的民国时期中国的思想家，由于这种历史阶段之差的对比，似乎同时也反映在他们二人对于禅的理解之中了（辛亥革命，清朝被推翻的翌年，是"中华民国"元年，恰好与明治结束后改为大正同年）。在上述一文中，大拙将胡适的立场概况为"中国的科学思想的普及"云云，"对于现在的中华民国国民来说，比什么都重要的是，从古老的传统中觉醒起来"云云。说明胡适在谈话中反复地强调对于现阶段的中国，这在大拙的耳朵里留下了深深的烙印。

我们还是把话题转回到二人围绕禅的"争论"上来。如前所述，从今天的水准来看，胡适对于禅思想的论述，的确过于片面。而且，禅不仅具有绝对否定的一面，同时还拥有绝对肯定的一面；看似意思不明的禅者的言行并不是一种伪装的"方法"，而是自有意涵的内容；大拙强调的这两点，可以说客观地把握了胡适的缺陷。然而，其缺陷是否就像大拙所断定的，是因为胡适对"禅体验"、"般若直观"的欠缺呢？以笔者看来，倒不如说是因为禅文献的解读尚未得到开展的当时的研究水准，以及研究焦点并非集中于内容而是单一地集中于"方法"的所谓胡适式"实验主义"的思维模式的缘故；向这两个方面寻求原因，似乎更合乎胡适学问的实情。

另一方面，大拙在反驳中，虽然引用了唐代的禅问答，但他并未对每个公案提出一种解释，只是一味地说它们表达了"般若直观"，因此只有这么去说，其他别无方法，把问题抛向了读者一方。不作过多的解释，问答当作一种问答被放置在原处，这些问答与大拙本人的文章浑然溶成为一个整体，带有暗示着非西方、非合理之为何物的模样——不是让人理解，而是让人感受——大拙的这种做法，可以承认，取得了相当的成功。然而，在大拙的言说中，这些言句却失去了作为各个禅者的语言意涵，如同一开始就是作为大拙的言说的一部分而存在的一样，让人感到这其实就是大拙本人的禅体验和禅思想。当然，这也可以说是大拙文章的魅力之所在。然而，无论是引用石头的语录，还是引用药山的语录，我们并不能从中了解到石头、药山到底说了一些什么,不得不说变成了与"本来面目"相差甚远的东西了。

阅读书本这种工作,对禅者来说,也许被视为毫无意义而予以拒绝。然而,大拙本人对于禅宗古典的校勘和译解,都倾注了相当的精力;在试图从禅籍中倾听古人口中直接发出的声音的愿望上,相信大拙与我们是相同的。① 不过,从其结果来看,大拙也站在了认为不应该深入到内容中去分析、解释禅问答的宋代禅的思维圈子之内了,因此,变成了不是从原典归纳含义,相反的是将自身的价值观演绎到原典之中的结果了,在这一点上,大拙所受的局限性,与胡适是相同的,这也是无法否认的事实。

胡适与大拙的禅学研究,强烈地受到了20世纪前叶这一时代特征的束缚。其中,如何面对潮水般席卷而来的西方近代,是他们不可回避的一个课题。对此,迥然各异的二人的立场——近代与反近代——被反映在对禅籍的解读之中了。今天,禅籍解读的水准,因入矢义高的开拓而取得了较之以前飞跃性的进步。当然,这不单单只是就语言学、文献学方面的技术性提高而言。解构唐五代禅者语言上多重积累的后世的宗派教义,以一种依照禅问答本来的语气和语调去解读其问答内涵的做法,只有等到入矢义高的出现,才能为我们开显出来。在这一点上,处在"后入矢义高时代"学习禅宗的我们,笔者认为,与大拙、胡适的时代相比,对于许多问答并不是一律地将其切割开来,而是更加接近于深入到每一个问答的内容中,更丰富、更活生生地解读其意涵和语感的阶段了。但是,尽管如此,我们仍然以自己所处时代的价值观作为一个无意识的前提,并把它放到研究对象之中进行解读的问题,并没有得到任何的克服。而且,在致力于对同时代的思想课题进行思考的问题上,不得不承认,与胡适和大拙相比,反而显得远远不够了。

对于禅,以寻求既成的正确解答而阅读禅者们的著作,在今天看

---

① 从入矢义高《铃木先生との因缘》(1969年)中,我们也可窥知这种形象(《自己と超越——禅・人・ことば》,岩波书店,1986年)。

来,恐怕没有多大的意义。不过,禅者们是在什么时代背景下生活下来的?他们又是如何去把握对于他们而言的那个现代?而且,他们在此基础上又是如何阅读禅籍的?是如何去改读禅籍的?如果基于对这些问题的关注去解读禅籍的话,那么,禅者们的著作,在今后——或者说正是在今后——相信一定能给我们带来许多的启示和提醒。基于这样的考量,下一节我们拟进一步对大拙的思想进行考察。

第二节　铃木大拙的"禅思想"

前言

20 世纪 80 年代,我曾作为一名某所大学哲学系的留学生,在北京度过了两年半左右的时光。那是在我将要步入而立之年前的事情。当时,中国哲学史的教材,仍然都是以所谓主观唯心论、客观唯心论、唯物论的标准来撰写的。佛教和禅学因此而被分类为主观唯心论,一味地遭到否定,受到批判。不过,学术界和出版界的情况,实际上已经开始发生了变化。那是在"个体户"这个词被频繁使用的时期,在大学校园内,除国营的新华书店之外,还开设有个人经营的书摊,摆放着各种新颖夺目的书籍,而在这些书摊的书架上,不断地能够看到冠以"禅"字的书名。

现在回想起来,那是知识界沸腾于所谓"文化热"的时期,当时也出版了一些中国学者撰写的禅学书籍(比如葛兆光的《禅宗与中国文化》(上海人民出版社,1986 年,是最早且影响最大的书籍之一)。不过,我买到这些书籍,是在很久以后的事情。仅就我个人极其有限范围的所见所闻而言,当时带有"禅"字样的书籍,大多是与尼采、海德格尔,或者与弗洛伊德、荣格等相提并论的铃木大拙著作的翻译本。也就是说,就我看来,禅并不是由中国自身的传统中发掘出来的,而是作为"Zen Buddhism"这样的"洋货",从海外输入进来的。当然,这是一个尚不够成熟的留学生的观察,所以,不能够说一定正确。然而，最近读到的如下一段话，证实了当时自己的印象，同时也有点对当时的情景产生怀念的心情。

> 随后，在令人至今仍感到莫名激动的"文化热"中，禅学显然成为对于东西方文化的讨论中最新鲜最令人激动的思潮之一。1984年，中华书局出版了《五灯会元》，我记得那时在书店里看到它，毫不犹豫地就将它"请"回了家中，爱玩不置。随后，铃木大拙的书相继被译成中文，他不仅在当时"征服"了欧美，看来，在80年代，他也"征服"了禅的诞生地的现代中国人！我记得曾有人为此感到愤懑不平，但平心而论，铃木是有魅力的。像他的书被译过来，我不假思索的就可以举出如下数种：《禅学入门》（另一版本改为《通向禅学之路》）、《禅与生活》、《禅与日本文化》、《禅风禅骨》、《禅与心理分析》……如果再加上港台地区的，那就更多。（刘墨《禅学与艺境》，河北教育出版社，2002年，第101页）

这里所列举的几本书，当时，我也在大学校内的书店里买到了，至今还保留在手。这些书籍，在当时是如何被中国知识分子所理解，如何被他们所吸收的呢？所谓"铃木是有魅力的"，当时的人们是怎样感受其"魅力"的呢？

遗憾的是，在日本，现在知道铃木大拙名字的大学生，寥寥无几。即便是在佛教研究学者、禅学研究学者之中，热衷于阅读大拙书籍的人，恐怕也不是太多。就连我自己，在几年之前，几乎没有阅读过大拙的书籍。说实话，其实一直不想去阅读他的书。因为对于以禅宗史为研究专业的年轻的我来说，大拙的书籍，由于在禅籍的解读方法上不是从语言学的角度，对史料的处理方法也不是历史学的方法，也就是说，他一味地强调体验的重要性，因此感到那根本不是一种学问研究。不过，随着对胡适禅宗史研究的兴趣的增加，在翻译胡适论文的过程中，我逐渐接触到了大拙与胡适之间相互争论的有名的文章。

而且，我在进行阅读和比较双方的论文中，在对胡适的研究深表敬意的同时，也感受到了一些大拙文章的"魅力"。通过与标榜客观的、实证研究的胡适论文的对比，我终于有所发现了——不管大拙的文章如何引用中国的禅籍，他并不是在对过去的禅宗进行解说，而是在叙述生活在现代的他本人的禅思想。因此，对于想学习禅宗史的人来说，阅读大拙的著作会感到失望，是理所当然的事情。不过，如果想要了解大拙本人的想法而去阅读的话，那么大拙的文章，的确有意思。就像中国的知识分子通过大拙这面外来的镜子重新发现了禅一样，作为日本人的我，通过胡适这面镜子得以与大拙邂逅了①。

然而，与此同时，近年来，在美国批判大拙的论调非常盛行。有的视大拙的观点是日本民族主义的表达②，或者有的断定大拙就是民族主义者③，更有甚者谴责大拙在二战中对战争表示肯定的言论④，这些论调被提出来，受到人们的关注⑤。比如其中之一，在伯兰特·弗雷《禅东方主义的兴起（上）》一文中，有如下的论述。

---

① 小川译《胡适〈中国における禅——その歴史と方法论〉》《驹泽大学禅学研究所年报》11，2000年）、《胡适博士的禅学研究史》（同12，2001年，在前一节的基础上改写以后再一次收录）、《大拙と胡适——世界との対话》（新版《铃木大拙全集》卷29月报，岩波书店，2002年）。

② 罗巴特·H·沙尔福（菅野统子·大西薰译）《禅との日本のナショナリズム》（《日本の佛教》第4卷《近世·近代と佛教》，法藏馆，1995年，Robert H. Sharf "The Zen of Japanese Notionalism"，1993年日译）。

③ 伯兰特·弗雷（金子奈央译）《禅オリエンタリズムの兴起（上）——铃木大拙と西田几多郎》《思想》2004年四月号"特集：禅研究的现在"，岩波书店，Bernard Faure *Chan Insights and Oversights: An Epistemological Critique of the Chan Tradition* 1993年第2章"The Rise of Zen Orintalism"的日译）。

④ 布莱安·维多利亚（艾米·路易斯·辻译）《禅と战争》（光人社，2001年，Brian Victoria "Zen at War" 1997年的日译）。

⑤ 关于这一研究状况，请参见末木文美士《内への沉潜は他者へ向かいうるか—明治后期佛教思想的提起する问题》中的第4节"大拙は好战的か"（《思想》2002年12月号"特集·佛教，近代，アジア"，岩波书店），以及保罗·史万森《禅批判的诸相》（前揭《思想》2004年4月号《禅研究的现在》）。另外，与上面列举的近年来的批判同样的论点，很早就见于梅原猛《日本文化论への批判的考察——铃木大拙·和辻哲郎の场合》一文（1966年，《美と宗教的发见》，ちくま学艺文库，2001年，后收录于秋月龙珉《现代のエスプリ133 铃木大拙》，至文堂，1978年）。

铃木思想中的排外主义倾向,狂热的爱国主义倾向,膨胀于二战期间,是情有可原的。当时的铃木,对西田几多郎的著述活动发生过极大影响。铃木的两部著作,即《日本的灵性》和《禅と日本文化》,与西田的封笔时间,基本上相同。虽说铃木的文章风格不及西田,但是,他们二人试图把铃木赋予禅以存在论的一种特权,向日本式灵性方向进行了扩大。对于铃木来说,无分别智(般若)——也就是禅——是日本文化中显现出来的一种真实的形象。由于这种禅帝国主义,其结果,造成了在日本文化中没有不与禅发生关系的东西了。甚至连儒教、武士道也都被与禅挂上了钩。正如鲍尔·杜米埃比尔在对《禅と日本文化》进行严厉批评时所叙述的:"那个国家的所有文化都与禅相关联来解释。禅这个东西,不仅在审美观上(绘画、诗歌),甚至还变成了试图接近日本军国主义的一种万能钥匙了。"视禅为日本文化的产物这一常识性的研究方法,被铃木颠倒过来了,变成了日本文化被命名为禅的一种特殊现象了,说得更确切一些,即是被变成了表达带有禅这一名称的一种形而上的原理了。①

也就是说,将超越于一切的、带有绝对价值的东西赋予在禅的身上,且将这种禅的本质当做一种特权,当做一种排他性,与所谓"日本式灵性"相对等,针对大拙的这一观点进行了批判。这种观点与情绪,大体上还见于其他有关大拙批判的论述之中,因此,不可否认,带有穿破我们自身盲点的某种尖锐性。但与此同时,另一方面,上述的这种定罪,与阅读大拙著作时所感受到的一种朴素的印象,极其相左,这也是不可否认的事实。虽然不认为它们离题甚远,但也不能认为这样就已彻见了大拙的真面目。今天,结合这些批判,我们应该如何阅读大拙的著作呢?如何阅读才能有意义呢?

---

① 前揭伯兰特·弗雷(金子奈央译)论文,第150页。括号内由译者补充。

一、大拙略传

金泽时代 铃木大拙,1870年(明治3年)生于日本石川县金泽市。本名叫贞太郎。他的名字被英文表述为"D. T. SUZUKI",是对"DAISETU TEITARO SUZUKI"的略称。大拙六岁时失去父亲,家境贫寒,由母亲抚养长大。在第四高等中学学习期间,与西田几多郎(1870—1945)等结为知交,但后来因交不起学费而中途辍学。其间,因受到第四高等中学教师北条时敬的感化,对禅发生兴趣,而且还曾参叩了富山县国泰寺的雪门玄松和尚,但对于参禅却以失败告终①。大拙回忆当时的情况说:

> 我虽然离家走到了很远的街上,可因为是平生第一次离家,而且在房间里坐禅时,谁也没有过来与我接触,心中不觉有一种寂寞的感觉,经过两三天后,我开始想家了。我记不清是以什么理由说回去的,总之,是回家了。在没有任何预备知识的情况下,盲目地走到寺院去,这是最荒唐的事情。不过尽管如此,当时如果有人能给我一点指点,我想还是会继续参禅下去的。但当时在什么是什么都不知道的情况下,就结束这次参禅体验了。(秋月龙珉《世界の禅者——铃木大拙の生涯》,岩波书店,同时代ライブラリー,1992年,第60页)

赴京 在镰仓参禅 大拙在故乡担任小学高等科的英语教师等之后,1891年(明治24年)21岁时赴东京,进入东京专门学校(现在的早稻田大学前身),接受了坪内逍遥的英语授课等。然而,就在同年到镰仓圆觉寺参访今北洪川(1816—1892)的大拙,比起学业来,反倒热衷于参禅了。洪川在第二年就圆寂了,但大拙在此之后跟随洪

---

① 关于雪门的一生,请参见水上勉《破鞋》(岩波书店,同时代ライブラリー,1990年)。

川的法嗣释宗演(1859—)继续他的参禅活动。大拙虽然参叩洪川的时间仅仅只有半年多,但从洪川那里受到了毕生的影响,后来还撰写了《今北洪川》(1946年)的评传。

现在我还记得,在某一天的早上,我在参禅的时候,老师(洪川)在面临隐寮的妙香池屋檐走廊,面对着粗糙的桌子,坐在简朴的椅子上,正好要用早餐了。早餐也极其简朴。自己把粥从土锅中盛到碗里,有没有腌菜之类,那已记不清楚了,总之,记得有土锅。然后,很随便地指着桌子对面的椅子,叫我坐下。当时的问答,现在也记不太清楚了。但是,老师那副毫无做作,非常诚实的风貌,深深地铭刻在我的心中了。现在想来,老师在某些地方与西田君(几多郎)有点相似。在虎头岩(隐寮在妙香池畔,虎头岩的上面,被一棵老树所遮挡),一位穿着白衣的老僧面对着一张长方形的白木制作的桌子,在夏日的一个清晨,从土锅往碗里盛粥——所谓禅僧,原来就是这么样的啊。当时受到的印象,深深潜入到了我的心底,至今难忘(注:西田几多郎君也于昭和26年6月7日成为故人)。

大拙于同年(1892年)经西田几多郎的劝告,进入东京大学文科大学哲学选科学习。大拙在这里虽然听讲了哲学、心理学、社会学等,但生活仍然以在镰仓的参禅为主。西田几多郎后来在为《禅と日本文化》所写的序文(1940年)中,是这样叙述当时的情况的:"我们进入大学的时候,君(大拙)一人独自去了圆觉寺的僧堂。当时洪川老师还健在,但不久就圆寂了,所以,大拙君便受到宗演和尚严格的指点。有时候虽然也一时来过大学,但全然一副云水僧的形象,过着苦修磨炼的生活。"

那么,宗演师是一位什么样的人物呢?大拙是这样记叙的——

宗演的平常生活,并不总是被传统所束缚的。他从事禅的修行之后，进入到庆应义塾学习，之后再去锡兰，实地体验了南方佛教的生活。回到日本后，他并没有只是埋头于禅堂中对云水僧的指导之中。得到了适当的后继人之后，他便隐退到东庆寺，为教导各方人士，每天不胜其忙。向宗演师皈依的弟子，涉及社会的各个阶层，可谓数以千计。宗演师还去过中国和欧美，从事行脚教化活动，也接受了外国的弟子。如此广泛地留下教化足迹的，无论是作为一位近代的禅僧，还是作为一位佛教徒，堪称稀有。（《今北洪川》第67页）

同样引自《今北洪川》中的上述两段回忆，并不停流在对一位特定人物的怀念上，其历史性的对比和转换，有意识无意识地极其鲜明地被描绘出来了。一位是作为生活在禅寺后院深处，严守着古风而枯淡生活的传统禅僧今北洪川；另一位是作为向一般社会乃至西方各国进行教化活动，呈现出八臂六面灵活性的近代禅僧的释宗演；两位禅师的这种迥然相异的对照形象，不单单只是世代的不同，而是作为一位江户时代最后的禅僧与作为"文明开放"的明治时期最初的一位禅僧的对比形象来分别刻画的①。针对近代的知识分子，大拙阐说反知识的体验性的直观；针对禅门的僧人，大拙阐说打破依赖于知识性的传统；大拙所说的这种两面性，表达了他对洪川禅和宗演禅的双方产生深深的共鸣，同时又试图想整合两者的一种苦心。

1893年（明治26年），宗演出席在美国芝加哥召开的万国博览会中的宗教会议（The Parliament of Religions in Chicago World's Fair），并举行了与佛教相关的讲演（其讲演稿《佛教的主要教义和因果法则》由大拙英译）。在这次会议上，与宗演相识的保罗·格拉斯（Paul Carus）受此次讲演的启发，于第二年撰写了 The Gospel of Buddha 一书。在该书出版之前，格拉斯将其校对印刷稿寄送给宗

---

① 关于释宗演与大拙，请参见 M·莫尔（Mishael MOHR）《近代"禅思想"的形成——洪岳·宗演与铃木大拙的役割を中心に》（前出《思想》《佛教，近代，アジア》）。

演,请求他批评指正。宗演立即让大拙将该讲演稿翻译成日文,并亲自附上了一篇序言,于1895年,以《佛陀的福音》为名出版发行。对标榜"科学宗教"的格拉斯的学说深表倾倒的大拙,在翻译完该书之后,很快给格拉斯写了一封信,希望接受他的亲自指导①。于是,在宗演的引荐下,大拙于1897年(明治30年)实现了赴美的愿望。结果,自那以后,大拙在美国度过了10年多的生活。

赴美与见性 做出赴美决定后的大拙,为不能继续得到宗演的参禅指导而感到焦躁不安,全身心地投入到公案的参究中。最初洪川给他的公案是"只手音声",但后来宗演代之以赵州的"无"字公案授予大拙。"只手音声"是日本江户时期的禅僧白隐(1685—1768)独创出来的一个公案,内容是说"两掌相打音声有,只手有何音声?""无"字,在日本,专以《无门关》第一则"赵州和尚因僧问,狗子还有佛性也无?州云:'无'"这一形式来参究的。② 在日本临济宗,据说一般常把这两个公案中的一个最初让参禅者去参究。经过拼命参究的结果,在赴美前的年末(1896年,明治29年)的"腊八摄心"活动上,大拙终于突破了"无"字。但是,这似乎并没有让大拙本人感到满足。

> 我为了"无"字而拼命参究。在富士亭从事夜坐的事情,以前说过了;我也曾在舍利殿中打过坐。该舍利殿的后面有一个洞穴,是所谓开山佛光国师坐禅的遗迹,位于续灯庵的后面。我也到那里去一个人打坐过。由于这样,我在去美国前的那年腊八摄心上,有过"就是这个"的体悟。……虽然当时也有过"因此

---

① 前出,罗巴特·H·沙尔福《禅との日本のナショナリズム》。
② 释宗演在《无门关讲义》(光融馆,出版年不详)中这样说道:"所谓无,虽然是没有的无字,那是所谓没有吗? 是有无的无? 还是断无的无? 到底是怎样的无字呢?"(第1页)"参禅功夫,不是只坐在蒲团上,而且无有昼夜之隔,在起上,在吃上,在肩上,在应对上,在作务上,于一切时,一切处,也应该成为无字三昧也"。(第6页)

而解除了胸中多年来的郁结"这样的感觉,但在另一方面,也同时没有所谓"就此完全了事"的感觉。当时,说白一点,就像是忘乎所以一样的状态。西田(几多郎)博士也曾写过,好像是说"许我无字,然余并不甚喜"。这也是与人的性格有关的,但我也在当时并没有什么特别的感觉。(《世界の禅者》,第 140 页,西田语见明治 36 年 8 月 3 日"日记")

虽然大拙在第二年将越过太平洋远赴美国到格拉斯那里去,但他获得明确的"见性"实感的,据说是在赴美后一年多的事情。

我在赴美国之前的那年腊八摄心活动上,虽然有过"就是这个"的体验,但也可以说,当时还是一种模模糊糊的状态。我去美国后,在拉萨尔思考什么事情的时候,看到"肘部外曲"("臂膊不向外曲")这一句,忽然间感到明白了什么似的。悟到了"嗯,这样我就明白了!原来是非常理所当然的事情,没有任何的做作,就像臂膊不向外弯曲一样也行,不自由(必然)其实就是自由"。

那一句"臂膊不向外曲",好像是在《槐安国语》中看到过。我在日本的时候,曾在洪川老师的讲座中听说过这句话,当时只是感到不可思议,为什么说这种理所当然的事情呢?并没有更加去在意它,但在美国,我却清楚地明白了。自那以来,我凡是读什么,都能很清楚地弄明白,也就是说,达到了一个与之前完全有别的境界了。这很可能是那个时候我阅读书本时一直思考的"意志的自由与必然"这类问题而成为我进行思考的契机的缘故。所谓必然(necessity)与自由(freedom)的问题,当时威廉·詹姆斯(William James)等人经常探讨它。康德以来,或许在更早的时期,西方曾有过所谓自由意志(free will)与必然的争论。由于曾有过这样的经验,我明确地感觉到,似乎西方哲学或者逻辑学之类,这些东西是行不通的,还是需要禅了。如用森本(省念)先生式的说法,就是"无字破解了",当时是以这样的形式,再一次地让我有了这样的感觉(《世界の禅者》第 149 页)。

"臂膊不向外曲"这句话,见于《碧岩录》等其他禅籍,与汉语中的"胳膊总是往里弯"等的说法,是同一个意思,指人总是护着自己的人。日本禅门传统的解释它为"理当如是"、"不离法位"——一切都是如实存在着的,一切都是理所当然地存在着等等,大拙也似乎是以这种意思来理解这句话的①。

大拙在谈论禅的时候,常常强调"体验"的重要性。其渊源,与上述他本人的"见性"体验有关系。而且,特别饶有兴趣的是,他的这种"见性"并不只是以对传统的看话禅的参究就算完结,而是通过在美国的生活,与西方现代的思想相契合的形式下,才得以完成的——至少大拙本人在后来是这样来定位的②。大拙在上述回忆中说,自己确信到了不是"西方哲学",而是非"禅"不可。然而,我们如果客观地解读上述他的经历,便可发现,相反的,只是传统的"禅"也还是不够的,因为有了从"西方哲学"所获得的所谓"自由与必然"的一致这样的"意识"作为基础,大拙独自的"见性"才得以成立。如后面将要探讨的,这是构成大拙"禅思想"核心的立场。大拙在阐说"体验"在禅学中的重要性时,还强烈地诉说着禅不仅仅是停留在"体验"上这一

---

① 参见芳泽胜弘《ひじ、外にまがらず》(《禅文化》第 159 期,禅文化研究所,1996 年 1 月)。

② 相同的背景,在大拙的英文自述 Early Memories 中也是这样说的:This greater depth oh realization came later while I was in America, when suddenly the Zen phrase hiji soto ni magarazu, "the elbow does not bend outwards", became clear to me. "The elbow does not bend outwards" might seem to express a kind of necessity, but suddenly I saw that this restriction was really freedom, and I felt that the whole question of free will had been solved for me. (Masao, Abe "A Zen Life: D. T. Suzuki Remembered", N. Y. Wentherhill, 1986 年,第 11 页)然而,顾伟康在《禅宗六变》(东大图书公司,1994 年)中依照这个自述仅仅引用大拙在圆觉寺的"见性"体验—"无"的体验—部分而称是大拙的"开悟",但并没有涉及"臂不往外曲"这件事。因此,并没有充分注意到大拙禅与传统禅宗的禅之间的不同。

点。其渊源,与大拙在美国时富有个性的"见性"有关①。

大拙在由格拉斯主持的欧本考特出版社(The Open Court Publishing Company)从事校对工作,在芝加哥郊外的拉萨尔度过了11个岁月的生活(1897年3月—1908年2月,27岁—38岁)。大拙在那里的生活,似乎非常贫苦、寂寞而乏味。在这期间,他完成了《大乘起信论》的英文翻译和第一部英文著作《大乘佛教概论》(*Outline of Mahayana Buddhism*)等,同时他还协助格拉斯,从事了《老子道德经》和《太上感应篇》等道教经典的英译工作。之后,大拙经过在欧洲大约1年左右的生活后,于1909年(明治42年),即39岁那年回到了日本。

回国　学习院时代　归国后不久,大拙成为东京学习院高等部、中等部的英语讲师,第二年升为教授,直到1921年(大正10年)的12年时间,大拙一直担任这个职务(其间也有作为英语讲师到东京帝国大学授课的时期)。再者,大拙在归国后的第二年,从美国迎接比特蕾丝·雷恩(Beatrice Lane,1873—1939),与她结婚,后来比特蕾丝的母亲也来到日本,与他们同居在一起。英语对大拙来说,一辈子就不是外语,而是他自身生活的语言。② 1913年(大正2年),明确地以"禅"为主题的第一部著作《禅学の大要》(次年,增补改订为《禅の第一义》)得以出版发行。大拙以此为开端,出版了多部禅学方面的著作。但是,在学习院时代,大拙最引人注目的,倒是他翻译、介绍瑞典

---

①　大拙所参究的禅,是由江户时代临济宗僧侣白隐慧鹤集大成的具有阶梯性、体系性的看话禅。通过"无字"、"只手音声"等而得的所谓"见性"的体验,在这种看话禅中,可以说不过是第一个阶段("初关")而已,但要想开悟,需要在此之后参究更多的公案。就大拙来说,关于他对"无字"的透彻,我们虽然可以认为是白隐禅中的"见性",但在拉萨尔的体验,则是白隐禅体系之外的东西了。但是,在这里,为了避免含有大拙本人的特别意味所使用的"悟"、"体验"等词语,在知道其不是很正确和不明了的情况下,权且将这一次的体验也称为"见性"。关于传统的白隐禅的公案体系,我们通过朝比奈宗源《禅的公案》(《禅》第3卷,雄山阁,1941年)和秋月龙珉《公案》(1965年,ちくま文库,1987年),可以大致地了解其梗概。

②　关于大拙的英语,参见斋藤兆史《英语达人列传——あっぱれ,日本人の英语》第4章(中公新书,2000年)。

神秘家、神智学者思维丁·伯格(Emanuel Swedenborg,1688—1772)著作的工作。这期间,大拙虽也曾跟随宗演参禅,但1919年(大正8年),宗演圆寂了。大拙没有了再去参叩其他禅僧的心情,因而继续留在东京的理由也不存在了,于是在1921年(大正10年),51岁的那一年,他转去担任京都大谷大学的教授了。据说是受到了西田几多郎和佐佐木月樵的推荐(一直到1960年[昭和35年]90岁时为止列为教授,以后为名誉教授)。大拙从事依从禅僧的传统看话禅的修行,至此结束了。①

京都　大谷大学时代　大谷大学是净土真宗的大学,当时虽然规模较小,但却是佛学和哲学研究兴盛的地方。大拙在这里设立东方佛教徒协会(The Eastern Buddhist Society),还与夫人一起创办了英文佛教杂志 The Eastern Buddhist。自此以后,大拙使用英文和日文两种语言,陆陆续续地公开出版了大量有关禅学的著作。与此同时,大拙进行《楞伽经》和《华严经》的研究,于1934年(昭和9年,64岁)以"Studies on the Lankavatara Sutra"等研究成果,获得大谷大学授予的博士学位;而且,他还加深了对净土信仰的关注,展开了独自的净土观研究(《净土系思想论》,1942年等)。在这期间,大拙还发现了日本江户时代禅僧盘珪(1622—1693)的"不生禅"以及淳朴的民间净土信仰者、文盲"妙好人"的价值,同时还完成了有名的"即非逻辑"。再者,大拙于1936年(昭和11年,66岁)应日本外务省的邀请,到英国几所大学举办禅与日本文化的讲座,接着转到美国,同样在多所大学进行了讲演。后来,大拙补充其内容,完成了 Zen Buddhism and Its Influence on Japanese Culture(1938年)一书(北川桃雄译《禅と日本文化》,1940年,《续禅と日本文化》,1942年),而今天仍然受到广泛阅读的 Zen and Japanese Culture(1959

---

① 秋月《世界の禅者》第235页。从这一点看,把大拙界定为临济系的禅者,是不准确的吧。而且,大拙自己对"公案"的看法,到后期,的确变得持否定态度了。

年),是该书的增补改订版。大拙主要著作的大部分,是从他赴任大谷大学教授至战后再次赴美期间大约 30 年间——51 岁至 80 岁期间——撰写的。这期间,夫人比特蕾丝·雷恩于 1939 年(昭和 14 年)去世,1945 年(昭和 20 年)挚友西田几多郎去世,让他尝到了深切的悲痛和孤独。

战后　松之冈文库　第二次世界大战后,大拙在镰仓创建了作为禅籍收集与研究基地的财团法人"松之冈文库"。而且,自 1949 年(昭和 24 年,79 岁)至 1959 年(昭和 34 年,89 岁)为止的大约 10 年时间,除短期回国外,大部分时间都是以讲学和著述为业,在美国度过的。(这期间,大拙还从美国去过墨西哥和欧洲。与 Erich Fromn〔弗洛姆〕等人合著的 *Zen Buddhism and Psychoanalysis*《禅与精神分析》(1960 年出版),是 1957 年参加在墨西哥举办的学术会议上的成果)。从 1960 年(昭和 35 年,90 岁)至 1966 年(昭和 41 年,95 岁)逝世为止,大拙主要是在松之冈文库度过的,不过,这期间还曾赴过印度和美国举行讲演。直到逝世之前,大拙一双忙碌的工作之手,一直没有停止,在他逝世后,还陆续出版发行了几部新著。据大拙的助手冈村美穗子的记载,大拙临终前的情形是这样的:

> 大拙老师逝世是昭和 41 年 7 月 11 日。在头一天,先生说他突然感到肚子剧烈疼痛。后来知道是肠阻塞了。老师被送到了医院,每次从昏迷中清醒过来后,就问"美穗子,现在是几点?"他都要亲自确认时间。每当我向戴着氧气罩的老师问"需要什么东西吗"时,他总是用英语回答说:"No, nothing, thank you(不,无,感谢)。"相反还宽慰我说:"不要太担心我了。"而且,最后听到的一句话也仍然是"No, nothing, thank you。"(上田闲照、冈村美穗子编《铃木大拙とは谁か》,岩波现代文库,2002 年,第 33 页)

对于大拙临终前的"末后一句"是意指"无"和"感谢"的英语,不少人会感受到某种深深的象征意涵吧①。

二、大拙的著作及其评价

大拙的著作,卷帙庞大。大拙逝世后,其著作在1968年至1971年期间,编成《铃木大拙全集》全套30卷·别卷2(岩波书店)出版;1980年至1983年,出版发行了第二次《全集》全套32卷。之后,1999年至2004年,追加大量新资料,出版发行了增补新版《全集》全套40卷(第一卷至第25卷与旧版《全集》内容相同)。而且,这仅仅是收集了日文著作以及翻译成日文的英文著作,并不包括那些大量尚未翻译出来的英文著作。再者,《佛果碧岩破关击节》(传入日本的《碧岩录》古写本,即所谓一夜本《碧岩录》)、《赵州录》、《驴鞍桥》、《盘珪禅师语录》等有关禅宗古典文献的校订工作,也都没有被收入《全集》之中。此外,与大拙生前有过交往的人所记述下来的有关大拙本人言行的资料,也有相当多的数量②。对于大拙的全部著作,加藤周一在《日本文学史序说》中如下进行了概述:

> 英语以及日语方面的著作,大概可以分为四个种类(《铃木大拙全集》30卷,别卷2卷,岩波书店,1968—1971年)。第一,是为一般读者撰写的禅及其与日本文化相关联的著作。其数量很多,而内容重复的,也为数不少。这种类型的最初的著作是 *Outline of Mahayana Buddhism*(Luzac & Co., London, 1907),而其代表性著作之一,是《日本的灵性》(大东出版社,

---

① 上田闲照在《外は広い,内は深い》中说:"或者说是活透了人生,或者说是竭尽了生命,就像是黄金制作而成的96年的生命,最后变成一句'No,nothing,thank you'——进而言之,即变成'无',而这个'无'带着感谢之情,像芳香的风浪一样消失了。"(1999年,上田·冈村编《铃木大拙とは谁か》,岩波现代文库,2002年,第40页)

② 大拙的著作年表,由桐田清秀编写的极其详细的,收录在了新版《铃木大拙全集》卷40(岩波书店,2003年),而且,同氏编的《铃木大拙研究基础资料》(松之冈文库,2005年)中还增补了一些内容。

1944年)。第二,是有关经典文本的文献学方面的研究,而其主要成果是《楞伽经》(The Lankavatara Sutra)的研究,内容包括其英译、梵文本文、藏译、汉译的用语索引,反映了作者作为一位专门的佛教学者的一面。第三,是作为一位禅思想史学家的成果,而《禅思想史研究第一》(岩波书店,1943年)以及《禅思想史研究第二》(岩波书店,1951年)是其代表作。在日本的禅者当中,尤其撰写了关于铃木正三(1579—1655)和盘珪(1622—1993)的独创性研究的著作,强调实践的、大众性的禅。第四,是有关净土真宗的论文。代表性的,是《净土系思想论》(法藏馆,1942年);与论述禅的著作相比,这类著作反而让人觉得论旨非常明快,叙述十分周密。而且,大拙还介绍了一位文盲的男性对阿弥陀佛的信仰;经过分析考察而成为一书的《妙好人》(大谷出版社,1948年),是佛教民俗学研究中具有独创意义的里程碑式的成果;该书以实际例子精彩地论证作者所谓的"日本式灵性"(第10章"第四个转换时期下"铃木大拙と柳田国男,ちくま学艺文库1999年,第307页)。

即便看一看这个概述,便可知道大拙的著作,的确是涉及各个方面(迄今被译成中文的著作,大多是限于第一个类型,其中在由英文著作翻译成中文的作品中,不少与从日文翻译的相重复)。不过,大拙的著述丰富多样而难于分析,绝不是因为涉及的对象错综复杂的缘故。至少大拙本人可能会说,自己不是论述了各种各样的对象,而是通过各种各样的对象,探究了"唯一的真实"①。尽管如此,大拙的著述难以单一归类,原因之一,是他著述的时间长达60年之久,而且还与日本近代史的激剧动荡的年代相重叠,另一个重要原因,是大拙

---

① 大拙本人在生前曾说,"我并不是什么有体系性的学者",说"我就像钻头一样,只是将一点穿下去而已"。(增谷文雄《铃木大拙的方法》,《铃木大拙——人と思想》,岩波书店,1971年,第88页)这在接下来的论述中,我们将会切实感到这一点吧。

常常用英文和日文撰写著作,换句话说,就是面向欧美读者写的和面向日本人写的,在笔调和论调方面并不尽相同这种情况有关。比如,就上面引用的"见性"体验为例来说,日文著作当中,对于"无"字的体验,基本上是一笔带过,将"臂不往外曲"与来自西方哲学的问题意识相关联,进行详细论述,但在英文的自述中,给人以强烈印象的是,详细地把对"无"字的透脱作为一种戏剧性的体验,而且还把"臂不往外曲"当做特地由来于禅来论述。虽然是写相同的一件事情,其比重与表达自有不同的地方。但这对于作为一位横跨两个不同的文化圈、语言圈进行此种活动的人来说,理所当然地是他煞费苦心的结果吧①。面向国内,大拙不甘于传统,教导人们向西方近代学习;面向海外,大拙诉说着与西方近代迥然相异的本国的传统价值。这种对内所表现出来的启蒙与对外所表现出来的民族主义这一两面性,不仅仅限于大拙,似乎也是"落后国家"的开明的知识分子都不得不一致肩负的一个沉重的包袱。

在前述弗雷论文所批判的两本著作,即《禅と日本文化》和《日本的灵性》中,存在着相同的问题。的确,两本著作都是将"禅"和"日本"视为一体来论述的。不过,至少对我来说,对于这两本著作的读后感,有着很大的差异。如前所述,前者是大拙在 1936 年(昭和 11 年,66 岁),应日本外务省的邀请,在英国和美国举行的演讲的基础上撰写的。也就是说,该书是一部肩负着所谓用英语向欧美读者介

---

① 加藤在《日本文学史序说》中,对大拙的著作,这样说:"重要的,并不是他是用什么语言写的,而是本来就可以用什么语言思考的事情。"接着,他还这样说:"大凡禅的核心,无论对于理解了禅或者体验到了禅的人来说,常常是相同的。而对于大拙来说,若用他自己的话说,不过是一位曾'直觉'了的人物。""他把这个'直觉'的内容,始终看做是'古今东西的思想的巅峰',也就是说,它是超越历史与文化的东西。因此,如果说禅是可以说得的话,那么任何语言也都是能够说得的。大拙的独创性,并不是存在其语言普遍性之外的东西。它即是禅的对象化。"(第 309 页)不过,在日文著作与英文著作之间,存在着很大的区别。上田闲照在《禅と世界——西田几多郎と铃木大拙》中论述说,由于受到用英语叙述的"情况所迫",禅体验从定型化了的汉语、汉文中被剥离开来而重新得到把握,其结果,英语自不待言,即便是在通过日语的表诠中,创造出了独自的用语与文体(《禅と哲学》禅文化研究所 1988 年,第 150 页)。

绍、宣传具有独自价值和魅力的"日本＝禅"这一使命的著作,远的例子,可以说与同样用英语撰写的新渡户稻造的《武士道》(1899年·明治32年)、冈仓天心的《茶の本》(1906年·明治39年)等是联系在一个系谱上的(若用中国的著述来说,比如说林语堂的"My Country and My People"[1935年]等所发挥的作用相近)。与此相对,《日本的灵性》,是战败不久即1944年(昭和19年)大拙用日语所写的,虽说也能看到大拙对以国粹主义为宗旨的当时日本时局所谓"日本精神"所表现出来的一种批判态度,但是,该书只是作为"日本式灵性"的发现所论述的禅,内容的确乏味而又褊狭;关于念佛,尽管提及的次数不是很多,但大拙曾经用过如下的方式进行论述,是不能否认的事实。

> 再从《念共赞里》中引用一段。据说,几年前,在侵占上海的时候,因为战争,日本的部队进行了突击。一开始是"哇！哇！"地喊着挺进去的,可是,不知不觉地变成了"南无阿弥陀佛"了,大家都是用念佛杀进去的(第181页)。在这里,使我还想起了铃木正三等人的《驴鞍桥》中所说的,对于问到武士如何念佛时,他回答说,应该念正三所教导的"飞笼念佛"(卷下,第36节)。自己被砍头时,也是"南无阿弥陀佛",刺杀他人的胸膛时,也是"南无阿弥陀佛"。消极·积极·否定·肯定——都出现了念佛(《铃木大拙全集》卷8,第170页)。

抓住这些笔调,断定大拙的论述是"民族主义"、"肯定战争"而予以批判,这也是无可厚非的事情。而且,我们不得不坦率地承认,这种情况在今天有关大拙的理解中,仍然是难以忽视的一面。然而,这种评价是否就可以原封不动地往上回溯,套用在《禅与日本文化》上呢？这与其说是对大拙个人的一种不公平,倒不如说是忽视了近代日本宿命地肩负着的民族主义的双重性,是一种过于单纯而又偏颇的定罪。面对欧美列强,要求承认自身的独自价值和地位,即一个作为正当而又切实的"民族主义"式的自我主张的民族主义,另一个是为了对抗欧美列强,以实现在亚洲扩张权益,作为一种排外的、侵略的"国家主义"的民族主义,它们两者,是带着在难以选择"好的"民族主义而抛弃"不好的"民族主义的所谓单纯的二者选一的复杂的连续性而推移的,这就是日本的近代历史。而我觉得,大拙论述"日本"的两部被视为问题的著作,《禅与日本文化》带有表达前者的民族主义的一面,而《日本的灵性》则带有表达后者的一面。这正是与两部著作所撰写的时期不同和所设想的读者不同——昭和11年与昭和19年,对当时的日本人来说,应该不是弗雷的论文所概括的那么简单,可以视为同一个时期——相对应的。而且,认为大拙所阐述的禅虽标榜继承了"东方"的"传统",但实际上不过是一种在吸收西方近代思想的同时而又重新建构成能够被西方所接受的,作为所谓东方主义产物的"ZEN"。这种批判,对于摆在近代日本乃至亚洲的知识分子面前的人的立场来说,也感到有点太无情了,是一种没有同情心的评价。曾经在大拙著作的影响下,一直想象着作为一种与西方近代文明相对立的美好理想的"ZEN"的欧美知识分子,当他们发现大拙这一个人物的历史局限性和问题点时,与受到了欺骗这种所谓失望和愤怒发生联系,从而构成了他们过激的定罪式的论述,这是可以理解的。然而,不结合历史情况,只是一味地贴上所谓"民族主义"、"东方主义"的标签,这不用说对于大拙的理解,即便是作为一种有意义的批判,想必也是难以成立的。我绝对没有为所谓大拙的言说并没有陷入"民族主义"、"东方主义"的说法进行辩护的意思。比方拿《禅与日本文化》来说,为了迎合西方人的"东方主义",论述它是一部歪曲禅和日本文化的著作,这在当今是很有说服力的。不过,倒过来,以"东方主义"作为武器,把该书说成是一部成功地将日本这个小国的文化和传统,以充满魅力的手法,向西方社会进行了宣传的书籍,从反面来评价它,也是可以;而从这种观点试图去考察大拙在那个时期从事过这些事情的意义和背景,相信绝对不是毫无意义的。如果不是武断地将大拙的言说视为与禅相同,而是把大拙的言说当做禅思想史的一个阶段予以相对化,把深入其内容的解读和日本近代史的现实联系在一起来考察,那么对于大拙的批判性分析,也将会成为一个含蓄而深邃的东西了。

的确,大拙本人是以一种超越时间和空间制约的、绝对的、普遍的真理的角度来阐说"禅"的。然而,关于大拙的这些"禅"的言说,毕竟是一种历史的产物;与其他的思想家一样,大拙的著述,也应该从历史的角度进行研究。这种研究,在寄希望于外国的学者之前,首先当然应该是由我们来探讨的课题吧。虽然不是一朝一夕所能解决的问题,不过,为了开其端绪,这里,我们试图对大拙的思想进行初步的分析。对于大拙的著作,迄今,我们不是崇拜就是批判,而依照大拙的思想脉络,进行分析性的解读,令人感到意外的是,其实并没有得到展开。

三、大拙的"禅思想"

禅"意识" 大拙的"禅思想",一般认为是通过《盘珪の不生禅》(1940 年,70 岁)一书来确立的①。在该书的开头部分,他如下叙述说:

> 一般说来,禅是一种体验,非思辨的。然而,光是说体验,那禅是不会成立的。如果是这样,那将不过是一种感觉或感情罢了。虽说冷暖自知,但禅只是这个还不够。如果不是冷暖自知以上的东西,那禅不可能给人的精神生活提供一个基础。也就是说,禅拥有冷暖自知以上的内容。那是什么呢?那就是一种自觉意识。而且,在这种意识当中,存在着思辨性的发展(《全集》卷1,第 355 页)。

---

① 参见掘尾刚孟《铃木大拙における思想》(《禅と现代世界》,禅文化研究所,1997 年)。还有,以下对于大拙的理解,多受恩于末木刚博《铃木大拙の非大拙的理解》(《讲座比较文学 5·西洋の冲击と日本》,东京大学出版会,1973 年,再录于前出秋月《现代のエスプリ 133·铃木大拙》)。

如果说禅体验是一种心理上的东西,那么禅意识是哲学层面的东西。这里姑且把它说成是无分别的分别,那么禅也必须拥有一种可称为哲学表诠的东西(同上,第356页)。

禅的表诠,并不是说任何时候都是一种文字的,即一种概念的东西。但是,这种情况——即便在可以视为与语言文字没有任何交涉的情况下,赋予这些行动以依据的,是一种可以称为禅的意味。它即是禅意识。虽不能用普通的意思把它说成是一种思想、一种思维,但这些最终不能用某种文字来表诠,或者说不进行表诠的话,那么作为一个人来说,其内心深处,无论如何也是不能感到满意的。……(同上,第358页,以上旁点都由引用者所加)

意思是说,一个真实的"体验",必定要向哲学的、思辨性的自觉方向发展,不寻求"表诠"是不行的。同样的观点,大拙在其他文章中也改为"悟"、"开悟"、"悟的表达形式"(《不生禅の特徵につきて》,1943年,同上书第467页,还请参见《禅思想史研究第一 盘珪禅》帝三章《悟りと悟る》,1943年。《全集》卷一)。

这种思想,大拙在后来的《Living by Zen(禅による生活)》(1949年)一书中,也是如下叙述的(该书是献给死去的妻子而撰写的)。

... He〔= the dog〕lives Zen just the same, but he dose not live by Zen. It is man alone that can live by Zen as well as live Zen. To live Zen is not enough, we must live by it, which means that we have the consciousness of living it, although this consciousness is beyond what we generally understand by it.(三省堂,第3页)

虽然狗确实是生活在禅中的,但不是依禅来生活。生活在禅中而又同时依禅生活,那仅仅只有人才是这样的。光是生活在禅中还不够,人必须依禅而生活。也就是说,人必须具有一种生活在禅中的意识。当然,这种意识是我们通常作为一种普通意识来理解的以上的意识(北川桃雄、小掘宗柏译《禅による生活》,《全集》卷12,1957年,第267页,旁点依原文)。

狗过着作为狗的"平常生活",其实也是"生活在禅中(to live ZEN)",即"体验(悟)"。在这一点上,人也好,狗也好,都是一样的。然而,大拙说,只有人才具有"生活在禅中"的这个"意识(悟)",才能"依禅而生活(living by Zen)"。也就是说,人和动物自然而然的生活的本身,自是生活在"禅"中,但人不是停留在这种自然的状态,而是具有一种对其进行自觉的"意识",并由此"意识"自觉地去生活,这就是所谓"依禅生活(living by Zen)"。

"即非逻辑" 传统的禅学,也曾摸索着"体验"→"语言"这一发展图式。比如在弟子开悟的那一瞬间,老师紧逼弟子说,既然如此,那么在这里该要说一句才对。这种场面,在禅籍中,并不鲜见。在这期间,"意识"的介入是要求必须彻底否定的。然而,作为该问题发展的关键,大拙相反地强调"意识"的必要性。当然,大拙再三声明说,这与通常的分别意识相区别。不过,认为自觉地、哲学的"意识"是不可缺少的论点,在以前的禅宗传统中是难以找到的,应该说这是大拙个人独自的新发展。

这很可能与前面在传记部分所介绍的所谓"臂不往外曲"的觉醒有着深深的关系。大拙说他只是对"无字"的透脱这样的"体验"并未能得到满足,而是得到了"必然(necessity)"与"自由(freedom)"的统一这一哲学上的"意识"作为依据之后,才亲自体会出来的。大拙的回忆,虽然带有一种由后往上回溯来赋予其意涵的强烈印象,但正因为如此,反而让人感到这件事情是大拙自觉到自己的"禅思想"的一个原点。

那么,所谓由"体验"产生的"意识"到底是一个什么样的东西呢?在前述的回忆中,大拙用了"是的,原来臂不往外曲也行,不自由(必然)是自由"一句进行了表达。而把这个意思更加逻辑地予以组织,予以公式化的,即是有名的"即非的逻辑"。

众所周知,这是从《金刚经》中所谓"佛说般若波罗蜜,即非般若波罗蜜,是名般若波罗蜜"的说法中抽出的"A 非 A,故是 A"这一逻辑形式。大拙在《金刚经の禅》(1944 年)一书的开头部分是这样来定义的①:

> 以下,我将列举被看作是《金刚经》中心思想的理论来谈谈,也就是从思想方面来讨论禅。先从第十三节中的"佛说般若波罗蜜,即非般若波罗蜜,是名般若波罗蜜"一句开始谈起。如果把这句经文写成长一点儿,那便是"佛所说的般若波罗蜜,也就是说它不是般若波罗蜜,所以取名为般若波罗蜜"。这是构成般若系思想的根本逻辑,也是禅的逻辑,同时也是日本式灵性的逻辑。这里虽然使用了般若波罗蜜这一文字,但也可以用其他各种文字来代替。如果将其进行公式化,便是:
> 说 A 是 A,
> 是因为 A 非 A,
> 所以 A 是 A。
> 这是说,肯定即是否定,否定即是肯定。由于这样的安排,一切观念首先都被否定,然后又返回到肯定(2—5《般若的逻辑》,《全集》卷 5,第 380 页)。

这种逻辑,比如在《慧能以后の悟るの道》(《禅宗思想史研究第一 盘珪禅》第四章,1943 年)中,大拙是这样解释的:

> 说"如是不生",并不单单是对现成的肯定。此肯定是经过否定之后的肯定。……当拿出一根竹篦说,这不叫竹篦,那该叫什么? 这已经就是竹篦了,为何不叫它竹篦呢? 不仅如此,还更

---

① 此逻辑形式本身,早在"An Introduction to Zen Buddhism"第 4 章中曾说到过。

有问这个叫什么的诘问。虽然好像是在把人当傻瓜似的,但如前面所说的,因为禅者的肯定是经过了人的企图之后的一种肯定,所以,与狸奴白牯喊出"汪汪!"和"哞哞"的声音是不同的。也就是说,如是禅即非如是禅,所以,真正的如是禅如果没有"般若的即非逻辑",它是不能成立的。盘珪的不生禅就是这种意义上的如是禅(《全集》卷1,第192页,旁点为原文。引号是引用者,以示强调)。

这里所说的"人的企图",明显指前述的"意识"。这种"般若即非"的"意识"——也就是"并非如是是禅"——这是在经过此"意识"之后的一种"如是是禅",这恰恰是与狗、狸奴牯(猫和牛)相异的,只有人才能够的"如是是禅";正因为如此,它是与所谓"生活在禅中(to live ZEN)"相异的,是一种"依禅生活(living by Zen)"的情况。

然而,尽管如此,上述结尾部分还是有一点难解。这个脉络之所以让我们感到不可理解,是因为"如是禅"这一句话被双重使用的缘故。虽然大拙认为"即非逻辑"是根据《金刚经》而来的,但据研究,实际上此逻辑与经文原来的意思大相径庭。① 的确如此,上述脉络,我们与其向印度的经典寻找根据,不如说它是踏袭了第二章第三节、第四节所讨论的圆悟等人的圆环逻辑更恰当。

"无事"(0度)→"大彻大悟"(180度)→"无事"(360度)

"山是山,水是水"(0度)→"唤天作地,唤山作水"(180度)→"依旧山是山,水是水"(360度)

结合这一逻辑而说"如是禅(360度)并非如是禅(180度)"。所以说,如果如是禅(0度)没有般若的即非逻辑,是不可能成立的。盘

---

① 参见末木文美士《佛教——ことばの思想史》第5章《即非》(岩波书店,1996年,初出是1994年《"即非の论理"再考》)。

珪的不生禅,我们只有通过这种如是禅(0度)的含义去解释,才能得到理解。

大拙"如是禅"一语的使用方法,其实是建立在圆悟所谓一边批判0度的"无事禅",同时又肯定360度的"无事"这一表达方式的延长线的基础之上的。而大拙本人在《禅の思想》中引用青原惟信的语言时,是这样来说明"即非逻辑"的:

> 所谓吉州青原惟信禅师,是黄龙祖心的法嗣,宋代11世纪末期的人物,该人有一个很有名的上堂。
>
> "老僧三十年前,未参禅时,见山是山,见水是水。及至后来亲见知识有个入处,见山不是山,见水不是水。而今得个休歇处,依前见山只是山,见水只是水。大众这三般见解,是同是别"云云。
>
> 这是什么意思呢?惟信说他在还没有明白禅是一个什么东西的时候,跟平常人一样,看到山是山,水是水。后来在师父的指导下,有所领悟,他相反地却说,山不是山,水不是水。近来,得到了休歇的地方——在得到了该休歇的地方之后,惟信说他见山是山,见水是水。这三个见解,是一样,还是不一样?试说出看看!这是惟信的说法。"般若的即非逻辑"也表现在这里了。首先,从常识来说,有分别意义上的肯定。但这个常识被彻底否定了,分别也在根本上失去了立足之地。可是,另一个转机一旦出现,否定便返回到肯定,也就是说,返回到了"无分别的分别"所得的"即非逻辑"的过程(《全集》卷13,第176页,引号系引用者添加)。

在中国唐代禅宗中,显然存在着"就那样""就这样"("只么""恁么")的肯定现实状态的思想。但是,大拙则通过借用宋代禅的圆环逻辑,把这一道理解读成了以佛教空观的绝对否定作为媒介的所谓绝对肯定的"意识",而且称它是"即非"的逻辑,也称它是"无分别的分别"。所谓"无分别的分别",并不是指基于分别意识的分别而已(0度),而是意指经过绝对否定的分别(180度)之后,一种所谓高层位的分别(360度),要言之,它不外是"般若即非"的另一种表达。①

《金刚经の禅》一书,作为"即非逻辑"的典型例子,列举了首山省念如下一则公案;但大拙对于该则公案的解释,则与上述理论相同。前述《慧能以后の悟るの道》的引文中所谓"拿出一根竹篦"等等,就是指这则公案。

> 首山和尚拈竹篦示众云:"汝等诸人,若唤作竹篦则触,不唤作竹篦则背。汝诸人,且道:唤作甚么?"(《无门关》第43则)

大拙介绍这则公案后,这样说道:

> 所谓触,是指肯定;所谓背,是指否定。既不肯定,也不否定,即离开肯定与否定,试出示一个竹篦之为竹篦的道理。用语言讲,虽是这个意思,但不能忘掉堂堂地显露在眼前的竹篦的实体。这与《金刚经》所说的,般若非般若,故是般若的说法,是相同的道理。否定与肯定,本来互不相容,这是一个矛盾。把这种

---

① 前面我们从《金刚经の禅》中引用了"即非逻辑"的定义,但在该文章的后面,还有如下的言说。这也可以说是,大拙实际上曾经是依据圆悟和青原惟信等人的圆环逻辑来思考"即非逻辑"的一个佐证。
"一般认为,这毕竟是非理性的吧。也就是说,如果改换成普通的语言来说的话,就能明白。见山而说是山,面对河川而说河川。这就是我们一般的常识。但据般若系思想,则是:山不是山,河不是河,因此,山是山,河是河。从一般的常识来看,这不得不说是颇为异常的观点。然而,认为我们所谓的语言、观念或者概念,以这种形式,即以否定作为媒介,然后再进入到肯定,才是关于事物的真正的看法,这就是般若逻辑的特色"。(《全集》卷5,第381页)
还有,大拙在晚年的著作《现代世界と禅の精神》(1961年)中,也在引用青原惟信的语言之后,曾这样说:"我们必须要经过一次山不是山、水不是水的时节。否则,不能看到真正的山,不能看到真正的水。《般若经》中说:'A不是A,故此,A是A'。"(《东洋的な见方》所收,《全集》卷20,第209页)由此,我们知道序论中所讨论的井筒的观点,其实就是这一观点的一种延伸。

矛盾，试图从事实上予以消解，即是禅的目的。(《全集》卷5，第384页，旁点系引用者添加)。

大拙认为，"触"是指"触犯"实名，"背"是指"违背"实体。不过，大拙的这种解释，并不完全正确。当然，这不是我们要在这里讨论的问题。重要的是，大拙在这里所说的"即非逻辑"绝不是为了分析客观世界的一种逻辑，而是"从事实上消解矛盾"，如是地肯定现实——竹篦就是竹篦——作为一个庞大的肯定的逻辑来论述的事实。

如前面所引用的，大拙把这种庞大的肯定世界称为"如是"。《金刚经の禅》一书中，也有这样一段话：

> 印度的佛教徒把这个"端的"称为"如"。"如"，有时也连续说"如如"，也称为"真如"。"如"这个字，具有甚深的含义。所谓"如"，指"如是"的意思。所谓"如是"，即是"只么"。印度是"如"，中国是"只么"。"只么"是禅宗频繁使用的语句，颇富趣味。"只么"的日语是"そのまま（发音 sonomama），如实"。但如果说是"如实"，那将会构成为一个大大的误解的原因了。因为，在分别意识上，常常会因为某种事情而有曲折变化。
>
> ……虽说是"如实"，但并不只是"如实"，而是必须去自觉"如实"。此自觉，如果没有此意识上的"如实"，便成了口头禅了。只是嘴巴上说"如实"是不行的。禅必须要有自觉。如果不"如实"地看待"如实"的"知"，是不行的。这个"知"就是悟；这个"知"就是灵性的直觉。这不是分别意识上的自觉。所谓"了了自知"，是从无分别智上来说的（3—10《如・只么・自知》，《全集》卷5，第406页）。

这里，被视为与"自觉"相等的"灵性的直觉"、"无分别"等，在该书中，则是"即非逻辑"的一种别名，即前面所说的"意识"。"如实"，不能只是"如实"（0度），而是"如实地看待如实的知"，即透彻于绝对否定即绝对肯定的所谓"即非"的"意识",才可以真正地成为"如实(悟)"(360度)。这是上述大拙引文的旨意。不过,我们很容易发现,它与前面引用的《慧能以后の悟るの道》中的一节,完全相同,而且,也与更前面讨论过的"悟"与"开悟",或者与"to live Zen"和"living by Zen"的关系也相符。

"如实"与"无分别的分别" 作为体现这种意义上的"如实",大拙在这里提供的一个活生生的"表诠"的恰好例子,是盘珪和妙好人。大拙所叙述的,常常是不需要说明,而且又是不能说明的一种直观性的事实。大拙从古今大量的书籍中,自由自在地列举实例,以代替对该事实的论证。大拙的研究范围,涉及从禅到净土乃至基督教和神秘主义等;之所以看起来涉及的面很广,是因为大拙为了寻求这些实例而得到的结果的缘故,并不是对各种问题进行个别性研究的结果。其研究对象,到底是什么时代,什么宗教,对大拙来说,应该完全不成为问题。

比如大拙有关盘珪的研究著作,集中出版于1940年(70岁)至1943年之间(1940年《盘珪の不生禅》,41年《盘珪禅师语录》,42年《盘珪禅の研究》、《禅思想史研究第一》)。继此之后,不久就相继出版了与妙好人相关的书籍。因此,可以看出,大拙对这两者的研究,是建立在一贯的问题意识之上的(1943年《宗教经验の事实》,1944年《日本的灵性》,1948年《妙好人》)。无论是盘珪,还是妙好人,在此之前,几乎不被一般人所了解,他们是由大拙发现出来的人物。而且,同样的问题意识,还被贯穿在同一时期大拙所积极推行的敦煌出土的初期禅宗文献的研究之中。

在《盘珪の不生禅》(《全集》卷1,第414页)一书中,大拙为了说明盘珪的"不生"禅,引用了敦煌出土的《历代法宝记》中如下一文。

无住为说一个话:有一人高垴阜上立,有数人同伴路行;遥见高处人立,递相语言,此人必失畜生。有一人云:失伴。有一人云：采风凉。三人共诤不定，来至高处。问堆上人：失畜生否？答云：不失。又问：失伴不？云：亦不失伴。又问：采风凉否？云：亦不采风凉。既总无，缘何立高堆上？答：我只没立。①

接下来，大拙从盘珪的说法中引用了如下两段文字。原著是一篇很长的引文，这里只抽出其中的一部分。

> 平生不生之佛心，业已得到决定之人，若寝佛心寝，若起佛心起，若行佛心行，若坐佛心坐，若立佛心立，若住佛心住，若睡佛心睡，若觉佛心觉，若语佛心语，若默佛心默，若吃饭佛心吃饭，若吃茶，佛心吃茶，若着衣佛心着衣，若洗脚佛心洗脚。一切时中，常住于佛心，所谓无片时不在佛心也。事事物物，随缘任运，七通八达。（铃木大拙编校《盘珪禅师语录》，岩波文库，1941年，第99页）

> 人人都为成佛而努力精进。是故，若有睡眠，便呵，便打，此错也。与其说成为佛，倒是人人应依父母所生时无不具足之唯一不生之佛心，若常住其不生之佛心，寝则佛心寝，起则佛心起，平生是活佛，早晚无不是佛。常是佛，则此外更别无所云之佛。与其成为佛，以佛而在，无有造作，是其近道也。（岩波文库本为第90页）

引用这些之后，大拙这样说道：

> 所谓"与其成为佛，以佛而在，无有造作，是其近道也"，道破

---

① 关于这段话，请参见入矢义高《禅语つれづれ——只没と与没》（《求道と悦乐——中国の禅と诗》，岩波书店，1983年，第31页）和柳田圣山《初期の禅史Ⅱ》（筑摩书房，《禅の语录》3，1976年，第304页）。小川《神会——敦煌文献と初期の禅宗史》（临川书店，《唐代の禅僧》2，第211页）也作了详细论述。

了禅意识的关键。如果对它进行什么本能的,物理机械的,自由主义之类的评论,那不得不说是完全离题了。不生的佛心并不是理事无碍的世界,而是实实在在的事事无碍的世界。并不是分成为无分别与分别两个,认为分别是无分别,无分别是分别,而是当下就是"无分别的分别"。由此而产生的作用,叫做不生。(《全集》卷1,第416页)

这里所说的"无分别的分别",是大拙当做"即非逻辑"的别名而经常使用的一个概念,在前面引用青原惟信上堂的《禅の思想》的一段中,也曾说过:"返回到了由'无分别之分别'所得的'即非逻辑'的过程。"大拙在《不生禅概观》(《禅思想史研究第一》)一文中叙述说:"而且,在禅录中,到处都能看到'如是'、'如实',而且还有写成汉语的'只么'、'与么'。"接着,结合盘珪上述语句,大拙这样叙述道:

然而,其次盘珪说,寝也好,起床也好,行走也好,坐禅也好,悉皆佛心如是。(语录,第99页)这些法语虽都是"如实"的如是观,但若不假思索地阅读它,分别意识会落入到最容易落入的陷阱之中。如果不跳出分别意识之上而"如实"的话,狸奴白牯,或者某种意义上张三李四也都会如此。然而,如果真是这样的"如实"的话,那将会重复着无法挽回的过失。对于他们,绝对不存在不生禅。不生禅必须是"无分别的分别"。既没有能见,也没有所见,而且还必须经过所谓见的某种境地。有了这种经过之后,"如实"才能活动下去。没有这个"如实",是一种物理的、机械的,乃至是生物的,不是人类的。必须认识到,人类之外,是没有"不生",没有"如实"的。这种认识,将是通向悟的途径。(《全集》卷1,第54页)

这个论旨,在此之前曾出现过几次,不需再作解释。大拙所说的"如实",是"无分别的分别"、"般若即非"的另一种说法,无论是唐代禅宗的"只么"、"与么",还是盘珪的"不生",都被当作是它的同义语了①。

大拙还把其挚友西田几多郎的"绝对矛盾的自我同一"一语也当作"即非"的同义语来借用。在最晚年的随笔《自由·空·只今》(1962年)中,大拙说:

> 真实是消极即积极,否定即肯定。这叫做"绝对矛盾的自我同一"。把否定本身化作肯定的作用,在这种作用中,可以触及东方式的真髓。西田君的逻辑,实在是道破了这一点,可谓无懈可击。如果不贯彻到所谓"A 非 A,故是 A"的境地,则不可能触摸到佛教以及其他东方之为东方的深邃。(《东洋的な见方》所收,《全集》卷20,第253页)

盘珪作为上述这层意义上的"如实"的绝妙体现者、表达者,受到了大拙的关注。不过,从同样的角度,与盘珪一样,大拙予以关注的,是妙好人。在上述随笔的续篇《所谓如实》(1963年)中,大拙认为,"所谓娑婆如实成极乐,凡夫如实就是佛的这种感觉的显著实例,我们可以从真宗的所谓妙好人中找到"(第255页),并且介绍了妙好人浅原才市的歌谣。据说,才市是于1932年(昭和7年)以83岁高龄逝世的人,一字不识,一边制作木屐,一边将自己的净土信仰心得写在被削掉的木屑上面。

从某种意义上看,大拙就是如此通过事实为例来证明"绝对矛盾的自我同一"的逻辑,从而展现出了才市的娑婆观的。

---

① 《禅思想研究第二——达磨から慧能に至る》(1951年刊)第6篇《慧能以后の禅》原本是大拙于1942年发表的著作(《积翠先生花甲寿纪念论纂》),在该书中,作为唐代禅的最高代表,大拙详细论述了"只没禅",其中认为在"如实禅"中具有"好的禅"和"不好的禅"两面,而把前者即"真正的如实禅"称为"只没禅"作为其定义(《全集》卷2,第404页)。《禅思想史研究》第一是关于盘珪的研究,第二是以驱使新出土的敦煌文献为内容的初期禅宗的研究,这作为"思想史"的结构来说,虽不很自然,但对大拙来说,很可能是他考虑到只有这种顺序才能够表达"思想史"所谓的出发点及其发展的脉络吧。

从此娑婆世界往生极乐,
没有捷径,
还就是这个娑婆世界。
娑婆世界,也是南无阿弥陀佛,
极乐世界,也是南无阿弥陀佛。
庆幸!庆幸!
才市,不胜兴奋,
南无阿弥陀佛,南无阿弥陀佛。
请想到我的幸福!
南无阿弥陀佛给了我幸福,
让我从此五浊恶世中称念南无阿弥陀佛,
快乐地享受净土,
我受到南无阿弥陀佛的迎接,
我被南无阿弥陀佛带去。

在这之后,随笔《妙好人——所谓"如实"》(1965年)中,有如下一段歌谣。

才市老人的歌有:
"心解脱了,
我祈愿解脱,
南无和弥陀一起为我祈愿,
心的解脱。"

这首歌谣的真正意思是说,心得到解脱后,"南无"自己与其作为其对象的"弥陀"即无量寿光,将变为一体,溶解为相同的一体。"南无"与"弥陀"、"有限"与"无限"、"分别"与"无分别"的绝对矛盾成为自我同一,才市的歌谣,就是表达了这一核心的意思。

若不接触到一次自我同一的消息,谁也不可能得到真正的安心,而要想彻底深入到现代人的烦恼深处,不要忘记只有体会这一瞬间才有可能。本来"如实"地随水而流,可一时由于动了分别心,停止了脚步,因此而变成了左顾右盼,矛盾加矛盾,暗中加暗,在走投无路的时候,当下回归到了自我同一的"如是"。有限的自己与无限的弥陀,像父母与孩子一样,成为一体,没有比这更安心不过的事情了。当矛盾的"纠葛"溶解为同是一体的"如是"之后,念佛才有所安逸。(《大拙つれづれ草》所收,《全集》卷20,第404页,重点号为引用者添加)

虽然用词不同,但是,很明显这与大拙在引用盘珪的语言时所阐说的问题是同一内涵。无论是关于盘珪,还是关于妙好人,我们只要直率地阅读他们的文字,便可发现他们如实地肯定了现有状态。然而,大拙则把这种观点看作是经过了绝对否定之后的"如是",即不是所谓0度,而是表达了360度的"如是"来把握——当下回归到了自我同一的"如是"这句话恰当地说明了这件事情——大拙认为,无论盘珪,还是才市,都是得以"意识"、"表诠"了所谓"如实"的"体验"的人物;也就是说,经过大拙的定位,盘珪和才市得到了重新的评价。①

我们再来略微引用一下才市的歌谣吧:

并不是我成为阿弥陀佛,
而是阿弥陀佛成为我;
南无阿弥陀佛。
(《日本的灵性》,《全集》卷8,第191、212页)

才市你在哪里?是在净土吗?

---

① 大拙说他的《禅思想史研究》第二(1951年)是1943年至1944年(即与《日本的灵性》等同一时期)之间撰写而成的。不过,其中在第6篇《慧能以后的禅》中,大拙把唐代禅的制高点视为"只没禅"="如实禅"而予以详细论述。因此,我们也可以看到,在唐代禅研究中贯穿了与上述相同的问题兴趣。

啊！这里就是净土，

南无阿弥陀佛

(*Living by Zen* 第 167 页,《全集》卷 12, 第 414 页)①。

真空妙用 大拙所说的"即非逻辑"，大体就是如上所述的情况。不过，如果仅仅是经过绝对否定之后的绝对肯定就算完事，那与佛教自古以来所说的"有→真空→妙有"，或者与"色即是空，空即是色"的逻辑相同。大拙在《禅の思想》(1943 年)一书中叙述说："禅思想渐渐成为禅行为，禅行为渐渐成为禅思想"(《全集》卷 13, 第 11 页)。对于大拙来说，"即非逻辑"这一思想，不仅仅是停留在相对于空与有的相即的一种直观，而且还必须是与禅的行为成为表里如一的关系。

大拙在晚年曾这样说过：

> 大乘佛教的极意，是"色即是空，空即是色"。而且也还可以说成"大智而大悲，大悲而大智"。也可说成"真空妙有"(与其妙"有"，我更想说是妙"用")。(《校订·国译赵州禅师语录序》，1961 年,《世界の禅者》, 第 302 页)

> 万德可以直接说成是万法，也可以说成是大用，或称为妙用。也有称为"真空妙有"的，但"真空妙用"要好一些。因为都是无限的自由，所以不具有"轨则"。不被机制所束缚，反而是创造机制的主人公。(《现代世界と禅の精神》卷 20, 第 211 页)

这也许是大拙本人关于"即非逻辑"的最简洁的概括。当"色即是空，空即是色"，并不是"有→真空→妙有"，而是被改换成"有→真

---

① 这首歌谣在《日本的灵性》第 217 页中被引用了，但作"哪儿就是净土呢？"这里依据《禅による生活》的英文版推测，改为"在哪里？"大拙本人的英译如下："Where are you, Shichi(才市)? In the Pure Land (净土), Here the Pure Land: Namu-amida-butsu(南无阿弥陀佛)"(第 131 页)。

空→妙用"时,也就是说,当空观式的认识逻辑被转换成人格的、主体性的行为时,才具有"即非逻辑"的精彩之处。①

《金刚经の禅》第二章把这个道理与《金刚经》中的"应无所住而生其心——应该在没有执著的情况下生起其心"一语联系起来,并且这么论述说:

> 所谓"生其心",此心是一个难以对付的问题。……不过,禅所说的心,是一个意味深长的东西。既不是分别心,也不是思虑心,更不是集起心。虽称其为无分别心,但是在超越了分别之后而发挥作用的心。分别心又称为分别意识,但我认为无分别心就存在于分别心的深层而发挥着作用。不看到这个无分别心的作用,只是一味地看到分别心,我们便丧失本来的自由。也就是说,我们不可能不停留在某个地方,所以分别心不得不成为有所住。然而,当我们发现无分别心是通过分别心来发挥作用时,便离开这个所住了。因此,所谓"无所住而生其心",是指没有分别心,即没有所住之心,是活动在分别意识上的意思。所"生其心",虽是分别意识,但它必须来自无分别心。我们往往解释无分别心好像单单只是对分别的一种否定的意思,其实不然,无分别心是与分别心同时活动的。无分别心即分别心,分别心即无分别心。只有在所谓有即无,无即有的情况下,才出现有"应无所有而生其心"的妙用、活动。这个活动,是一种妙用。(3—3《心》,《全集》卷5,第392页,重点号为原文)

这是从行为层面对"即非逻辑"所进行的一种改读,而上述说法

---

① 还有,据《铃木大拙集》(《近代日本思想体系》12,筑摩书房,1974年)古田绍钦的《解说》,"由这个禅的行为所想到的,是十几年前的事情,那是老师在日本佛教学会举办的特别公开讲演(于佛教大学)上,曾谈说过'真空妙用'的事情。他当时主张说,真空不是妙有,必须是妙用才对。虽然没有撰写妙用论方面的专门性论文,但在老师晚年的思想中,此妙用思想是一直存在的"(第385页)。

也只有以"分别（'山是山，水是水'）→无分别（'山不是山，水不是水'）→分别（'山是山，水是水'）"这一圆环逻辑作为前提，其意义才是清晰可明的。大拙认为，如果是依照通常的分别心去分别，那么将会对所分别的各种事相产生一种执著。反之，无相而平等一如的本来的"心"，如果依照它本来的状态去分别各种事相的话，则不会陷入对各种事相的执著之中，而个别的种种事相的"妙用"，也因之而自然活动起来。大拙通过站在以空观式的否定作为媒介，高层位地对现实予以肯定的立场，指出基于每个事物和事情的最自由、最适当的行为——"妙用"——才能够自然发挥出来，这也是"即非逻辑"的关键之所在。

人（nin） 然而，大拙这里也没有对所谓为什么从"无所住"（无分别、"真空"）中出现"其心"（善分别、"妙用"）进行说明，只是反复地说它是一个不宣自明的道理而已。对大拙来说，这也许是不能说明，而且也是不需要说明的事实，是他的一种实感。大拙把这种实感也用"人"（日语以区别"hito"，音读为"nin"）一语来表达，认为如果说"真空妙用"、"无分别的分别"是基于行为层面对"即非逻辑"的一种表诠，那么，"人（nin）"是基于行为的主体层面对该逻辑的一种表达。

  这个"人"，是行为的主体，是灵性直觉的主人公。由此"而生其心"。我们不要被绝对无的场所这种说法所迷惑，希望能够发现作用所出现的那个势头。"人"就存在于那里。
  这么一说，也许大家会去想这个"人"是否是一个有手，有脚，有意识的独立的实体，其实不是这样的。正如所谓"应无所住而生其心"，"无所住"是一种绝对无；所谓"而生其心"，是行为的主体，也就是"人"，"人"就是从这里跳出来的（《全集》卷5，第402页）。

作为大拙提出这个"人"的思想的书籍，一般经常谈到的是《临济的基本思想》(1949年)。不过,在该书中,大拙只是把这个"人"的思想当作了一个不宣自明的前提,以唐代禅僧的言行作为实例,一个接一个地列举下去而已,并没有对它们进行进一步的说明。① 而能够看到大拙的进一步的说明,是在《禅の思想》第二篇"禅行为"之中。在《禅の思想》中,大拙针对"本来性"与"现实态",用"超个体"与"个体"、"法身"与"现身"、"宇宙灵"与"自我灵"、"无分别"与"分别"、"唯一"与"多个"等用语,多方面地进行论述;在这里,大拙也还是从中国的禅籍中引用了许多例子。其中,最为显著的例子,是云岩与道吾之间的如下一段问答。

接下来所引用的问答,是一段表达法身一人与现身一人是以什么样的一种关系发生作用的例子。这将有利于了解迄今反复阐说过的所谓宇宙灵与自我灵、无分别与分别、唯一与多个等思想在禅中是如何被理解的情况。

云岩昙成在煎茶的时候,同参的道吾问:"煎与阿谁?"(煎给谁喝呢?)

答:"有一人要。"(有一个人说想喝。)

问:"何不教伊自煎?"(为什么他自己不煎?)

---

① 据《全集》卷3古田绍钦执笔的《后记》,《临济の基本思想》是大拙于1947年在杂志上发表的论文,因此,该稿子是在之前的两三年前完成的,所以,可以说与这里所讨论的各种研究几乎是同一时期的作品。在该书中,大拙对于临济的"无位真人"是这样说的:

临济的"自省",因为是亲自省察自己,而且,自己从一开始就是没有被分割的东西,所以是灵性的自觉。因此,全体作用才成为可能。用临济的话说,灵性是人("人"都发音为"nin"),是"一无位真人",也是"无依道人"。《临济录》是由此人而说,记录此人之作用的语录。只要了解到这个人,就可以抓住贯穿这本书中的东西。他"自省"了这个人。……这个人是一个"超个者"而又是一个兼"一个者"。换言之,临济是临济,同时又不是临济。般若不是般若,所以是般若。人是以即非逻辑而生存的。临济就与它相碰撞了。(《全集》卷3,第350页,旁点系原文)

大拙虽然指出,所谓"人",是"一个'超个者'而又是一个兼'一个者'",也即是说,与普遍性的全体既同为一体,同时又是一个个别的行为者。但在该书中,对于"人",大拙并没有在理论上再作进一步的探究。

答:"幸有某甲在。"(我就在这里。)

乍看起来,好像是一个无关紧要的一句日常的谈话。而且,他们使用的语言也没有表达什么任何幽玄的地方。"您这个茶是煎给谁喝的?""有一个人想喝。""应该让他自己去煎。""刚好我在这里。"(《全集》卷13,第160页)

而且,大拙把这个"一人"与普遍者("超个体"、"法身"、"宇宙灵")相搭配,把"某甲"与个别的行为者("个体"、"现身"、"自我灵")相搭配,并且如下说明两者的关系。

一问一答,虽仅此而已,但如果将其中所包含的东西,从分别知的角度进一步予以评判,那便是这样的:说"有一人要"的这"一人",是不可能自己去煎茶的。而且,只是"一人"也不需要煎茶。因为有了说"幸有某甲在"的某甲,所以通过他的手,茶被煎了;但刚才说要茶的一人也同时通过此某甲,发生了要的意识作用。一人与某甲,一并存在于分别性的多个世界之中。但是,要这一作用,煎这一作用,如果不是某甲所在的分别世界或者多个世界,则不可能得以实现。无论是要,还是煎,虽然是只有在现实的多个世界之中才能这么去说,但反过来说,如果没有一人,那现实也将不是现实的了,多个也将不能维持它的个多性了。一人不会为自己煎茶,也可以说是不可能的。无论如何必须是某甲。但某甲只是某甲,也不会要,不会煎的。但这并不是说一人包含着某甲,同时也不是在其之上的。某甲也不是把一人放在自己之中,也不是自己说就是它。一人与某甲,两两相对,而且又不丧失回互性和自我同一性(同前,旁点系原文)。

也就是说,普遍只有通过个别才能存在;个别如果没有普遍作为根据也不会存在。两者是一种绝对的矛盾、相对立的东西,而禅者则在时时刻刻的行为中，为它提供一个活生生的统一。这是大拙所阐述的道理。不过，用语言来说，不管怎么表达，这样说来，总有一种令人不耐烦的感觉。大拙在《临济の基本思想》中反而有意识地撇开说明，一个接一个地引用临济以及其他唐代禅者的言行，说"人"就在这里，几乎是用一种连呼式的调子重复着，这让人甚至感到是一种反抗。

妙用与近代　大拙的观点，简单地整理一下，意思是说，作为认识的一种形式，是"即非逻辑"；而作为行为的一种形态，是"无分别的分别"；作为其行为的人格主体，是"人"。然而，大拙并不是把这些观点予以相互关联，以试图构筑一个思考的体系。对大拙来说，他想要说的，一言以蔽之，就是对所谓"臂不往外曲"这一点的直观。全一而无相的本来性，与受到各种事相局限的现实各个局面——逻辑上不能解决的二者的矛盾被"如实"所统一，而且"妙用"自然而然地活动起来的世界，不外就是大拙试图想要描绘的境界。大拙为了向更多人传达这个观点，编制出了各种独自的术语，用英文和日文出版了庞大的著作。但是，这些著作，不过是为了用一种文字，表达本来超越用语言说明、用逻辑解决的，一种直观而煞费苦心的方便设教而已，因此，尽管新造的词语繁多，引用的范围也广泛，但所写的主旨，无论翻开哪一页，都是相同的；而他的写作方法之所以呈现出一种没有体系化、没有逻辑性，这也是很必然的事情。大拙的著作将"即非逻辑"＝"无分别的分别"＝"人"＝"真空妙用"这一等式，用一种不宣自明的事实来反复强调，同时又相继引用禅僧和妙好人的言行，之所以形成这一体裁，其原因是因为对大拙来说，这是唯一不背叛他自己的那个信赖和实感的写作方法的缘故。

然而，"妙用"自然出现的根据到底在哪里呢？而且，到底什么是"妙用"呢？这些问题永远也没有得到论述。这是因为，丝毫不立那些固定性的价值观和规范意识，通过彻见一切皆"空"，随时随地都能够自由行为，是该逻辑的核心的缘故。作为表达这种境界的例子，大拙常常引用日本禅僧无难(1603—1676)的"我虽活着,但亦为死人;化作死人,随心而为"这首歌谣。比如《金刚经の禅》中说:

> 这些都是相同意思的语言。我把它称为"无分别的分别"。并不是没有分别,而是由无分别出来的分别。它虽是婴儿的童心,但不只是无分别,而是有分别。一旦说无分别的分别,分别的无分别,我想就能够看到这里的意思。之所以与灵性的生活知性以及情性的东西相区别,其原因就在这里。所谓孔子说的"从心所欲不逾矩",就是指的这个道理。而且,无难禅师的歌谣中有如下一句:
> "我虽活着,但亦为死人;
> 化作死人,随心而为,
> 是为最好。"
> 这就是无分别的分别,就是分别的无分别。又可称为行为的般若逻辑。……(《全集》卷5,第403页)

这里,"我虽活着,但亦为死人",与"非A(应无所住＝无分别)"相对应;"随心而为",与"故是A"("而生其心"＝无分别的分别)相对应,因此,这一首歌谣的意思,可以概括为"行为的般若逻辑"。这与上述以来所看到的论旨,完全相同,而且,毋庸赘言,这里所说的"般若逻辑"与"即非逻辑"亦同义。

接着,大拙继续说:

> 所谓"我虽活着,但亦为死人"是指什么意思呢?而且,还说什么"化作死人",这又是什么含义呢?如果说绝对成为死人,那么是说完全没有活着的了。如果是绝对成了死人,那又从哪里来的所谓"随心"的"心"发生作用呢?没有比这更为矛盾的思想,更为矛盾的表达方式了。但是,从灵性的直觉来看,则是没有比这更为直截了当的表达方式了。无难禅师在这里说的

"心",其实就是"人"。此"人",随此"心"之技巧,即行为,都是所谓善的。这就是灵性生活的形式。好像在什么地方说过,开悟之前虽有善恶,但开悟之后,善也好,恶也好,都是善。开悟之前,善也好,恶也好,都是有所谓的分别。说此分别不好,所以都是恶。所谓死,是从分别的境地走出来的意思,是体达灵性自觉的意思。无难禅师歌谣中的所谓"随心",这里的"心",就是指盘山禅师所说的"全佛即人"的"人",同时又是临济禅师的"一无位真人"。"人"也好,"心"也好,"佛"也好,都是一种灵性的自觉(同前)。

大拙断言说,对于立足于"灵性自觉"的主体来说,"此'人',随此'心'之技巧,即行为,都是所谓善的","开悟之前虽有善恶,但开悟之后,善也好恶也好,都是善"。但是,一切成为善的根据在哪里,而且到底什么是善,大拙在这里同样没有进行说明。大拙虽然常常引用"大用现前,不存轨则"这句禅语进行说明,但对这个问题未作解释,直到最晚年的《自由·空·只今》(1962年)亦同(《全集》卷20,第233页)。这是因为大拙所思考的禅是如下内容的缘故。这是《禅の思想》第二篇"禅行为"前言中的一部分。

> 不过,并不是说禅对每一个个性化的事相,拥有一定的理论、思想、指导方针。在处理一定的、所给予的事件时,当事人依据各自的分别智而有不同的意见,这是可能的。禅所提供的,只是带动这些分别思想的一种原理而已。这个原理,又称作无功用或无功德。就"知"的层面上说,虽是无知之知,或者是无分别之分别,但在"行"的层面上,则是无功德之功德,无用之用(《全集》卷13,第98页)。

自不待言,为了处理现实的问题,需要"理论·思想·指导方针"这些具体性的"分别"。然而,大拙说,禅并不是提供这些分别的东西,而是"带动这些分别的一种原理"。那么,由禅所带动的现实性的"分别"是从何而来的呢?在《自由·空·只今》的续篇《所谓如实》(1963年)一文中,大拙在介绍才市的歌谣之前,这样写道:

> (禅者也好,妙好人也好),在成为"如实"方面,都是一样的。但是,现代人必须在现代社会的环境之中,不懈地把这个"如实"展现出来。为了达到这一点,当然,如果不充分具备一个鉴别现代社会对事物的看法和自身处世方法等各方面内容的辨别力和文字方面的智力,是不行的。在此不得不让我想起"没有直觉(或者直观)的概念是盲目的,没有概念的直觉是空虚的"这句康德的至理名言(《全集》卷20,第95页)。

类似的话,我们从大拙的文章中还经常能够看到。比如在前揭《慧能以后の禅》的结尾中,有如下一段:

> 如果说(禅思想)中存在有什么新的转机的话,那么就是在该体系上增添迄今未曾遭遇的新势力的时候吧。也就是说,是在由于如今欧洲系统思想的流入而与这些思想发生深入接触的时候。从这一方面来看,今后日本的思想界,对以前的禅经验,继续日益深入地进行研究的同时,还不应懈怠对西方思想的摄取(《全集》卷2,第435页)。

对西方近代的重视,是大拙长久以来一贯的主张,比如在较为早期的文章《佛教革新の意义》(1921年)中,就曾如下阐说过。该文是主张作为"佛教革新的积极地第一步",需要"社会性运动"的一部分。

> 然而,要想做到这一点,一方面必须接触佛教的真精神而成为真正的佛教徒,同时在另一方面,吸收日新月异的新知识,并

且还应该具有使这些新知识得以活用的素养。如果不具备洞察世间推移的真知灼见，即便是一位高僧大德，也会做出一些愚蠢的事情。

我的革新意见也并不是什么了不起的事情。只是在睁眼看外界，闭眼养内心而已。不墨守成规，就像笛卡尔说应该怀疑一切从而建构了近代哲学基础那样，我们对于封建主义的佛教当然也应该怀疑一切。只有像这样取其可取，去其当去的时候，我们才会亲自接触到佛教的精神。然后再参酌科学的学说，审视今天应该注意什么，应该走什么路。唯有这样，佛教的革新才有可能。个人层面的准备比什么都至关紧要（《随笔·禅》所收，《全集》卷19，第430页）。

"无分别的分别"是能够让"分别"自由自在地发挥机能的"原理"（"大用现前"），而关于"分别"本身的内容，则是空虚（"不存轨迹"）。因此，近代社会关于辨别善的具体内容，自然就是依赖于西方近代的知识和良知了。大拙之所以强调在开悟的基础上还需要有人的"意识"，而且还不停地阐说这种"意识"需要作为一种"妙用"发展下去，其理由就在这里。对于希望能把禅的开悟与近代的知识以及基于这些知识的制度、技术相连动的大拙来说，这个"意识"，就是把禅的"无分别"的开悟与西方近代的"分别"相联动的关键之所在①。

---

① 前面引用的《禅の思想》第二篇《禅行为》开头部分的全文如下。虽文字较长，但因迄今我们所考察的大拙的论旨被集中地表达出来了，所以这里进行引用。每个段落的(1)—(4)的号码，是为了便于理解的权宜之计。大拙本人虽然没有进行区分，但这里所说的"禅"，并不是历史上曾经存在的禅，而是大拙自己认为理应存在的、一种理想的禅而已。
(1) 禅的终极经验事实，从逻辑上看，如果说是以所谓无知之知，无分别之分别的形式形成的话，那肯定会认为禅只不过如此而已，从中不可能出现什么伦理和宗教。其实，也有持这种观点的人。比如宋代儒者就是这样看待的。常常听到他们批评说，禅不存在对日常行事的规定，纵有崇高的逻辑，但仅仅只是这些不能对应世俗的生活的。在某种意义上，倒也说得是对的，但实际上并非如此。

（转下页）

但是，由于"无分别的分别"不具有固有的内容，所以与任何主义也能够相互发生联动，在某个时代，还不可避免地与民族主义和战争发生接触。市川白弦在《遥远的回想》中说：

> 正如大家所了解的，老师是以自由无碍、东方式宽容的典型形象出现的。而我则是浮躁摆动在"那个，这个"的森林之中，因此在老师面前，我曾经迷惑过。他刚刚说过"禅是虚无主义"时，有时却又说，"禅与资本主义，与共产主义，与什么都能够成为一体"……（《铃木大拙——人と思想》第130页）

（接上页）（2）这是为什么呢？一般认为，禅必须是知识分子才能接受的东西。虽然也有文盲成为禅者的，而且有的还说，学问有时妨碍对禅的理解。但事实上，修禅对于有知识的人是有利的。因为，如果一开始没有任何依靠，没有思想作为背景，视野将会变得狭隘，信仰将衰退，人会变得偏枯，对社会无用，也可以说这也不能充分地挽救自己。也许会说，宗教是信仰，不需要知识，但事实上并非如此。知识、思想、反省，无论如何，作为人来说，是不能欠缺的。

（3）说禅是以无分别的分别为宗，不仅仅是指逻辑上的事情，禅如果实际上离开了作用的话，那什么也不存在了。无分别的分别是意行为的一种行为逻辑，这也就是禅的作用逻辑。没有大机大用的地方是不存在禅的。认为禅尽是莫名其妙的东西，如果不说无知之知，禅是不能成立的，这是大错特错。如果说禅就存在于扬眉瞬目、咳唾掉臂、屙屎送尿的地方，那么不用说治理国家，我们每个人所坚守的工作岗位，所从事的职务当中，也应该说有禅的存在。也就是说，无论是在政治上，还是在社会生活上，乃至民族间相互交流上，也应该说有禅。

（4）但这并不是说，禅对于每一个具体化了的事相具有一定的理论、思想、指导方针。在处理一定的事情时，当事人依照各自的分别智而有不同的意见，这是可能的。禅所提供的贡献，只是让这些分别思想发挥作用的一个原理而已。这个原理就叫做无功用或者无功德。从知的场面说，就是无知之知或者无分别之分别，但在行的角度说，就是无功德之功德，无用之用。（《全集》卷13，第97页，旁点为原文）

如按段落来总结的话，即是——（1）禅不单单只是停留在"无知之知，无分别之分别"上的东西。（2）因此，对于修"禅"者来说，需要有"知识、思想、反省"。（3）"禅"的"无分别的分别"，对于现代社会可以发挥作用。（4）这是因为"无分别的分别"，是对于现代社会的运营将能有效地发挥必要的各种"分别"原理的缘故。

我们如果把它换成(1)(3)(4)(2)的顺序排列的话，大拙的立场将会更加容易被理解了。不过，这主要是日文著作中的主张，在英文著作当中，大拙则站在"禅"式的＝"东方"式的"无分别"的立场对西方近代的局限性和弊害予以批判的论调，占了主要内容。

大拙说上述这番话时,恐怕在"与什么都"之中,未曾想到军国主义和对战争的肯定吧。但是,在"即非逻辑"、"无分别的分别"中,并没有具备拒绝和排斥它们的逻辑,这也是不可否认的事实。在《金刚经の禅》中,虽然是极为少量,但我们也还是能够看到有这样的一段言说。

> 在这个分别的世界,合乎目的的世界,常常有斗争,有吵架,乱哄哄。但是,一旦看到无分别的、灵性的世界,即便有吵架,但不存在憎恶,没有我执,因为是忘我之争,所以,不管怎样战斗,也不会出现憎恶。即便杀死敌人,那不是憎恶性的斩尽杀绝,而是一种爱的劝诫。所谓禅者分活人剑与杀人刀这样两种来使用,杀人即是让人活;杀人刀,当下必须是活人剑。如果不是"应无所住而生其心",就不会行驶如此神变。(《全集》卷5,第398页)

当然这种言论是极少数,相反在该书中,还设有对于当时赞美"死亡",鼓励急于"死去"的——战争时期的——风潮表示警惕的章节(5—3《所谓死》,第433页),在《宗教经验的事实——以庄松底为题材として》(1943年)中,还可以看到大拙敢于谴责"八纮为宇"口号的一段文字。[①] 不过,并不能因此就可以与上述的言论相抵消。上述《金刚经の禅》的一段言说,不免让我们想起朱熹对于禅的批判。

> "作用是性,在目曰见,在耳曰闻,在鼻嗅香,在口谈论,在手执捉,在足运奔。"则告子"生之谓性"之说也。且如手执捉,若执刀胡乱杀人,亦可为性乎!(《朱子语类》卷126,中华书局点校

---

① "把'八纮为宇'进行政治的、帝国主义的,或者个人主义式的解释,试图来规定我们日本国情的基础及其行动的人,没有比他们更具有危险性思想的人。他们是二元论者。……""所谓这个精神(所谓'顺从自然'的东方民族精神)的正确宣扬,不只是一味的'顺从'主义,还指与'顺从'一道,同时兼备了西方的、科学的理智和批判这样的含义。……"(《全集》卷10,第81页,括号内由引用者添加)这是昭和18年初版时的文章,昭和22年再版时,改写成了更为普通的内容。

本,第 3022 页)

所谓"作用就是佛性,在眼说见,在耳说听,在鼻说嗅香,在口说谈论,在手说执捉,在脚说奔跑"的(禅的)说法,与告子"生就是性"的说法相同。如果说"在手执捉",那么手里拿刀胡乱杀人也是佛性吗?

因此,对现实的关切缺乏善恶的标准,自古以来就被作为禅的一个问题点认识了。对于试图将禅的"无分别"与近代社会的"分别"相联动的大拙来说,在近代社会本身彻底地被变成为一个异常的年代,不得不说他也未能超出这个局限。近代社会的"必然(necessity)"与"自由(freedom)",很遗憾,并不像大拙所乐观看待的那样,约定俗成地、和谐地、"如实"地保持一致①

四、结尾——行为的矛盾即是悲剧

传统的禅宗特别是看话禅,通过否定语言,否定理性,以获得"悟"的"体验"。然而,大拙把这个关系逆转过来了,认为"如实"的"体验"与理性的"意识"是同为一体的,在此基础上,语言、行为就会必然地发展下去。也就是说,大拙把语言的否定→理性的否定→体验的获得这一否定与集中的逻辑,重新组合成了体验→理性→语言·行为这一肯定与发展的逻辑。当然,在传统的看话禅之中,作为获得"体验"之后的事情,也曾指出了"体验"→语言·行为这样的发展方向。但是,实际上前者的否定逻辑被优先看待,且排斥理性的后者同时得到了应用,是限于僧院内部的日常起居范围之内的事情,至少还不具备以能够应对近代社会的形式发挥它的机能。与此相对,

---

① 山折哲雄在《アジア型宗教イデオロギーの纯血种》中说:"从上述可知,即非逻辑所希望的,并不是客观的探求客观事物的矛盾对立,而是在达到极度紧张的意识的接触点上,依照非理性的原样去消解矛盾的对立——转化矛盾的对立,因此,此逻辑结构不可能成为历史性过程的辩证法,而是属于一种绝对辩证的、没有终结的断言性命题。因此,'即非逻辑',与其说是一种处理事物本身的机制,倒不如说是一种处理意识转换的机制。"(《アジア型宗教イデオロギーの発掘》,劲草书房,1968 年,前出,秋月《现代のエスプリン 133·铃木大拙》第 116 页)

大拙则以后者的肯定逻辑作为轴心,再把理性的"意识"纳入其中,试图把"禅"当做一种与近代社会可以相互联动的行为逻辑,来改写重塑。当然,大拙再三警告说,这个"意识"是般若即非的智慧,与世俗的分别意识相区别。但是,与禅宗的反智主义、反俗主义的传统相比,已经是不同的内容了。在汹涌澎湃的近代化激流之中,对于西方近代的理性和文明不予否定,倒是去迎合西方近代,并且作为与其相联动的东西,大拙构想出了自己的"禅思想"。然而,"即非逻辑"并不具备分析和验证现实世界的系统,因此,近代一旦被歪曲,它就会伴随着这个被歪曲的近代一起联动起来,带有无力或者无防备能力的一面。

如前面所引用的,《禅の思想》第二篇《禅行为》一边列举许多禅者的例子,一边对个人情况下的"超个"与"个"(个别)的相即,进行了论述。不过,其中在题为《个与超个的矛盾》中,有如下一小节。

> 个与超个像是矛盾一样形成的。此矛盾是不能摆脱的,不能消解的。把矛盾作为矛盾而如实地接受它,就是一种摆脱,一种消解。般若的逻辑称此为即非。
>
> 即非逻辑,即无分别的分别,因此在行为上常常不得不变成为一个悲剧。它要想变成为一个喜剧,是在脱离行为,纯粹地采取理性立场的时候。一般说来,人的实际生活是悲喜两剧交错的。从这里也能看到人的自由性。
>
> 说为国家而死,说为人民而死。从超个者自身一方来看——他如果这么说的话——那是不会成为问题的事情。然而,如果是从发生于个者内心的超个者的意志来看,这也是理所当然的事件,不应该说三道四。当事者固然如此,即便是从该集团所属的其他人来看,杀身成仁,是理所当然的事情,丝毫没有什么为其悲痛的必要。然而,人一旦看到这样的实例后,并不会拍手称快,而是垂头哭泣。为什么而哭泣?人类之间有一个叫做悲壮的词语。逻辑性的矛盾,在行为上是悲壮的,也是义烈

的。只要是能够听到这样的说法,那说明人是个体的,是自由的,是创造的。

封建时代曾称作义理与人情。人情属于个体,义理属于超个者。今天或许会使用别的词语吧。词语虽因时代而有不同,但行为的矛盾,即悲剧则是永远相续的。可以说,人是为哭泣而生的。也可以称这是人的一种造业。(《全集》卷13,第109页)

大拙在这一段文字中指出,"般若即非"和"无分别的分别",是"把矛盾作为矛盾而如实地接受它",而且,这"不得不变成为一个悲剧"。在试图说明绝妙地克服"超个"与"个"的矛盾与靓丽的超越这个矛盾的这段论述中,这种似乎是在讴歌悲痛无奈情绪的说法,让人感到唐突和惊异。这是因为,正如我们通过仔细阅读末尾数行就能觉察到的那样,这一段文字所吐露出的,其实不外是"今日"的"悲剧"(《禅の思想》昭和18年刊)。尽管关于时局的语言被慎重地回避,但在该文的脉络中,"超个者"不知不觉地变成了全体主义、国家主义的一种隐喻,"把矛盾作为矛盾而如实的接受",意味着为战争而死去的事情了。面对"必然(necessity)"与"自由(freedom)"被无情地撕裂的高压的现实,"般若即非的逻辑"只有以"人为了哭泣而生"这样的悲叹而告终了。

论述大拙思想的局限性是一件很容易的事情。但是,大拙的局限性,恐怕不需任何人指出,是大拙本人最痛切地早已感受到的事情。战后度过80岁春秋,最终度过了90岁高龄的大拙,像老骥伏枥一样,直到逝世前的那一刻,继续在世界各地为著述和演讲而努力工作,想必其出发点就是因为有了战时中的这种痛切的悲叹和悔恨吧。

据 *Living by Zen*(《禅による生活》)的译者小掘宗柏说,大拙当被问到自己的"见性"体验时,他的回答,是如下一句(春秋社版,《铃木大拙禅选集 3》"解说"):

——是的,众生无边誓愿度就是我的见性啊!

大拙自己如此说"见性"时,在他的心中,既不是"无字",也不是"臂不往外曲",也许就是那句"人为了哭泣而生"的话吧。但是,每当我读到这句话时,不知为何,总让我想起"大悲"这句词语。

后　记

　　2006年和2007年的两年时间,我任职的驹泽大学同意我带薪休假,使我有机会在东京大学东洋文化研究所丘山新教授的指导下享受国内留学的待遇。本书就是在这期间撰写而成的,在向东京大学提交的博士学位论文《语录の思想史——中国禅宗文献の研究》的基础上,经过补充,将副标题加以改动之后公开出版。博士论文是我在国内留学将要结束的2008年3月,以《神会——敦煌文献と初期禅宗史の研究》(临川书店,《唐代の禅僧》2,2007年)作为副论文添上而提交的。之所以附上该书作为副论文,正如卷首论文提要中所说明的那样,是因为博士论文尚未讨论的初期禅宗史——相当于论文的前史时代——的相关记述可以由此得到补充的缘故。

　　后来,经过审查,2009年2月东京大学授予我"博士(文学)〔第17107号〕"学位。参加审查的教授成员结构是,川原秀城老师(中国思想史)担任第一评审,末木文美士老师(佛教学)、横手裕老师(中国思想史)、大西克也老师(中国语学)以及指导教授丘山新老师(佛教学)担任副评审。我能够得到来自中国思想史、中国宗教史、佛教学、汉语史等方面的多角度的审查和亲切的指导,实在感到是难得的幸运。在此谨对各位老师在百忙之中抽出宝贵的时间给予的审查,再一次表示衷心的感谢。

　　我获得学位后,经论文审查成员之一的末木文美士老师和吉川忠夫老师的推荐,本书得以列入岩波书店的出版计划。吉川先生与我是早年一起参加入矢义高老师指导下的《景德传灯录》研究班(京都：禅文化研究所)时的良师益友,所以向他求索了推荐信。也许是出于对入矢义高先生所开拓的禅籍解读之学应该继续繁衍流传的考量,吉川老师欣然接受了我的请求,很快寄来了热情洋溢的推荐信。由对入矢义高老师昔日的回忆编织而成的吉川老师的推荐信,让我追忆起往昔的旧事,令人不胜怀念,读来十分激动。

本书的出版,有赖于编辑部铃木康之氏的辛勤工作,给他添了不少的麻烦。按说,在获得博士学位后,应该立刻着手于公开出版的工作。然而,2009年春,我任职的单位出乎意料地让我负责招生及升学考试事务部门的工作,因此,我不得不处于暂时中断学业的状态。这样便经过了一年多的时间。我想可能在今后相当长的一段时间不会出版了吧。正当我打算放弃的时候,由于铃木氏的不懈努力,本书才得以出版。

此外,本人迄今还得到了其他许多先辈学者的关怀。中国学方面,有三浦胜利老师(内山书店);禅宗史方面,有石井修道老师(驹泽大学);禅籍解读方面,有衣川贤次老师(花园大学),他们多年来给予了我以无私的指导。还有,在丘山老师主持的《碧岩录》研究班负责会务运营和解读指导的土屋太祐君(新潟大学),在论文写作和本书校对期间,曾两次为原典的引用进行查对的柳干康君(东京大学大学院博士生),等等,这些年轻学友的支援也使我难以忘记。在此谨向迄今给予我以莫大学恩的各位老师,以及为本书的出版付出辛勤劳动的各位学友,表示深深的谢意。

本书中,以论文的形式已经发表过的章节,是如下所记述的情况。不过,在撰写本书之际,我对它们进行了相当程度的修改和补充。

序论:《庭前柏树子——今天我们应该如何阅读禅语录》(《思想》第960期,岩波书店,2004年)

第一章第二节:《唐代禅宗的思想——石头系的禅》(《东洋文化》第83期,东京大学东洋文化研究所,2003年)

第二章第一节:《禅者的后悔——围绕〈碧岩录〉第98则公案》(《禅学研究の诸相》,大东出版社,2003年)

第三章第一节：《胡适博士的禅宗史研究》(《驹泽大学禅研究所年报》第 12 期,2001 年)

此外,第二章的内容,虽然《碧岩录》的底本不同,但在论文主旨上,多与《〈碧岩录〉杂考》(1)—(24)相重复(季刊《禅文化》第 185 期—第 208 期,2002 年 7 月—2008 年 4 月)。直接相对应的部分,虽已在各章节中作了注记,但此外未被收入单行本(后面列举的《续·语录の语言》)部分的稿子,也有不少经过重新改编之后,被吸收为第二章第四节、第五节的部分。而且,第三章第二节的铃木大拙论,经末木老师的介绍,本来是为中国的出版刊物撰写的,后来因为该计划本身中断,此次经过大幅度改写之后,收入在博士学位论文中了。而当初提交的旧稿,由朴光哲君(中国人民大学哲学系博士生)译成中文,后来刊载在中山大学人文学院佛学研究中心编辑的《汉语佛学评论》第一辑(上海古籍出版社,2009 年)。此外,本书的内容与下面所列举的拙作彼此相重复的地方,也为数不少;若能一并参考,将不胜荣幸。

《禅の生成と発展》(《新アジア佛教史》第 7 卷·中国Ⅱ隋唐,第 5 章,佼成出版社,2010 年)

《临济录——〈禅の语录〉のことばと思想》(岩波书店·书物诞生,2008 年)

《语录のことば——唐代の禅》(禅文化研究所,2007 年)

《续·语录のことば——〈碧岩录〉と宋代の禅》(禅文化研究所,2010 年)

2011 年 1 月 12 日　　小川隆

译 后 记

本书是我迄今翻译的第三本著作。由于工作和生活方面的原因,从着手翻译到最后交稿,本书的翻译前后大约花了两年时间,译事时续时辍,直到今天寄出最后一次校稿,才感到总算可以松一口气了。关闭电脑,内心当然不免有些感想,特别是联想到前两本书的翻译,一些往年旧事,也不觉浮现眼前;虽时过境迁,但作为我翻译生涯中的一期"因缘际会",还是令我有些感怀。这里把它写出来,就算作本书的译后记吧。

我的第一本译著,是与在北京工作期间的同事徐明先生合译的道端良秀《日中佛教友好二千年史》,1992年由北京商务印书馆出版。作者道端良秀先生作为日本著名的中国佛教史研究的学者,其名字为我国佛教学术界所熟知。道端先生一生著述宏丰,在中日两国建交后,一直致力于推动中日佛教友好交流方面的工作,长期担任日中佛教友好协会会长等要职,与赵朴初先生、巨赞法师等我国佛教界前辈之间建立了深厚的友谊。《日中佛教友好二千年史》是作者晚年的一部著作。至今我还记得那次道端先生率领"日本京都佛教学术文化访朝团"顺访北京时带来刚刚出版的《日中佛教友好二千年史》的情景。那是在1987年春夏之交的事情,距今近30年了。我们受赵朴初会长的委托,在北京接待了道端先生一行。先生从书包里拿出数册事先签好名字的该书的日文版,分别赠送给赵朴初会长、任继愈先生和何兹全先生等。赠送何兹全教授的那一本,我记得事后是由我去北京师范大学转交的。我们除了一起分享作者出版该书的喜悦外,还蒙赵会长授意,承担了该书的中译工作。然而,这次的翻译让我切身地感受到翻译工作其实是一件非常苦涩的差事。尽管之前我曾翻译过一些论文，积累了一些经验，但翻译著作与翻译论文毕竟不一样，况且又是两人合译，不仅在语气和语言表达方面要保持统一与协调，而且在对待"直译"与"意译"的问题上还要取得认识上的一致。有幸的是，周围的同事都是当时国内一流的翻译，从相互的切磋交流中，我逐渐学到了著作翻译上的一些"技巧"，而在专业上，受惠于林子青老居士的指导最多，有时也去杨曾文教授家，向杨老师讨教。因此，总的来说，《日中佛教友好二千年史》的翻译，虽是第一部译著，但基本上还算顺利。特别值得一提的是，赵朴初会长不仅授意翻译此书，而且还欣然为该书的中文版题字，充分表达了他老人家对该书中译的重视以及对作者道端先生的友谊之情。如今这些老前辈虽大多已作古，但他们直接或间接地对该书的翻译和出版所给予的关怀，无疑令我难以忘怀，每每想起，颇为感念。

　　第二本译著是道元《正法眼藏》。道元是日本镰仓时代入宋求法的禅僧，得南宋天童如净禅师印可，将中国曹洞宗禅法传入日本，创立了日本曹洞宗。《正法眼藏》是道元的主要著作，道元在《正法眼藏》中对禅宗的一些重要思想概念作了不少创造性的阐释，反映了道元是如何吸收中国禅思想并进行日本化的情况。在近代，道元的思想得到一批日本哲学家的推崇，道元被公认是代表日本的佛教哲学家。而且，《正法眼藏》是日本佛教史上第一部用日文撰写的思想专著，在日本佛教史上占有重要地位，已有英、德、法等文字的译本问世，但就是没有中文译本。本人决意把道元《正法眼藏》这部宏篇巨著译成中文，在中国出版，除了自己的研究课题本身与道元禅思想有密切关系，迫于一种强烈的学术责任感这一主观因素外，还有一个客观上的"助因"，也是不应忘记的。那是在1994年12月末，我应邀参加香港法住学会主办的以"佛教的现代挑战"为主题的国际学术研讨会，与美籍华裔学者傅伟勋先生的一次偶遇。傅先生与我谈及他正在撰写与道元相关的著作，准备在台湾出版，希望我能在日本搜集一些资料寄给他。据他说，他对我当时正在日本撰写关于道元禅思想方面的论文已有耳闻。非常凑巧的是，那次我也正好带上了一篇刚刚发表在日本学术杂志上的道元禅学研究的日文小文的抽印本，遂不揣浅陋，以该文赠之，并向傅先生讨教。傅先生看到拙文后，感到非常惊讶和意外，说道元在西方很有人气，但在中国却知之者甚少，遑论研究。傅先生精通日文，且能讲一口非常流利的日语，会议期间，我们常用日语交流。傅先生对道元禅学的独到研究，尽管之前通过他的《从西方哲学到禅佛教》一书有所了解，但通过此次的接触，我发现傅先生对道元禅学岂止研究，甚至推崇备至，赞誉有加。也就是在这次会上，傅先生当面鼓励我今后一定要把《正法眼藏》译成中文，在中国出版。傅先生对我的鼓励和厚爱，对学术的一片热诚，深深地打动了我。在后来的书信往来中，他还再三提及中译之事；在他一年后出版的大作《道元》一书中，还特地介绍拙文，对我的观点进行评述。傅先生对后生小辈的厚望，让我深感受宠若惊，并形成了一个强有力的动力。于是，当我完成博士论文后，便很快着手译事。历时六年，终于将其全文译成中文，交付宗教文化出版社出版。因此，现在忆起，如果没有当年傅先生的鼓励与热情，仅仅是自己出于对学术的一种责任感，我想，道元《正法眼藏》的中译事业，于我不可能如此按时进行的。然而，该书于2003年付梓出版时，傅先生已离世多年了，实在令人不胜遗憾。我常想，如果傅先生看到我的翻译，他又是如何感想的呢？尽管我知道这是一个很幼稚的奢望，但至今我还是非常希望能够倾听到他那充满辛辣而又中肯的评语的。

　　作为第三本译著的本书，与前两书相比，是一部纯学术性的研究专著。作者小川隆教授是当代日本禅学研究领域最为活跃的学者，近几年来，陆续出版了数部关于唐宋禅宗的专题研究著作，受到学界的高度关注。小川先生的禅学研究方法，继承了入矢义高、衣川贤次等学者注重从汉语的角度解读禅宗公案语录中所表达的"思想"的学风，带有区别于以柳田圣山、石井修道等学者为代表的传统的文献学研究方法的学术倾向。本书是小川先生基于这一方法所展开的一系列研究的代表性成果，是一部力作，同时也反映了近年来日本关于中国禅学研究的最新动向和成果,值得中译和介绍。然而,翻译小川先生的著作,却是需要有点"勇气"的。因为,凡是对中日佛教学术交流稍有了解的人都知道,小川先生是一位知名的中文翻译,20世纪80年代至90年代,曾一直担任"中日佛教学术会议"的日方翻译,能讲一口流利的汉语,是一位典型的"中国通"。所以,我开始着手翻译时,基本上是抱着一种试一试的心态,每次把译完的章节用电子邮件传给他过目,有一种"投石问路"的感觉,尽管我们是近三十年的老朋友,私交不错。然而,小川先生非常敏感,很快觉察到了我的这一心态,每次来信都要说上几句鼓励的话,对我的翻译表示"完全信任"等,这让我打消了不少的顾虑,很快地能以一种平常心进入自己的翻译状态。总之,本书的翻译让我深深感到,译者与作者之间的密切沟通和相互信赖是翻译工作中必不可少的一个重要环节。

然而,尽管如此,其实翻译是一项吃苦不讨好的工作;我想,有过翻译经历的人,大概都会有这种感受吧。特别是在时下翻译甚至连学术成果都可能算不上的环境下,翻译这类劳动,尤其对于年轻学者来说,的确有点不太划算。然而,我们同时又深知,翻译又是必不可少的一项重要的学术活动,就像整理衣冠需要照镜子一样,翻译对于帮助我们客观考察自己的学术状态,至少可以起到一面"镜子"的作用。小川先生《语录的思想史》这面来自东洋的禅学研究的"镜子"如能对于观照我们的禅学研究起到某些帮助作用,那是我由衷期盼的事情。

何燕生

2014年10月8日于日本郡山

图书在版编目(CIP)数据

语录的思想史：解析中国禅/[日]小川隆著；何燕生译. —上海：复旦大学出版社，2015.2(2021.10重印)
(亚洲艺术、宗教与历史研究丛书)
ISBN 978-7-309-11217-7

Ⅰ.语… Ⅱ.①小…②何… Ⅲ.禅宗-研究-中国 Ⅳ.B946.5

中国版本图书馆 CIP 数据核字(2015)第 017838 号

GOROKU NO SHISOSHI: CHUGOKU ZEN NO KENKYU
by Takashi Ogawa
© 2011 by Takashi Ogawa
First published 2011 by Iwanami Shoten, Publishers, Tokyo.
This simplified Chinese edition published 2015
by Fudan University Press Co., Ltd., Shanghai
by arrangement with the proprietor c/o Iwanami Shoten, Publishers, Tokyo
上海市版权局著作权合同登记图字：09-2014-886 号

语录的思想史：解析中国禅
[日]小川隆 著 何燕生 译
责任编辑/胡春丽
复旦大学出版社有限公司出版发行
上海市国权路 579 号 邮编：200433
网址：fupnet@fudanpress.com http://www.fudanpress.com
门市零售：86-21-65102580 团体订购：86-21-65104505
出版部电话：86-21-65642845
上海崇明裕安印刷厂

开本 890×1240 1/32 印张 10.5 字数 268 千
2021 年 10 月第 1 版第 4 次印刷

ISBN 978-7-309-11217-7/B·520
定价：35.00 元

如有印装质量问题，请向复旦大学出版社有限公司出版部调换。
版权所有　侵权必究